中国住房保障理论、实践和创新研究

供应体系·发展模式·融资支持

Research on Theory, Practice and Innovation in China's Affordable Housing

周 江/著

中国经济出版社
CHINA ECONOMIC PUBLISHING HOUSE
北 京

图书在版编目（CIP）数据

中国住房保障理论、实践和创新研究：供应体系·发展模式·融资支持/周江著．
北京：中国经济出版社，2018.4（2024.1 重印）
ISBN 978－7－5136－5141－7

Ⅰ.①中… Ⅱ.①周… Ⅲ.①住房制度—社会保障制度—研究—中国
Ⅳ.①F299.233.1

中国版本图书馆 CIP 数据核字（2018）第 057956 号

责任编辑　冀　意
责任印制　马小宾
封面设计　华子图文

出版发行　中国经济出版社
印 刷 者　大连图滕彩色印刷有限公司
经 销 者　各地新华书店
开　　本　710mm×1000mm　1/16
印　　张　16.5
字　　数　250 千字
版　　次　2018 年 4 月第 1 版
印　　次　2024 年 1 月第 2 次
定　　价　78.00 元

广告经营许可证　京西工商广字第 8179 号

中国经济出版社　**网址** www.economyph.com　**社址** 北京市东城区安定门外大街 58 号　**邮编** 100011
本版图书如存在印装质量问题，请与本社销售中心联系调换（联系电话：010－57512564）

自 序

PREFACE

2018年，恰逢中国改革开放40周年，如果以1978年全国第一次城市住宅建设工作会议和国务院转批国家基本建设委员会《关于加快城市住宅建设的报告》（国发〔1978〕222号文）为起点，中国住房制度改革从探索试点、分期分批推行到不断深化，也已推进了40年①。

从我个人来讲，自2003年到住房和城乡建设部政策研究中心（原建设部政策研究中心）参加工作以来，到今年已工作了15年。15年来，我一直未间断地从事住房政策、住房市场、住房保障等方面的研究，其间参与和承担了大量与住房相关的省部级甚至国家级课题，也撰写和发表了不少文章。古人云"厚积薄发"，虽然我目前还做不到这一点，但也有心想将自己的长期积累转化形成一个成果，作为对自己过去一段时间研究工作的总结。于是，在单位领导秦虹主任的鼓励下，经过一番努力，终于有了这本书——《中国住房保障理论、实践和创新研究》。

本书围绕中国住房保障，主要聚集供应体系、发展模式和融资支持，共包括以下7个部分：

第一章：城镇化进程中的人口流动与住房保障。在中国城镇化进程中，人口流动呈现流动人口随着离开户籍地时间延长而逐渐沉淀、务工经商是人口跨省迁移的主要原因、人口流动家庭化趋势明显等主要特点。从流动人口收入和住房状况看，流动人口整体收入水平仍然相对较低，迁移

① 1978年《关于加快城市住宅建设的报告》提出"有些地方可以组织华侨用侨汇建设私人住宅；有条件的城市和工矿区，还可以试行'自建公助''分期付款'的办法，鼓励和组织个人集资建房"。

家庭和农民工家庭住房水平差，外出农民工仍以单位提供住宿和租赁住房为主，流动人口在居住地购房比例和纳入住房保障比例低，因此，将住房保障放在城镇化背景下，城镇新移民与住房保障对象高度重叠，将城市新移民纳入住房保障是城镇化发展的客观要求。

第二章：中国城镇住房保障制度与供应体系。从市场化与住房保障的关系看，住房市场化和住房保障都是解决住房问题的方式。住房市场化和住房保障相互依存，又有所区别；完善住房保障既要明确政府责任，也要运用市场机制。从住房保障制度的变迁看，中国将住房市场化和住房保障同时作为实现住房供应、解决住房问题的方式和手段，在不同发展阶段，住房制度改革与时俱进，政策重心不断调整：国发〔2007〕24号文在国发〔1998〕23号文、国发〔2003〕18号文基础上，就解决城镇低收入家庭住房困难问题提出进一步完善住房保障制度。国发〔2010〕10号文将公共租赁住房纳入住房保障供应，标志着包括廉租住房、经济适用住房和公共租赁住房在内的住房保障体系基本形成。国发〔2013〕25号文的重点是加快棚户区改造。从住房保障和供应体系看，廉租住房已实现与公共租赁住房并轨，经济适用住房逐步淡出或转为共有产权住房，限价商品住房也试点向共有产权住房方向发展。由此，逐步形成公共租赁住房、共有产权住房和商品住房的住房保障和供应体系。

第三章：中国城镇住房保障“十二五”现状和未来展望。“十二五”时期城镇住房保障取得了显著进展，保障性安居工程建设超额完成任务并取得重大成效，住房保障制度日益完善，政策支持力度不断加大。“十三五”时期，住房保障面临新形势新挑战。一方面，中国经济发展进入了新常态；另一方面，住房保障任务依然艰巨，住房保障体系有待进一步完善，棚户区改造面临更大难度，保障性住房的配租配售、后期管理及退出管理任务更重。在这种背景下，本章提出健全符合国情的城镇住房保障体系、建立住房保障稳定可持续的资金机制、创新保障性住房建设和管理、大力推进棚户区改造重大项目、按照公平合理公开透明的要求切实做好保障性住房后续管理、做好住房发展规划和棚户区改造规划工作、进一步落实土地和信贷等支持政策等措施建议。

第四章：中国公共租赁住房发展模式与城市实践。本章根据中国公共租赁住房发展实践，将现有公共租赁住房归纳为面向社会供应的公共租赁住房、企业和产业园区建设的公共租赁住房、农村集体经济组织建设的公共租赁住房等三种模式，并从供应对象、土地供应、投融资模式、建设模式、运营和管理等方面，进行了具体研究和比较分析。在此基础上，以重庆市和厦门市的城市实践为例，分析了两个城市公共租赁住房发展面临的共同问题，并提出对策建议。

第五章：中国共有产权住房发展模式和城市探索。共有产权住房是中国住房供应体系的重要组成部分。本章在国内部分城市探索实践基础上，将共有产权住房发展模式归纳为因投资建设形成的共有产权住房和因住房购买形成的共有产权住房两大类，指出新建共有产权住房和实行货币补贴都可以实现共有产权，共有产权主体同样体现多样化特点。同时，就完善共有产权住房制度提出应坚持的原则和具体建议。发展共有产权住房，应坚持市场化、社会化方向；充分考虑地区差异，多种方式并举；保障基本需求，支持首套房；共有权人收益共享，风险共担；合同约定，责任自负。本章最后跟踪北京市和上海市 2016 年以来开展共有产权住房试点的最新进展，对两个城市颁布的相关办法进行了比较分析。

第六章：中国住房保障的金融支持和创新。从中国保障性住房建设资金渠道比较分析上看，政府投入是保障性住房建设资金的基础；银行贷款是主要筹资渠道；探索创新其他融资渠道作为补充。从中国保障性住房建设融资存在的主要问题上看，主要包括：财政资金的投融资杠杆作用发挥不够充分；商业银行贷款与公共租赁住房建设融资需求难以匹配；住房公积金支持保障性住房建设存在不平衡问题；保障性住房建设直接融资仍处于探索萌芽状态；长期资金尚未成为保障性住房资金来源的主渠道；吸引企业参与公共租赁住房建设困难较大；等等。针对以上问题，本章提出相应的对策建议。基于问题导向，本章最后提出，应发展和创新保障性住房建设直接融资，并重点研究了发行保障性住房债券融资和发展保障性住房基金。

第七章：中国住房保障与 PPP 模式应用。本章首先分析了住房保障领域发展 PPP 模式的必要性和可行性，在国际借鉴和国内实践基础上，将目前中国住房保障领域应用 PPP 模式归纳为以下 6 种主要形式：企业代建保障性住房并由政府回购；开发企业配建保障性住房；用工企业利用自有土地建设公共租赁住房；农村集体经济组织建设公共租赁住房；企业投资建设公共租赁住房并运营；棚户区改造引入社会资本参与。与“十三五”期间住房保障政策相适应，住房保障领域发展PPP模式，对公共租赁住房来说，应积极探索PPP模式的新思路，建立公共租赁住房可持续的运营模式；对棚户区改造来说，主要支持发展股权投资等。在此基础上，本章提出进一步完善社会资本参与住房保障的激励机制，建立适应PPP发展要求的住房保障实施和管理机制。

以上是本书的主要内容。

最后，利用这个机会，衷心感谢单位领导特别是陈淮、秦虹前后两位主任对我一直以来的培养、指导、关心和帮助。衷心感谢王珏林、李德全、张锋、赵路兴、文林峰、浦湛等老领导和同事们对我研究的支持和工作上的帮助。

衷心感谢我的导师陆红生和韩桐魁两位老师，在我硕博连读的五年多时间里，在生活上和学习上给予我的关心和指导。

同时还要感谢我的夫人阎秀兰，今年也是我们结婚15周年，祝愿女儿周善若健康成长！

感谢中国经济出版社的朱杰、叶亲忠两位编辑，百忙之中，细心校改，精心设计，促成本书的顺利出版。

本书最后列出了主要参考文献，除此之外未能逐一列出的，在此一并感谢。

书中若有错漏或不妥之处，敬请批评指正，共同探讨。

周　江

2018年4月于北京三里河路9号院南配楼

目 录
CONTENTS

第一章

城镇化进程中的人口流动与住房保障

一、城镇化进程中的人口流动

（一）乡—城流动是城镇化最显著的特征

城镇化过程中，人口流动首先表现为乡—城流动。所谓乡—城流动，就是指人口从农村向城市集中，包括产业发展引起的农村人口向城市转移、行政区划调整城市范围扩大带来的增长、外来农民工进城等。乡—城流动是城镇化最显著的特征。

1. 城镇化发展的一般规律

就城镇化推动下的城乡人口流动而言，由于城镇化具有一定的客观规律，这种规律支配人口在城乡之间的流动速度。根据发达国家的城镇化历程，一个国家或地区的城镇化过程大致呈一条拉平的“S”形曲线（见图1－1），城镇化的推进具有以下的阶段性特征：一是当城镇化水平低于30%时，为起步阶段；二是当城镇化进入30%～70%的区间水平时，进入快速发展期，在加速发展这一阶段，城镇化率是否过半也是一个十分重要的临界值，为此，可以将30%～50%和50%～70%分为加速发展阶段的中前期和中后期（陈甬军等，2009）；三是当城镇化发展到70%以上的水平时，就进入相对稳定的高级发展阶段。根据一些发达国家的发展经验，城镇化率一般在达到70%～80%左右的水平时就会相对稳定下来。

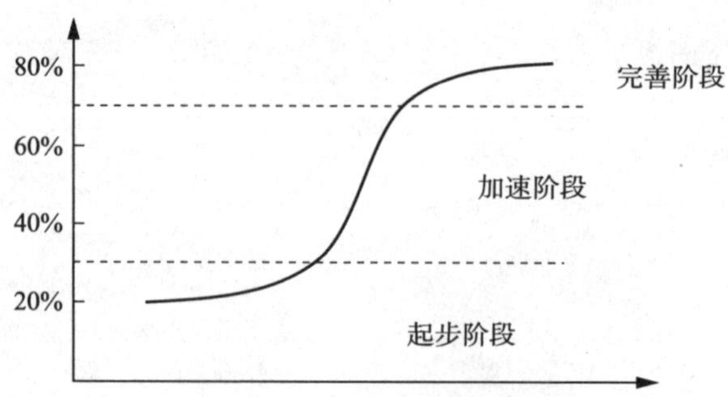

图1-1　城镇化过程曲线

表1-1　世界依地区划分的城镇人口比重和城镇化增长率（1950—2030年）

	城镇人口比重（%）				城镇化年增长率（%）	
	1950	1975	2000	2030	1950—2000	2000—2030
世界	29.8	37.9	47.2	60.2	0.92	0.81
发达国家	54.9	70	75.4	82.6	0.63	0.31
不发达国家	17.8	26.8	40.4	56.4	1.63	1.11
北美	63.9	73.8	77.4	84.5	0.38	0.3
拉丁美洲和加勒比地区	41.9	61.4	75.4	84	1.18	0.36
大洋洲	61.6	72.2	74.1	77.3	0.37	0.14
欧洲	52.4	67.3	73.4	80.5	0.68	0.31
亚洲	17.4	24.7	37.5	54.1	1.53	1.23
非洲	14.7	25.2	37.2	52.9	1.86	1.17

资料来源：联合国人口署《世界城镇化前景：2001》，纽约，2002年版。

2. 人口城乡流动是影响城镇人口规模增长的主要因素

城镇化已成为中国城市发展的主旋律，其中最显著的一个特征就是人口从农村向城市集中。由于中国二元体制的存在，流动人口中主体人群是从农村解放出来的大量剩余劳动力。城镇化发展为农村剩余劳动力提供了大量的就业机会，同时他们为城镇化发展提供了必需的劳动力。在这个过程中，人口从农村向城市迁移流动始终成为主流。

自改革开放以来，在中国迁移人口中，农村迁出人口一般都占迁出总人口的60%左右，而农村迁出人口又约有70%以上选择迁入城市。另一方面，由于户籍制度本身并未相应地进行根本性改革，农村人口和农业户籍人口在人口迁移流动中并未完全伴随户籍的迁移，具有“非完全”城镇化的迁移特征。

从城乡人口比例关系来看，第六次人口普查数据显示，中国总人口中居住在城镇的人口为66557.53万人，占总人口的比例为49.68%；居住在乡村的人口为67414.95万人，占总人口的50.32%。与2000年第五次人口普查相比，城镇人口总量增加20963.53万，城镇人口比重上升13.46%。因此，人口城乡流动是影响城镇人口规模增长的主要因素。

由于土地管理、户籍制度、教育制度、社会保障制度、农民工权益保障制度等一系列机制、制度尚不够健全，进一步推进城镇化、促进人口的转移还需要解决一系列的难题。

（二）城—城流动是人口流动的重要组成部分

在城镇化过程中，人口在乡—城流动的同时，还发生城—城流动。所谓城—城流动，即城镇人口在城镇之间的迁移流动。城—城流动是人口流动的重要组成部分。尽管人口的城—城流动对城镇化率没有直接影响，但对城镇住房问题同样产生影响。另外，现有住房政策在这一部分基本缺失，仅对干部异地调动的住房问题有政策。

1. 城镇范围内迁移人口规模与空间跨度情况

利用六普数据，分析2010年中国城镇范围内迁移人口规模与空间跨度情况如下：

表1－2　2010年中国城镇内迁移人口规模与空间跨度结构

单位：万人、%

	迁移人口	占常住人口比例	市区内人户分离	占迁移人口比例	县内跨乡镇	占迁移人口比例	省内跨县	占迁移人口比例	跨省	占迁移人口比例
城市	17046	42.2	3520	20.6	2330	13.7	4837	28.4	6359	37.3
镇	5550	20.8	123	2.2	2752	49.6	1069	19.3	1606	28.9
城镇	22596	33.7	3777	16.7	4822	21.3	5972	26.4	8026	35.5

资料来源：根据六普数据整理。

基本结论：（1）2010年，中国城镇范围内迁移人口规模为2.26亿人，占常住人口的比例为33.7%。其中，城市范围内的迁移人口大约是镇范围内的迁移人口的3.1倍。（2）从空间跨度来看，城市范围内以跨省迁移为主，占比接近40%；镇范围内以县内跨乡镇为主，占比接近50%。

2. 城镇范围内迁移人口规模的阶段性特征

根据五普、六普等数据分析，中国迁移人口规模呈现明显的阶段性特征。2000—2010年，后五年迁移人口增加的规模大约是前五年的10倍。城镇范围内迁移人口规模也具有这一阶段性特征。

2000—2005年，城镇范围内迁移人口数据由11332万人增加到12417万人，年均增长1.8%，平均每年增加约200万人，远小于城镇常住人口的年均增量（约2000万人），表明这一阶段城镇化率的提高很大程度上是由于城市扩张带来的农村人口就地转化为城镇人口，由于这部分群体通常“带房进城”，因此对城镇住房需求的影响有限。

2005—2010年，城镇范围内迁移人口数据由12417万人增加到22579万人，年均增长12.7%，平均每年增加约2000万人。在这一阶段，迁移人口规模的较快增长必然带来城镇住房需求的较快增加。

（三）乡—城迁移和城—城迁移比较

1. 城—城迁移人口规模小于乡—城迁移

根据六普数据分析，2010年，中国城镇范围内的迁移人口规模为2.26亿人，占常住人口的比例为33.7%。其中，农村户籍的迁移人口（乡—城迁移）占城镇常住人口的20.4%，非农户籍迁移人口（城—城迁移）占比为13.3%。乡—城迁移和城—城间迁移的比例大约为6∶4。

与2005年相比，在2010年的迁移人口中，城—城迁移规模占比相对变小。2005—2010年，由农村迁移城镇的人口占城镇常住人口的比例由2005年的12.1%增加到2010年的20.4%，而城镇间迁移人口的比例由2005年的9.5%上升到2010年的13.3%。2005年和2010年城乡人口迁移规模分别是城镇间人口迁移规模的1.28倍、1.54倍。

表1-3　2005年与2010年迁移人口规模比较

	2005	2010
乡城迁移人口占常住人口比例（%）	12.1	20.4
城镇间迁移占常住人口比例（%）	9.5	13.3

资料来源：根据五普、六普数据整理。

2. 城—城迁移人口流向与乡—城迁移有所差异

从迁移流向来看（分迁入城市与迁入镇），在60.6%的乡城迁移人口中，45.2%由农村迁入城市，15.4%由农村迁入镇，迁入城市的农村人口大约是迁入镇的农村人口的3倍；在39.4%的城镇间迁移人口中，33.5%迁入城市，5.9%迁入镇，迁入城市的非农人口大约是迁入镇的5倍。

从空间跨度来看，乡—城迁移中，跨省迁移、省内迁移和省内跨乡镇迁移的比例约为5∶3∶2，跨省迁移占主导。再进一步区分，农村向城市的人口迁移以跨省迁移为主，占比超过一半，而农村向镇的人口迁移以县内跨乡镇为主，占比接近50%。城—城迁移中，市区内人户分离、省内跨县迁移、县内跨乡镇迁移和跨省迁移的比例大约为4∶2∶2∶2，市区内人户分离比例最高。再进一步区分，发生在城市范围的非农人口迁移，以市区内人户分离为主，占比接近50%，发生在镇范围的非农人口迁移，以县内跨乡镇为主，占比超过一半。

（四）人口流向区域主要指向一、二线特大城市和大城市

1. 人口向特大城市和大城市流动特征明显

根据六普数据分析，2010年，流向35个大中城市的迁移人口占全国迁移人口总量的47.3%。其中，上海、深圳、北京、广州四个一线城市是迁移人口的主要流入区域，其迁移人口占全国迁移人口的比例分别接近5.7%、5.4%、4.7%、3.0%。流入一线城市的迁移人口占全国迁移人口的比例接近20%。重庆、成都、杭州、宁波、天津、武汉、沈阳、厦门、郑州、西安10个城市的迁移人口占全国迁移人口的比例超过1%，是二线城市中迁移人口的主要流入区域。从城市与镇来看，在流向35个大中城市的迁移人口中，迁入城市范围的比例为89.7%，迁入镇范围的比例仅为10.3%。

人口的迁移流动是导致特大城市和大城市人口快速增长的主要原因。

以三大城市群的首位城市为例，六普与五普相比，从外来人口占常住人口的比例来看，北京市由2000年的18.9%提高到2010年的35.9%；上海市由2000年的20.7%提高到2010年的39%；广州市由2000年的33.29%提高到37.48%；从人口增量结构来分析，在北京市和上海市的常住人口增量中，分别有74.17%和87.75%是外来人口。三大城市群的首位城市人口总量增长较快的主要因素是社会经济持续快速发展，作为中心城市的基础设施完善，具有较为完善和较高水平的公共服务，对外来人口的吸引力不断增强，促使外来人员规模迅速扩大。

表1-4　三大城市群首位城市外来人口增长情况

	常住人口（万人）	外来人口（万人）	常住人口增长率（%）	外来人口增长率（%）	2000年外来人口占常住人口比例（%）	2010年外来人口占常住人口比例（%）	外来人口增量占常住人口增量的比例（%）
北京	1961.2	704.5	3.8	10.6	18.8	35.9	74.17
上海	2301.9	897.7	3.24	9.99	20.7	39.0	87.75
广州	1270.8	476	2.48	7.54	33.29	37.48	52.58

资料来源：根据有关城市公布2010年六普数据公报整理。

即使在同一城市内，同样也呈现市县人口向市区迁移流动的趋势。以济南市为例，从2000年至2010年的10年间，市区人口增长迅速，下辖6个区中有5个区人口增长在20%以上，最低的长清区也增长了14.23%，而下辖的三个县人口均出现负增长。又如青岛市，从2000年至2010年的10年间，下辖黄岛区人口增长119.88%，崂山区、李沧区和城阳区人口增长均接近50%，而下辖县级市人口增长只有2%~8%。

表1-5　济南市和青岛市下辖各县（市、区）五普和六普人口情况对比

济南市				青岛市			
区市	2000年五普（万人）	2010年六普（万人）	增长（%）	区市	2000年五普（万人）	2010年六普（万人）	增长（%）
历下区	58.25	75.41	29.46	市南区	44.75	54.48	21.74
市中区	57.21	71.36	24.73	市北区	50.42	55.82	10.71
槐荫区	39.68	47.68	20.16	崂山区	25.46	37.95	49.06
天桥区	57.03	68.84	20.71	四方区	42.94	46.25	7.71
历城区	87.81	112.43	28.04	李沧区	35.28	51.24	45.24
长清区	50.66	57.87	14.23	城阳区	49.4	73.72	49.23

续表

济南市				青岛市			
区市	2000 年五普（万人）	2010 年六普（万人）	增长（%）	区市	2000 年五普（万人）	2010 年六普（万人）	增长（%）
章丘市	97.73	106.42	8.89	黄岛区	23.84	52.42	119.88
平阴县	34.44	33.17	-3.69	即墨市	111.12	117.72	5.94
济阳县	51.89	51.79	-0.19	胶州市	78.35	84.31	7.61
商河县	57.48	56.41	-1.86	胶南市	82.78	86.84	4.90
				莱西市	72.88	75.02	2.94
				平度市	132.2	135.74	2.68

资料来源：根据山东省济南市和青岛市五普和六普人口资料整理。

2. 未来人口流向特大城市和大城市的趋势短时期内难以改变

从未来人口的城际流动来看，更多的人口会从中小城市向特大城市和大城市流动，处于城市聚集效应递增过程中的大城市将获得更快的发展（包括中小城市由于人口聚集而升格为大城市的部分）。

一是产业结构布局。人口流向特大城市和大城市的根本原因在于小城镇难以发挥城市聚集效应，无法实现产业结构的升级调整，难以孕育最高效的服务业企业，吸纳新增就业岗位的能力远不及更大规模的城市。另外一个重要而直接的原因是：以乡镇企业为代表的农村工业化是中国小城镇的支柱，但是中国的乡镇企业属于非集聚型工业化，农村经济和人口并未实现空间上的聚集。

二是等级化的城镇管理体制。在现有的财政体制下，不同等级城市之间资源分配不均衡，城镇建设和财政投入更多向高等级城市集中。2000—2010 年，中国地级以上城市市辖区的建成区面积增长 95.8%，而同期县级以下城镇建成区面积仅增长 50.9%。同时，政府公共财政投入更多倾向高级别城市。据统计，2010 年，中国县、地级市市辖区、省会城市市辖区和直辖市市辖区人均一般预算内的财政支出之比为 1∶2.1∶2.4∶6.7。缺少财政投入、发展受制约的小城镇很难吸引外来人口的流入。

三是公共资源配置。中国大城市和特大城市在经济、文化、医疗、教育、公共设施等各种社会资源方面具有明显优势，拥有优质的社会公共资源，对流动人口形成了强大的吸引力。特别是大城市和特大城市的教育资源集聚更加突出，例如，北京、上海等特大城市聚集了全国最优质的教育资源。根据国家人口和计划生育委员会调查，接近一半的人（46.6%）愿意落户城市是为了子女的教育和升学。在省内迁移和全部迁移中，“学习培训”分别占14.86%和11.42%，成为人口迁移流动的第三个主要原因。

二、城镇化进程中人口流动的主要特点和趋势

（一）流动人口随着离开户籍地时间的延长而逐渐沉淀下来

从六普数据分析，流动人口离开户口登记地的时间延长，呈现逐渐沉淀的趋势，表现在以下两个方面：

1. 离开户口登记地时间五年以上的流动人口比例最高

根据2010年六普数据分析，离开户口登记地时间为五年至六年的1051万人，六年以上为6216万人，五年以上合计为7267万人，占全部流动人口比例为27.85%，是各个区间中比例最高的。

表1-6　按离开户口登记地时间划分的迁移流动人口规模和比例

离开户口登记地时间	项目	人数合计	省内	省外
		260937942	175061605	85876337
半年至一年	人数（人）	54225856	33935160	20290696
	比例（%）	20.78	19.38	23.63
一年至二年	人数（人）	54825642	36664877	18160765
	比例（%）	21.01	20.94	21.15
二年至三年	人数（人）	39221245	26978893	12242352
	比例（%）	15.03	15.41	14.26
三年至四年	人数（人）	25183338	16695231	8488107
	比例（%）	9.65	9.54	9.88
四年至五年	人数（人）	14812795	9683405	5129390
	比例（%）	5.68	5.53	5.97

续表

离开户口登记地时间	项目	人数合计	省内	省外
		260937942	175061605	85876337
五年至六年	人数（人）	10512801	6725621	3787180
	比例（%）	4.03	3.84	4.41
六年以上	人数（人）	62156265	44378418	17777847
	比例（%）	23.82	25.35	20.70

资料来源：根据六普数据整理。

2. 五年以上流动人口数量呈现增长趋势

从不同时期5年以上流动人口的数量来看，同样呈不断增长的趋势：从1987年的700万增长到2000年的3400万人，2005年进一步增长到4600万人，2010年达到7300万人。这里面还有一个原因是流动人口的总量在增加，但不影响滞留时间延长的趋势。

表1-7　不同时期5年以上流动人口比较

年份（年）	1987	2000	2005	2010
5年以上流动人口流动人口（万人）	700	3400	4600	7300

资料来源：根据有关文献和六普数据整理。

国家人口计生委《中国流动人口发展报告2012》也指出，流动人口在流入地的生活、就业更加趋于稳定。超过三成的流动人口在流入地居住生活时间超过5年，从事目前工作的平均时间接近4年，全年平均回老家不足2次。

初步分析，流动人口逐渐沉淀下来，主要有以下几个原因：

一是流动人口中就业和收入稳定的群体开始融入当地生活，滞留时间延长，而且这部分人群有逐年增加的趋势。这部分流动人口多数是从学校毕业的大学生或是有一技之长的高技术人群，当然也有一些事业发展较为成功的农民工。

二是流动人口家庭化趋势导致已经进入城市的流动人口稳定地生活在城市。

三是流动人口中新生代农民工开始增加。这部分流动人口主要是随着父母来到城市打工，并在城市长大的新生代农民工。他们对城市生活已经比较适应，而对家乡的感情逐步淡化，因此定居城镇的意愿明显提高。

（二）务工经商是人口迁移特别是跨省迁移的主要原因

根据六普数据分析，迁移原因主要有务工经商、工作调动、学习培训、随迁家属、投亲靠友、拆迁搬家、寄挂户口、婚姻嫁娶和其他等9种。

在省内迁移中（即户口登记地在省内），“务工经商”占60.62%，其次是“随迁家属”“学习培训”和“拆迁搬家”，分别占16.56%、14.86%和13.44%。

在省外迁移中（即户口登记地在省内），“务工经商”占绝对优势，所占比例达74.68%。其次是“随迁家属”，占9.29%。

在全部迁移中，比例最高的仍是“务工经商”，占45.12%，其次是“随迁家属”“学习培训”和“拆迁搬家”，分别占14.17%、11.42%和9.3%。

表1-8　全国按迁移原因分的户口在外乡镇街道人口

现住地	合计	务工经商		工作调动		学习培训		随迁家属	
		人	比例（%）	人	比例（%）	人	比例（%）	人	比例（%）
户口登记地在省内	175061605	53598164	30.62	7923187	4.53	26012259	14.86	28996975	16.56
户口登记地在省外	85876337	64131695	74.68	2127968	2.48	3775325	4.40	7974468	9.29
总计	260937942	117729859	45.12	10051155	3.85	29787584	11.42	36971443	14.17

投亲靠友		拆迁搬家		寄挂户口		婚姻嫁娶		其他	
人	比例（%）	人	比例（%）	人	比例（%）	人	比例（%）	人	比例（%）
8194805	4.68	23536175	13.44	1750911	1.00	10395865	5.94	14653264	8.37
2803695	3.26	740122	0.86	117312	0.14	2198043	2.56	2007709	2.34
10998500	4.21	24276297	9.30	1868223	0.72	12593908	4.83	16660973	6.39

资料来源：根据六普数据整理。

根据以上分析，务工经商在省内迁移、省外迁移和全部迁移的原因中均排名第一位，特别是在省外迁移中占据了近3/4的比例，充分说明务工经商是人口迁移特别是跨省迁移的主要原因。随着改革开放的进展，中国人口迁移与经济发展的关系越来越密切，对经济发展的作用越来越明显。自改革开放以来，中国东部沿海经济一直要比中西部地区发达，这主要是东部沿海地区的一些城市聚集了大量的工业、加工制造业产业，珠三角地区尤为密集。东部沿海地区之所以成为流动人口集中流入的原因，主要原因是这一地区的产业，尤其是第三产业和劳动密集型产业的发展与聚集。人口由西向东迁移，促进了中国生产要素和劳动力要素的优化配置，推动了中国经济的快速增长。

（三）人口流动家庭化趋势明显

1. 家庭化迁移成为人口流动迁移的主体模式

从世界范围来看，流动人口大致有三个阶段：一是先锋阶段，二是家庭化阶段，三是大众化阶段。中国的人口流动正逐渐由分散的、跑单帮式的流动向家庭型转变。越来越多的人不再以过去的“单身外出”的方式外出，而是以“举家迁移”的形式进行流动。

从流动迁移模式上来看，家庭化迁移成为人口流动迁移的主体模式，新生代流动人口表现更为突出。调查显示，超过六成的已婚新生代流动人口与全部核心家庭成员在流入地共同居住。但大多数家庭不能一次性完成核心家庭成员的整体迁移，在近七成的家庭中，家庭成员为分次流入，夫妻首先流入，再把全部或部分子女接来同住是最常见的方式。

2. “随迁家属”是人口迁移的次要原因再次印证了家庭化迁移趋势

“随迁家属”在省内迁移、省外迁移和全部迁移的原因中，均排在第二位，分别占16.56%、9.29%和14.17%。这与前面分析的中国人口迁移流动的家庭化趋势相一致。各国人口迁移的经验表明，在对流入地和流出地的选择方面，随迁的妇女和儿童更倾向于选择留在流入地。这种人口迁移流动的家庭化趋势，将促使迁移流动人口更多地选择留在所占居住地，而不是返回原来的户籍地。这也进一步使大城市和特大城市形成人口迁移流动的盆地聚集效应。

家庭化迁移使流动人口在流入地更容易产生归属感，有利于增强其幸福感。制定流动人口住房政策要适应家庭化流动趋势，满足流动人口家庭而非个人的需求。

三、城镇化进程中新移民的住房状况

（一）相关调查分析综述

1. 官方机构组织的调查

原建设部（2004）根据对全国农民工进行的调研情况，形成了一份针对农民工居住现状的报告，指出农民工居住的形式主要包括个人租赁、用人单位解决、居住在经营场所和投亲靠友、政府引导协助解决、村镇和街道等集体组织统一建设居住点、开发商投资建设以及个人购买等7种方式。其中，前两种占的比重最高，分别为60%和30%，第三种约占5%，其余4种的比重均为1%左右。

国家统计局（2006）对全国农民工的生活质量进行了调查，结果显示：农民工获得用工企业住房补贴的比例约为7.58%，有住房公积金的为4.76%。有29.19%的农民工居住在集体宿舍里，有20.14%的人居住在缺乏厨卫设施的房间里，7.88%的人居住在工作地点，6.45%的人居住在临时搭建的工棚里，还有12.54%的农民工在城里没有住所，只能往返城郊之间或回农家居住。在住房意愿方面，有19.62%的农民工目前最希望政府在住房和医疗保障方面给予帮助，有55.14%的农民工设想未来在城市发展、定居。农民工的居住环境极差，近40%的农民工居住在工棚或集体宿舍里，地方狭窄拥挤，室内肮脏零乱，除了被褥衣物，几无他物，其中14.29%的农民工对住宿方面的条件最不满意。

国务院发展研究中心课题组（2007）基于对广州、北京、南京、兰州等4个城市的问卷调查数据，以及在广州、亳州和西安等地的实地考察，对这些城市的农民工在城市中的居住状况进行了较为详细的考察，同时建立模型分析了影响农民工租房选择的因素、农民工对租房的潜在需求、农民工的购房能力以及农民工宿舍的居住条件。该课题报告指出，从4个城市平均来看，农民工住在集体宿舍和租房居住的比例分别占49.2%和

40.2%，这同2004年建设部的研究有一定的出入。不论是集体宿舍还是农民工个人租房，4个城市中广州的居住条件最好，而且该报告还从居住人数、房间设施等方面进行了比较。该报告还通过回归分析研究了农民工的租房决定因素和潜在的租房需求，得出结论：许多农民工想拥有个人空间，但由于经济因素的考虑，租不起离工作地点较近的房子，只能姑且居住在集体宿舍里；大部分农民工仍然和工友们租住在一起，说明他们很难融入城市的社会环境；农民工租房的两个重要影响因素是可负担性和离单位的远近。

宁波市（2004）对农民工住房面积调查的结果显示：住在工棚的农民工人均住房面积是2.63平方米，住单位集体宿舍的是3.04平方米，自行租房的是5.47平方米。国务院研究室2005年也对大城市农民工人均住房面积做了调查，其中上海市人均使用面积不到7平方米的占47%，8~10平方米的占到29.8%，农民工的人均居住面积不及上海市常住人口水平的一半；深圳市农民工人均使用面积为6.8平方米，其中居住在集体宿舍的人均面积仅为5平方米。

成都市房管局课题组（2006）认为应当通过多种途径解决农民工的住房困难问题，一方面，廉租住房、经济租赁房和政府统租房是主导形式，另一方面，可以通过放宽二手房信贷等手段鼓励农民工购买产权。他们提出针对不同行业应采取有针对性的解决方案，其中，建筑业的重点是制定工棚的标准，餐饮业主要是对集体宿舍进行规范等。

上海市《农民工纳入城镇住房保障体系研究》课题组（2008）通过调研，归纳农民工住房现状有以下特点：一是居住形式以租赁为主。农民工租赁住房的比例占总样本的86.8%。二是居住面积小、居住环境差。租住房屋的面积大大低于当地居民的平均水平，有56.7%的农民工其人均租住房屋的居住面积小于7平方米。三是农民工主要集中租住于地理位置偏远、生活设施条件差的城郊接合部。四是住房满意度不高，农民工希望改善居住条件。只有35.59%的农民工对目前的居住条件表示满意。五是农民工在城市居住时间有长期化趋势。对在城市就业时间的调查以及对继续在城市工作的意愿调查显示，有41%的农民工已经在城市就业超过4年，而90%的农民工都希望继续在城市工作。

2. 学者及民间组织的调查

重庆市工商联（2005）在《重庆市城市自营劳动农民工现状调查报告》中对自营劳动农民工的住房情况进行了调查，农民工租房消费人均每月 50～100 元，多数是几个人合租一套房，生活配套设施极为简陋，约有 10% 的农民工没有自来水，70% 没有天然气，71% 房间里没有卫生间，60% 没有独立厨房。

蔡禾（2005）承担的国家社会科学基金课题《城市化进程中的农民工问题研究》，曾经就广东省农民工的居住情况做了一系列的问卷调查，并对他们在城里找到工作前和工作中的情况进行了对比。租赁是农民工解决住房问题的最主要手段，而且调查中发现近半数的人（49.5%）都租住在村镇的私人出租屋，有 82% 的农民工选择与他人合租，其中，家人成为大部分人的首选对象。另外，该课题还对比居住工棚或集体宿舍的情况来研究农民工的租房行为，认为不论哪个年龄层次的人，其外出租房主要出于“生活便利”（45.7%）的考虑以及为了“能和家人朋友住在一起”（37.8%），而随着年龄的增长，其租房原因体现了更多的“生存逻辑”。在居住条件方面，如果对设施水平进行打分，30 分为满分，则平均分为 9.78 分，其中有超过 1/4 的农民工分数在 5 分以下。

朱明芬（2007）在《杭州农民工融入城市社会的现状调查及保障机制研究》中对杭州市农民工融入城市社会生活的情况进行了调查。农民工主要居住在外来流动人口比较集中的城郊接合部，以租房为主。杭州农民工主要通过租住“城中村”的农民出租房来解决住房问题，这一比例高达 62.3%，居住在企业（公司）的集体宿舍里的占 15.8%，居住在建筑工地工棚里的占 16.0%，租住居民房的占 4.7%，还有少部分农民工寄居在店铺工具间、医院病房（作为陪护）等工作场所。对住房条件表示满意的农民工仅占 15.2%。在租房的农民工中，认为房租太贵的占 30.1%，认为居住地脏乱差的占 29.7%。而对解决住房问题的意愿，他们希望：建设民工公寓（76.2%）；企业多建集体宿舍（75.4%）；政府为农民工提供廉租住房；让农民工享受住房公积金，并有资格购买经济适用住房（19.7%）。在住房条件选择方面，排在绝对重要位置的首先是租金低廉，其次是治安的好坏（59.3%），最后是交通方便（47.5%），当然也有大量的农民工希望能够规范出租房的管理（马万里、陈玮，2008）。

饶晶（2008）调查了2007年武汉市农民工的居住现状，主要特征包括居住分散和小规模集中（主要是集中在“城中村”、居民或单位闲置房以及建筑工地等城市角落）。其中，选择个人租房和寄居在亲友家、宿舍、工棚的比例分别为52%和46%，在租房的农民工中，租住私有房屋的占75%。另外，居住条件相对恶劣，其中人均住房使用面积仅有2.5平方米，最大的为3.45平方米，最小的仅有2.15平方米。他认为，农民工住房问题的原因主要体现在公积金制度的局限性，住房公积金覆盖率低，难以满足农民工流动性的特点；廉租住房和经济适用住房福利固化，保障资金不足，难以覆盖农民工。

（二）相关研究探讨综述

近年来，部分学者和机构对中国城镇化过程中迁移人口和流动人口的住房状况进行了研究和探讨，有关结论综述如下：

1. 关于流动人口的居住模式

（1）混合居住模式：指以混合居住的方式进入城市居住区，在这些居住区中各种社会、经济层次的人都有。采用这种居住模式的大多是受雇于城市家庭的或为城市居住区服务的第三产业从业者，也包括部分租用城市民房的自我雇佣者，成为雇主的个体商贩和受雇于他人的打工者，多为单身户和家庭户。这一部分人口所占流动人口的比重较小。

采用混合居住模式，流动人口能够与城市居民充分接触，并在交往的过程中被城市文化所影响，在生活习性、行为准则等各方面被同化，与城市居民融合相处。

（2）聚居模式：包括流动人口聚居区和政府提供的流动人口安置区等。流动人口聚居区主要指流动人口以聚居的方式进入城市旧城区、城市中的农业区域或前农业区域，多为自我雇佣或成为雇主的个体商贩和受雇于他人的打工者以及拾荒者等无业人员，一般出现在大城市的边缘地区，以家庭户和集体户的家庭结构存在。

部分聚居区的成员来自同乡同县同省，具有强烈的地缘特性或亲缘特性，同质性强，容易导致具有特色的亚文化社区的形成（如北京的浙江村、新疆村和国外的唐人街、中国城等），但与周围城市缺乏交流，不易被城市同化。企业提供的员工宿舍和政府提供的流动人口安置区人口来源混杂，彼此之间缺乏广泛的交流和联系，但由于居住地集中，有利于创造一个易于控制的工作和居住环境，受到政府和企业的欢迎。

2. 关于流动人口的住房来源

国务院研究室、国务院发展研究中心、劳动和社会保障部、农业部、国家统计局、浙江省农村工作办公室、山东省委政策研究室等联合撰写的《中国农民工问题研究报告》认为，目前中国农民工住房问题的解决主要有三种形式：一是农民工自行租赁，二是由用人企业提供，三是居住在工作场所。据建设部门估计，租房比例约占60%，用人单位提供住宿条件的占30%，自购房的不足5%，以投亲靠友及其他方式解决住房的占5%。此外，农民工的居住方式与所从事的职业有很大关系。制造业和工矿企业的农民工，一般交纳少量住宿费，居住在企业提供的集体宿舍；建筑行业的农民工，一般居住在企业免费提供的简易工棚，有些居住在未竣工的房屋中；从事批发零售业的，收入相对较高且较为稳定，一般独自或与人合租城乡接合部的农民房或“城中村”的房屋，个别的购买商品房或二手房；从事浴室、餐饮等工作的，一般居住在工作场所；从事家政服务的，一般居住雇主家中或自行租房居住。

通过对北京、上海、南京、广州等大城市的调查，发现流动人口的住房来源是十分有限的。

表1-9　四大城市流动人口有限的住房来源　单位:%

	北京	上海	南京	广州
出租屋	39.6	38.5	13.9	41.4
单位内部	21.4	15.6	11.4	27.0
施工现场	29.3	17.8	13.4	10.1
居民家中	3.9	12.1	12.0	8.4
旅馆	1.3	4.7	38.9	10.3
其他	4.5	11.3	10.4	2.8

资料来源：城市流动人口居住状况及其住宅设计分析。

根据对不同研究报告和文献的归纳，总体来说，流动人口的住房来源有以下几种：

（1）企业提供。约有一半的流动人口居住在企业提供的宿舍中（包括单位内部住房和工地现场)。这类宿舍往往居住环境较差，只提供基本的床位、公共厕所，住房的采光通风等条件也较差。从事第二产业的流动人口一般居住在工厂区里，没有专门的生活配套设施，而且一般距商业中心较远。

(2) 租赁私房。大部分人租住个人的私房，而其中相当大比例是租赁农民私房，这些私房多位于城市中和城乡接合部。由于流动人口租房的市场很大，受经济利益的驱使，当地居民经常突破政府规定的建房标准，违法加建扩建私房，建筑密度和容积率严重超标，大量空地、绿地甚至农田被蚕食，住宅的日照通风条件恶劣，交通条件和基础设施落后，同时严重影响城市景观。恶劣的居住环境使这些地方往往成为藏污纳垢之所，并由此引发一系列的社会问题和治安问题。

(3) 自行搭建。在管理薄弱的城市角落或边缘，部分外来人口利用简单的建筑材料自行搭建简易房。这部分人大多以务农经商为主，且往往按经济活动的专项集结。违章建造的住房空间分布拥挤杂乱，质量低劣，更不具备相应的基础设施。这些违章建筑除了影响城市景观和城市管理外，同时也是犯罪和疾病传播的滋生地。

(4) 政府统建。由于意识到集中管理流动人口居住问题的重要性，政府利用规模适宜的发展备用地建设临时性的流动人口安置区。安置区以统一建设、统一管理为开发原则，并为流动人口提供一定的配套设施，成为大部分流动人口选择住房的首选。但由于城市用地的局限性，安置区数量较少，只能解决少部分人的居住问题。设置流动人口安置区是目前政府引导解决城市流动人口居住问题的主要方式，中国许多经济发达的城市，如北京、上海、南京、昆明、广州、深圳等城市都修建有此类住房设施。

(5) 自购住房。部分高收入的流动人口选择自购住房，购买住房还可以通过购房入户来解决户口问题，但由于流动人口的经济条件无法承担高昂的购房费用，因此自购住房的流动人口比例极少。

(6) 城市居民家中。这类人员主要是受雇于城市家庭的保姆和城市居民的亲属，某种程度上参与了城市居民生活，居住条件相对较好。

(7) 廉价旅馆或招待所。为短期停留的人服务，如深圳有一种仅提供出租铺位的“十元店”，居住条件质量比较差，同时由于人口流动性大，管理又跟不上，居住不安全。

根据以上分析，居住问题是农民工在城市生活遇到的最基本问题之一。目前农民工住房问题上的突出矛盾主要表现在两个方面：一是大部分城市的房租水平大大超过农民工的经济承受能力，农民工难以找到合适的住房，大多只能租住在城市郊区以及市内条件较差的房屋。很多住房，包括部分用人单位提供的住房，不仅普遍居住拥挤，而且缺乏必要的安全和卫生等设施。这不仅给农民工生活带来很多不便，而且在防火设施、流行病预防等方面存在隐患。二是城乡接合部和“城中村”由于房租低，利于农民工居住和谋生，生活方式和生活习惯上易融合，成为农民工主要的自发聚居区。但大量农民工在这些地方聚居，公共设施不足，违章建筑多，给城市管理和社会治安带来较大压力。

3. 关于流动人口住房的特性

流动人口住房本质上具有临时居住的特性。具体表现如下：

（1）大分散、小集中。主要聚居在“城中村”或“城乡接合部”。由于正常市场供应渠道不能满足进城农民的住房需求，各种非正常的包括非法的住房供应就找到了市场，由此引发了“城中村”及其他违章建筑泛滥的问题。在一些城市的城郊接合部或者繁华市区内，形成了聚集外来民工进行生产、生活的特定区域，如北京的浙江村、安徽村、四川村，广州的石牌村、瑶台村、三元里村等。

（2）以租赁居住为主。总的来说，工厂宿舍、出租房以及建设工地是进城农民的主要居住地。为了在城市安顿下来，大部分流动人口家庭不得不租住在城市居民出租或转租的房子里。据调查，有95%以上的流动人口租房居住。在上海，外来人口约有73.5%租赁房屋居住，其次为居住宿舍、工棚，占18.7%，二者合计约占92.2%。

（3）住房面积小。从住房面积上来看，城市流动人口的住房面积普遍较小，远低于城市户籍人口的住房面积水平。据对上海和北京流动人口的住房专项调查，多数流动人口的人均住房面积不到城市居民人均住房面积的1/3。在深圳，许多外来民工的人均居住面积只有5平方米，在工厂宿舍居住的流动人口平均是7.5人共用一间住房，非常拥挤。根据对武汉市民工住房的调查资料显示，民工人均住房面积平均只有2.5平方米，其中最小的只有2.15平方米，最大的也才3.45平方米，90%的民工住房没有单独的厨房和卫生间。

（4）居住条件差。流动人口的住房大多房屋建筑密度大、容积率高、通风采光条件不理想、户型设计落后。北京市流动人口家庭住房内无厨房的占59.4%，炊事燃料使用煤炭的占38.1%，无洗澡设备的占82.3%，无厕所的占66.8%。长沙市35%的民工的住房是违章建筑和危房，18%的民工的住房则是简易的临时工棚。这些危房，既对民工的人身安全造成隐患，也对城市的发展造成障碍。

4. 流动人口城市居住空间的分布特征

（1）大多位于城乡接合部的农业区域。一来这些区域由于有大量低廉的私房出租，流动人口在这里比较容易租到便宜的房子；二来这些地方大多位于城市近郊地区，是城市的生长区域，城市活动异常活跃，本身就能给流动人口提供大量的就业机会；三来这些地方与城区结合紧密，有便捷的交通联系，也使一些从事与城市有密切联系的工作的流动人口，包括农贸市场的小商小贩，进行服装、五金、小百货加工的雇佣生产者，从事商业餐饮业的个体工商者等选择在此居住；这些区域之所以对流动人口具备较大的吸引力，还在于这些地方多为农村私房，从文化习俗、生活习惯上来看，较城区更易融入；此外，城区在土地使用、管理政策方面的排斥也促使流动人口选择了管理相对松懈的城郊农村。

（2）城市中未开发地区。主要包括以下一些地段：①城市中过去或者目前尚属于集体土地的区域（通常称为“城中村”）。城乡交界处规划编制的粗放、政府吸引投资的迫切、投资主体对“效益最大化”的追求综合作用，使投资方在征地过程中总是优先选择那些征地费用低廉、适合成为建设用地的农田菜地；对那些居住密度大、拆迁安置费用相对较高、建设周期较长的居民点，投资方只能通过经济方式与村镇协商，对土地出让中经济补偿数额的多少，双方并非总能顺利达成一致，既为降低补偿成本，也为了避免处理与这些居民点相关的一系列复杂的社会管理问题，城市在征地中有意避开这些地方，而这些地方也乐意保留原有的居住方式与社区关系，从而成为“城中村”。②城市中未进行开发的区域。这些区域包括：交通轴的效益衰变规律形成的未开发区域，受技术经济“门槛”限制的区域，政策法规或技术规范的控制区域，如城市防洪淹没区、基本农田保护区、机场净高控制区等。以上这些地区居住环境相对恶劣，高收入居民纷纷搬离此地，将旧住宅出租给流动人口，低廉的房租、与城市联系的紧密性、交通的便捷以及管理的相对松懈吸引更多的流动人口到此居住，而相应地导致了居住环境得更加恶化。

(3) 火车站、汽车站等城市交通中心周围。火车站、汽车站周围由于交通便利，有利于农民工便捷地到达工作地点，同时这些地方的人流、物流集中，经济活动频繁，也给流动人口提供了大量的就业机会，吸引大量的流动人口汇集于此，或租用当地民房，或自建棚户，形成一定规模的流动人口集聚地。

(4) 市中心商业区附近。在商品经济日益发达的社会，以商业、服务业等第三产业为主导的市中心商业区发展势头迅猛，而第三产业一般属于劳动密集型产业，对劳动力的吸纳量很大，因此吸引大量流动人口的汇集。市中心商业区是城市中最繁华的区域，相对于农村在就业、收入、文化生活、社会地位等物质和精神方面的优越性，对从农村来的流动人口产生着不可抗拒的拉力。特别是随着经济收入的提高，一部分流动人口的基本需求层次也在逐步提高，已经不满足于物质性需求，渴望城市文明的熏陶，这种要求也驱使这些流动人口选择尽量接近市中心商业区的地段居住。

四、城镇化进程中的住房问题和住房保障

(一) 城镇新移民与住房保障对象高度重叠

1. 流动人口整体收入水平仍然相对较低

据国家人口和计划生育委员会流动人口服务管理司调查，2010 年下半年流动人口全部家庭成员人均月总收入为 1124 元，而 2010 年城镇居民的家庭人均月可支配收入为 1592 元，流动人口家庭人均总收入低于城镇居民 468 元。尽管之后流动人口收入增长较快，但仍低于同期城镇单位就业人员平均工资水平。2015 年，流动人口平均月平均收入为 4598 元，与城镇单位就业人员平均工资 5169 元相比低 571 元。

目前，城市中的流动人口以进城务工人员为主。据国家卫生和计划生育委员会流动人口司调查，2014 年，就业流动人口主要分布在制造业、批

发零售业、住宿餐饮业、社会服务业和建筑业等5大行业，分别占全部就业流动人口的33.3%、20.1%、11.3%、9.2%和6.9%，合计为80.8%。流动人口在城市有着多元化的就业方式与渠道，大多从事较为艰苦的工种，如家政服务、建筑施工、搬运货物、清扫街道、收集垃圾等。流动人口的职业构成一方面反映了其与城市正常运营的密切程度，另一方面也使大部分流动人口成为低收入人群。

2. 迁移家庭和农民工家庭住房水平差

流动人口要在城市中立足，首先就要解决居住的问题。与户籍人口相比，流动人口在人均住房面积、生活设施等方面差距明显。特别是在大城市，流动人口的居住条件和居住环境普遍较差，多集中在城乡接合部、"城中村"等城市边缘聚居。

根据六普数据分析，迁移家庭和农民工家庭住房状况见表1－10。

表1－10　2010年迁移家庭（含农民工家庭）住房状况

单位：平方米

	户均住房面积	人均住房面积
迁移家庭	62.6	22.9
市区内人户分离	91.3	34.0
县内跨乡镇	83.2	27.0
省内跨县	56.5	20.1
跨省	41.0	16.6
农民工家庭	44.4	17.2
全部城镇家庭	87.8	29.7

资料来源：国家统计局。

迁移家庭住房面积水平较低。2010年，迁移家庭户均住房面积、人均住房面积均远远低于城镇全部家庭平均水平，且随着迁移空间跨度的增加，户均住房面积和人均住房面积下降。

农民工家庭住房面积水平远低于本地城镇家庭。2010年，全国农民工家庭户均住房面积为44.4平方米，低于迁移家庭的62.6平方米和全部城镇家庭的87.8平方米；人均住房面积为17.2平方米，低于迁移家庭的22.9平方米和全部城镇家庭的29.7平方米。

与住房面积水平相似，农民工家庭的住房间数水平更低。户均住房间数和人均住房间数分别为1.65间和0.64间，分别相当于城镇水平的60%和70%。人均住房间数小于2/3间的比例达到50%。

进一步分析，迁移家庭中，20.7%的家庭人均住房面积在10平方米以下，该比例在农民工中更高，为29.4%；34.8%的迁移家庭人均住房面积在15平方米以下，该比例在农民工群体中超过50%。以北京市为例，流动人口中6.4%居住在地下室和半地下室，51.4%居住在市郊或城乡接合部，18.4%住在农村；27.6%的人均住房使用面积不足5平方米，57.0%的人均住房使用面积不足10平方米。

3. 外出农民工仍以单位提供住宿和租赁住房为主

2012年，以受雇形式从业的农民工，在单位宿舍中居住的占32.3%，在工地或工棚居住的占10.4%，在生产经营场所居住的占6.1%，与他人合租住房的占19.7%，独立租赁住房的占13.5%，有13.8%的外出农民工在乡镇以外从业但每天回家居住，仅有0.6%的外出农民工在务工地自购房。

从2008—2012年外出农民工居住情况的变化来看，呈现与他人合租住房比重上升、独立租赁住房比重下降的趋势，另一明显变化态势是务工地自购房比重下降、乡外从业回家居住比重上升。

表1-11　外出农民工的住宿情况　　单位：%

	2008年	2009年	2010年	2011年	2012年
单位宿舍	35.1	33.9	33.8	32.4	32.3
工地工棚	10.0	10.3	10.7	10.2	10.4
生产经营场所	6.8	7.6	7.5	5.9	6.1
与他人合租住房	16.7	17.5	18.0	19.3	19.7
独立租赁住房	18.8	17.1	16.0	14.3	13.5
务工地自购房	0.9	0.8	0.9	0.7	0.6
乡外从业回家居住	8.5	9.3	9.6	13.2	13.8
其他	3.2	3.5	3.5	4.0	3.6

资料来源：国家统计局。

4. 流动人口在居住地购房比例和纳入住房保障比例极低

根据2013年国家卫生和计划生育委员会流动人口动态监测调查数据，流动人口中农业户口和非农业户口在现居住地购房的比例只有6.0%和25.9%。流动人口居住在政府提供的廉租住房和公共租赁住房的比例分别只有0.1%和0.2%。

（二）将城市新移民纳入住房保障是城镇化发展的客观要求

1. 将城市新移民纳入住房保障是推进城镇化、实现城乡协调可持续发展的必然要求

城镇化既是中国改革开放30年取得巨大成就的重要推动力，也是今后较长时期保持中国经济又好又快发展、全面建成小康社会的必由之路。1978年中国城镇人口比重为17.92%，2007年达44.94%，30年提高了个27个百分点，成绩有目共睹。但近年来，城镇化进程难度不断加大，其中一个重要原因是农民工难以在工作地留下来，实现安居乐业，而是不断地外出务工又返乡回流。由于农民工不能真正进入城市，大量人口依然滞留在农村，农村整体贫困面貌难以改变。而且由于外出务工农民实际已不再适应农村生活，因此，当其年老时，必将面临在城市去留两难的尴尬境地，造成大量的社会问题。从长期来说，随着农民工住房问题的逐步解决和农村人口的留城居住，可以实现劳动力素质的整体提高，有效降低生育率，减少农村人口，提高农村人均土地拥有量，为农村和农业的规模化生产经营创造条件，最终实现农村与城市的协调发展。

有的学者认为，农村留有土地和住宅，农民在城市找不到工作，可以回家安生。从短期来看，农民工在城市无法立足而返回农村是给农民工留下一条"后路"，有利于维护社会稳定。但从长期来看，"三农"问题的解决最终仍要依靠城市化。其原因在于：一是农业的增加值总体所占比例是下降的，农业挤出劳动力和农村人口，在这样一个趋势下，越来越多的农民不可能再回农村。二是现有"80后""90后"等农民人口进城后，即使在城市找不到工作，也很难回农村重新种地。三是农村土地经营规模小而且收益差，与非农业的收益差距越来越大，而且生活资料和农业生产资料相对农业产品却越来越昂贵，大部分农民即使回到农村，也将难以生存。四是到2040年，城镇、城市以及交通、水利等建设还需要占用耕地1亿多亩，如果不加以控制，会出现相当多的无地和少地农民，并被迫向城市转移。因此，让农民回农村去，实际违反了城镇化和工业化的趋势，也是不可能实现的。

2. 将城市新移民纳入住房保障是实现社会安全有序发展的重要保障，是构建和谐社会的重要组成部分

住房问题影响进城农民定居城市，使他们难以在城市扎根，无法实现进城农民的市民化。进城农民由于在城市没有适当的住房，不能在城市安居乐业，仍然很依赖农村，因而像候鸟一样往返于城市与农村之间。每年春节的民工潮，给公安、民政、运输等机构造成很大压力。数量巨大的城市新移民难以有效地融入城市社区，成为摆动在城乡之间的边缘人群。如果中国的城镇化仅仅是农民工“工棚式、集体宿舍式和简陋租赁式”转移，那么，未来人口在城乡之间、在区域之间流动的规模将越来越大，并且将越来越剧烈，这种钟摆式的流动将导致动荡的概率升高，不利于维护社会稳定。

此外，居住条件的简陋使城市新移民与城市文明隔离，不能尽快融入城市生活，新老居民容易产生对立，而对立的结果便是导致弱势一方发生道德失范或违法犯罪。目前，在中国大部分城市中，流动人口居住的城乡接合部都被看作缺乏安全感的区域。因此，保障进城民工的合法权益，提高和改善他们的住房质量，既是社会公平的重要体现，也是构建和谐社会的重要组成部分。

3. 有利于延长和持续享有人口红利

如果从城市人口红利的角度来看，城市以平等的理念服务新移民，恰恰最有利于城市的社会和经济发展，最有利于延长和持续享有人口红利。据研究，仅1983年至2000年，教育负担轻、储蓄率高、劳动力资源充足的人口红利对GDP的贡献率就高达26.8%。但是，这样的人口红利期再过10至15年可能就会发生变化。由于计划生育和家庭生育孩子成本的不断提高，出生率呈下降趋势，中国的劳动人口数量可能在2016年从增长变为稳定，然后逐渐下降，这意味着中国的人口红利将逐步减少。如果今天准备不足，那时的中国将面临“未富先老”的严峻局面。

在这种背景下，随着人口的城镇化，非户籍劳动力人口大量流入城市，恰恰是对城市养老保障事业的最大贡献。通过把新移民纳入新的保障体系，可以大大提高当前保障基金的缴费水平。

4. 解决城市新移民的住房问题，是完善住房保障供应体系和政策的要求

关于解决农民工的住房问题，已有较多的文件和政策依据，例如，国

务院《关于解决农民工问题的若干意见》（国发〔2006〕5 号）提出多渠道改善农民工居住条件；建设部《关于贯彻〈国务院关于解决农民工问题的若干意见〉的实施意见》（建人函〔2006〕80 号）进一步提出多渠道改善农民工居住条件的实施措施；国务院《关于解决城市低收入家庭住房困难的若干意见》（国发〔2007〕24 号）再次强调，多渠道改善农民工居住条件；建设部等五部委《关于改善农民工居住条件的指导意见》（建住房〔2007〕276 号）提出了改善农民工居住条件的基本原则和若干具体措施。

在此基础上，应将流动人口住房问题纳入城镇住房保障体系。中国城镇住房保障制度主要面向城市居民，并没有把城市中的流动人口真正纳入住房保障体系。以目前社会发展的角度来说，城市化进程既不可回避也不可逆转，因此流动人口住房问题将成为每个城市不得不面对的问题。随着中国城镇住房保障制度改革的不断深入发展，不应只保障城镇中的低收入家庭住房，对流动人口的住房保障制度也应考虑推进实施。目前经济适用住房、公共租赁住房和住房公积金政策在解决中低收入家庭住房问题上发挥了一定的作用，但是对中国流动人口的住房保障还并没有全面实施，因此，我们应对现行城镇住房保障制度进行完善，根据中国城镇社会经济和住房发展的实际情况，构建一个更为科学、合理、高效、公平的城镇住房保障制度。

第二章

中国城镇住房保障制度与供应体系

一、住房保障的基本理论

住房保障政策是引导中国房地产业健康发展研究的一个重要组成部分。关于住房保障政策的基本理论问题，可以从以下几个方面进行论述：

（一）对住房保障政策的再认识

1. 住房保障政策与住房政策

住房是供居民个人和家庭生活居住的建筑空间或场所，具有空间位置固定、耐久性和异质性等物理特性，同时还具有价值量大、使用寿命长、弱流动性、属于生活必需品等社会经济特性。住房具有消费品和资产的双重角色，它既是为居民提供住房服务的消费品，也是可以被拥有和交易的重要资产。

对全体社会成员来说，住房是其基本权利和社会福利，即使是最低收入家庭，也需要消费住房服务。属于生活必需品，这是住房与一般消费品最大的区别。因此，各国和各地区的政府，普遍把提供公共住房、确保每个居民都有获取适当住房的机会作为其重要承诺。这不仅仅是为了家庭的利益，也是为了确保社会和谐，提高公民健康水平和教育水平，促进城市社会经济的协调发展。另外，在市场经济条件下，住房又具有商品属性，是每个居民都希望拥有的住房资产。例如，美国 2006 年第二季度末在约 66 万亿美元的家庭资产中，住房资产为 20 万亿美元，是所有家庭资产类型中占比最大的一项。

因此，住房的社会属性决定了住房保障政策是住房政策的重要内容。

2. 住房保障政策与公共政策

一般认为，住房保障政策是政府公共政策的重要内容，提供公共住房的责任主体是政府。

首先，提供公共住房的目的是维持社会安定和维护基本生存权。这既是一项社会目的，也是一项广泛的社会功能，应该由社会的集中代表——中央和地方政府来担当。

其次，公共住房供应成本是巨大的，非某个社会阶层或社会成员所能承担，只有政府有能力调动全社会的资源，而且政府承担公共住房供给职能更具有规模经济，可以降低分散化保障带来的过高的执行成本。

最后，公共住房供应的程序是复杂的，必须以政府的权威和系统组织能力来实施。这三个原因决定了住房保障政策实施的责任主体只能是国家或政府。很多国家的私人部门也参与公共住房供应体系中，但是其发挥的作用非常有限。如果没有国家和政府提供资金支持、设立相关的机构严格管理，那么私人部门不可能为全社会提供公共住房。

3. 住房保障政策与一般社会保障政策

从理论和实践来看，住房保障政策区别于一般社会保障政策。

所谓社会保障制度是指由国家依据一定的法律和法规，为保证社会成员的基本生活权利而提供救助和补贴的一种制度。从包括的业务内容来看，社会保障制度主要包括以下三类：①社会救助；②社会保险；③社会福利。此外，还有其他社会保障措施，例如，面向军人的保障制度是一个独立的保障子系统。

由于住房问题的特殊性，从发达国家的实践来看，都是将住房保障政策作为住房政策和政府公共政策的重要组成内容，放在与社会保障政策相并列的地位。“二战”后，住房保障政策在各国得到了空前的发展：一方面由于战争对住房的严重破坏，城镇住房问题格外突出；另一方面出于对20世纪30年代经济危机的深刻反思，主张政府干预、引入计划经济、扩大社会福利的思潮成为经济政策的主流。许多国家认为，通过政府的积极干预，解决低收入居民家庭的住房问题，实现“为每一个居民家庭提供良好的住房”或“居者有其屋”的社会目标，既是维护社会安定的重要手段，也是社会收入再分配的重要方式。因此，各国结合各自的实际情况，制定了多样化的、比较完善的住房保障政策，这些政策逐步成为各国社会政策的重要组成部分，尤其是通过法律明确居住权是公民权利的重要组成部分，是国家、政府职能的基本体现。

尽管目前部分国内学者将住房保障政策放在社会保障制度框架下进行研究，将住房保障作为社会保障的一个组成部分，但比较国外发达国家的社会保障和住房保障政策的有关理论可以发现，国外研究的社会保障制度并不包含“住房保障”，一般也没有“住房保障”这一提法，所谓“住房保障”更多地体现为公共住房政策。这是在学术理论研究时需要注意的一点。

事实上，住房保障政策的内涵也在逐步变化。从国外有关理论综述可知，发达国家的住房保障政策重心经历了从以提供实物的保障性住房为主到以增强住房消费能力为主的转变。当今的发达国家的住房保障政策更多的是通过租金和购房补贴、金融支持和税收减免来帮助居民提高住房消费能力，解决居住问题。

（二）住房市场化与住房保障的关系

1. 住房市场化和住房保障都是解决住房问题的方式

（1）住房市场化是计划经济体制转轨到社会主义市场经济体制的必然要求

所谓住房市场化是相对于计划经济体制下住房作为福利性产品而提出的。其理论基础是住房的本质属性是商品性。基本内涵是：确认住房是商品，把住房的再生产过程纳入市场经济的轨道，在住房的开发建设中，将其作为商品来生产和经营；在住房的流通中，将其作为商品来买卖和交换，由市场机制调节住房资源的配置；在住房分配中，实行货币工资分配，让职工通过市场购买或租赁来解决住房问题；在住房消费中，将其作为劳动力再生产费用列入职工工资，满足住房消费需求。总体上，住房再生产过程遵循市场经济规律运行。

因此，在市场经济下，住房作为一种商品，其所具备的商品性决定它无法摆脱市场配置作用的影响，必然要求通过市场机制发挥配置住房资源的基础性作用，这就决定了市场化是解决住房问题的主要方式。

(2) 住房的特殊性质决定了在住房市场化同时必须实施住房保障

住房改革坚持市场化原则，并不等于说人人都只能依靠自己的收入买房子住，也不等于说人人都只能靠市场化来获取住房。在市场经济条件下，由于市场的不充分性以及市场自发调整的滞后性，再加上市场机制更加强调效率优先，单纯依靠市场化难以解决所有的住房问题。为了实现“住有所居”，政府必须通过住房保障来帮助单纯依靠市场难以解决住房困难的低收入群体。这是由住房本身的特殊性质决定的。

住房是供居民个人和家庭生活居住的建筑空间或场所，具有空间位置固定、耐久性和异质性等物理特性，同时还具有价值量大、使用寿命长、弱流动性、是生活必需品等社会经济特性。住房具有消费品和资产的双重角色，它既是为居民提供住房服务的消费品，也是可以被拥有和交易的重要资产。对全体社会成员来说，住房是其基本权利和社会福利，即使是最低收入家庭，也需要消费住房服务。属于生活必需品，这是住房与一般消费品最大的区别。因此，不能把住房作为完全的商品推向市场，各国和各地区的政府普遍把提供公共住房、确保每个居民都有获取适当住房的机会作为其重要职责。

(3) 住房市场特征决定了在市场化供给之外还必须由政府提供公共住房

首先，住房市场是一种竞争不充分的市场。形成完全自由竞争的市场一般要具备4个条件，即信息充分、商品同质、厂商买者自由出入和交易双方人数众多。而在房地产市场上，对每一家物业来说，不仅位置有差异，而且由于房地产位置的固定性，使物业的出售或出租往往带有地域性和垄断性。对厂商来说，由于房地产投资大，回收期长，因而能进入房地产市场只能是少数人，再加上土地供应的有限性和房地产开发经营的规模要求等，使表面上竞争激烈的房地产市场很容易形成市场失灵，需要政府加以调控和管理。

其次，住房市场存在信息不对称。房地产商品的异质性、价格的隐蔽性和交易的专业性、复杂性直接导致买卖双方信息不对称，其后果是增大交易成本并降低市场效率，也可能导致道德风险和逆向选择。按照制度经济学的观点，住房市场的信息不对称将促进评估、咨询、经纪等房地产中介机构的发展，其所提供的信息服务将减少交易成本，从而使市场达到新的均衡。也就是说，信息不对称的大部分问题可以通过市场来解决，主要作为市场监督者的政府应集中力量制定有关中介组织的市场准入标准并加强相应管理。

实践表明，仅仅依靠来自私营部门的住房供应，在住房供应数量、标准、区位和时间以及住房价格的可支付性等方面，通常难以满足社会的理想目标。因此，需要通过政府对住房需求和住房供给的干预，来保证全体居民都有机会获取适当的住房，以保证政府关键社会经济目标的实现。新加坡的公共组屋、日本的住宅公团和住房供给公社、美国的住房补贴政策以及中国香港特别行政区的居屋计划等，都是通过政府的干预来保障中低收入者的住房消费水平。为解决房地产市场中的住房分配不均衡现象，政府有必要介入，以提高社会总体福利水平。

2. 住房市场化和住房保障相互依存，又有所区别

（1）从政策属性来看，住房市场化既是适应社会主义市场经济的要求，实施住房制度改革的根本方向和指导思想，也是国家的基本住房政策，而住房保障是政府行使公共职能，提供公共产品的具体体现，属于住房公共政策。

（2）从政策地位来看，市场化在解决住房问题中处于主体地位，通过市场方式购买或租赁住房是解决住房问题的主要方式，而住房保障是住房市场化必不可少的补充，起弥补市场化调节缺陷的作用。

（3）从政策对象来看，住房市场化针对的是多数群体，而住房保障是针对一定的特殊群体，具体来说主要是低收入住房困难群体实施的局部政策，通过政府补贴的非市场方式享受保障住房的是少数。

（4）从住房需求来看，实行住房市场化，满足的不仅是基本居住需求，还包括改善型需求和享受型需求，且需求弹性较大，当房价等因素变化时需求易发生较大波动，而住房保障重点是解决其基本的居住需求，在一定时期内其需求相对稳定。

3. 完善住房保障既要明确政府责任，也要运用市场机制

（1）住房保障是政府责任，应由政府加以主导

中国住房制度改革确立了房地产市场作为住房资源配置的主渠道，但低收入家庭由于支付能力的不足，难以通过市场自行解决住房问题，被排

斥在市场之外。仅仅依靠来自住房市场的供应，在住房数量、标准、区位和时间以及住房价格的可支付性等方面，显然难以满足社会的理想目标。因此，在住房资源配置中，既要充分发挥市场机制的作用，也要积极发挥政府保障的作用，一个完善的住房制度必然是由市场机制和住房保障制度有机构成、各负其责的制度。因此，住房问题需要政府介入，通过建立住房保障制度，保障低收入家庭的基本居住权，解决住房上的社会问题和公平问题。

从一些市场经济国家解决住房问题的经验来看，住房保障是政府的重要职能之一。政府通过安排一定的财政资金支持住房保障，运用多种政策手段给予低收入群体不同的保障支持力度，帮助低收入群体获得基本的住房。为解决住房市场中的分配不均衡现象，政府有必要介入，以提高社会总的福利水平。新加坡的公共组屋、日本的住宅公团和住房供给公社、美国的住房补贴政策以及中国香港特别行政区的居屋计划等，都是通过政府的干预来保障中低收入者的住房消费水平。根据国际经验，即便是在发达国家，需要政府救济性住房保障的群体也占社会家庭总数的7%左右，而且这是一个始终存在的常态现象。中国作为一个发展中国家，人口众多且城镇化快速发展，“金字塔形”的收入分配状况将至少在未来二三十年的战略周期中长期存在，政府对低收入住房困难家庭实施住房保障将是一项长期的制度性任务，必须对其长期性、艰巨性有充分估计。

(2) 在政府主导的基础上，充分利用市场机制实现住房保障资源配置

在市场经济条件下，住房保障虽然是政府主导，但同时也可以运用市场机制对保障资源进行配置。这些手段包括：通过规划政策和土地政策，调节和控制住房的售价和租价；利用住房补贴，支持中低收入家庭购/租房；利用税收杠杆调节住房消费结构；利用金融政策，对中低收入家庭住房消费给予支持。

例如，美国通过容积率奖励或免税激励开发商参与住房保障用房的提供，如果开发商提供在建项目面积20%的低价住房，政府则给予33%的容积率奖励，或开发商若提供低价出租房则给予免房地产税的优惠。英国政府于2004年修改了《住房法》，要求各城市政府通过规划手段，强制要求新建项目中必须有一定比例的中低价位住房，由开发商建好后以同类商品房价格的70%卖给城市房屋协会，再由协会出租或出售给低收入者。法

国、美国也有类似的“配建制”。

目前国内部分城市在商品房中配建经济适用住房或廉租住房，实际上也是运用市场机制来实现保障住房的供应。廉租房、经济性适用房配建在商品房小区里，不仅可以缓解短时期内政府投入住房保障的资金压力，而且可以共享城市配套设施和住宅小区配套，共享住宅小区的环境和有序的管理，有利于不同社会阶层的沟通和市场化的互助，避免“贫民窟”的弊端。

二、部分国家和地区的住房保障制度及借鉴

（一）部分国家和地区的住房保障制度

1. 英国住房保障制度

在不同时期，英国住房保障政策的重点和实施方式并不相同。

（1）依法保障住房权利

英国早在伊丽莎白一世统治期间（1558—1603 年）就颁布了《济贫法》（1601），开始从教会手中接管慈善组织提供的失业、疾病、住宿等方面的服务。在工业革命兴起后，针对日益短缺的住房问题颁布了《工人阶级住房法》。此后 100 多年，英国陆续颁布了《住房法》《社会保障和住房福利法》《租赁改革、住房和城市发展法》等法律。

（2）早期住宅合作社是实现“居者有其屋”的主要手段

英国的住宅合作社有很长的历史，成立于 1844 年的改善劳工条件联合是英国的第一个住宅协会。协会成立后，由社会上一些慈善家、工业巨头提供资金，建造住房，向工资收入最低的工人出租廉价的改良住房。英国的住宅协会在政治上一直获得各政党的支持。1909 年，《住宅和城镇规划法》生效，住宅协会开始获得官方的财政资助。为了吸引大量缺房户为改善自己的住房条件而与他人合办住宅事业，政府给住房协会贷款，使之成为主要的开发者，一些地方市政机构还决定把所有住房和公寓都转给住房

协会。

英国的住宅合作社有以下几个特点：①它既是一种长期的住房合作组织，也是独立的法人实体。②它是一个独特的行业协会，延续至今，一直保持其住房合资的宗旨。③与大多数协会不同，英国的住宅协会自己从事生产、经营活动。④英国的住宅合作社有多种形式，如短期合作社、租户管理合作社、住宅金融合作社等。正是由于英国政府把住宅协会这一住房合作组织作为实现“居者有其屋”的主要出发者和住房提供者，才使广大中低收入者建房、买房的愿望得以实现。

（3）第二次世界大战后以集中建设出租公房为重点

由于战争的破坏，第二次世界大战后英国住房严重短缺，政府采取了以集中建设出租公房为重点，大力促进住宅建设、增加住房供应的政策。主要方式是，环境交通和区域部根据中央财政每年的建房预算安排，综合各个地方政府的建房情况和低收入居民住房需求情况，按年度向地方政府拨款，由地方政府负责进行公房建设。1946—1979 年，工党执政与保守党执政时期，政府建房占建房总量的比重分别为 49% 和 45.3%。最高的 1946—1951 年，主要城市的政府建房量达建房总量的 78%。政府建房极大地促进了英国的住房供应，对解决当时的住房短缺问题，解决低收入居民住房支付能力较低问题都起了重要作用，受到了居民的普遍欢迎。

（4）为中低收入者提供可支付住房

英国从 1982 年开始推行可支付住房政策，将可支付住房作为主要的政策目标。其主要政策手段包括：一是制定可支付住房用地规划，政府提供低价土地，以保证住房低成本的开发建设；二是实施共有产权政策（又称为持分所有权政策），即依购房者或承租户的收入水平及购买能力来决定其购买的产权份额，可购买 25%、50% 的产权，余下部分则继续向住宅协会承租。此外，英国还实施了提高公共出租住房租金，使房价与租金比趋于合理，将公共出租住房产权转移给其他部门，以提高出租住房市场的效率等政策。

英国 2004 年修改《住房法》，要求各城市的政府通过规划手段，强制要求在新建项目中必须有一定比例的中低价位住房，由开发商建好后以同类商品房价格的 70% 卖给城市房屋协会，再由协会出租或出售给低收入者。其中，伦敦市要求新建项目中的中低价位住房比例须在 50% 以上。

(5) 发放住房补贴、固定资产投资和金融支持

目前英国在住房保障方面主要采用住房补贴、固定资产投资和金融支持的方式。

中央政府在住房保障方面主要是采取发放补贴的形式。补贴发给地方政府和其他相关的社会非营利机构，2005 年这两项补贴的数额分别为 4.5 亿英镑和 22.5 亿英镑。

地方政府在住房保障方面，主要是固定资产投资和金融支持。根据英国副首相办公室（The Office of the Deputy Prime Minister）的统计资料，2005 年，英国地方政府在住房保障方面的财政支出为 45.34 亿英镑，占其财政支出总额的 27%。其中，固定资产投资包括土地和房屋的收购、住宅的新建和翻新、住宅周边公用设施的修建和其他项目。金融支持主要包括补贴的发放、贷款和其他金融资助以及“Acquisition of share and loan capital”。

表 2－1　英国地方政府在住房保障方面财政支出所占比例

年份	2001	2002	2003	2004	2005
比例（%）	32	33	28	28	27

表 2－2　2005 年英国地方政府住房保障支出明细

	固定资产投资					金融支持			合计
	土地和房屋的收购	住宅的新建和翻新	住宅周边公用设施的修建	其他项目	小计	补贴发放	贷款和其他金融资助	Acquisition of share and loan capital	
支出（百万英镑）	292	3471	61	27	3851	636	46	1	4534
比例（%）	6.44	76.55	1.35	0.60	84.94	14.03	1.01	0.02	100.00

2. 美国住房保障制度

(1) 制定完善的住房法律法规

美国在 20 世纪 50 年代住房法中制定了公共住房计划、城市再开发计划以及为退伍军人住房抵押贷款提供担保的计划；20 世纪 60 年代

的住房法和城市发展法中制定了补贴住房建设计划；20 世纪 70 年代中期以后，又制定了住房援助（补贴）计划，最大限度地发挥了住房补贴的效果。

（2）由租金控制逐步转向住房补贴

美国的租金控制主要由地方以立法的形式做出规定，并通过投票方式进行表决。在租金控制政策的作用下，美国公共住房的租金只占低收入家庭收入的 25%，但随着租金控制法规的作废，公共住房的房租已提高为占低收入家庭收入的 30%。

美国对低收入家庭的住房补贴主要有 4 种形式：砖头补贴、房东补贴、住房券、现金补贴。①砖头补贴：它于 1965 年开始实施，由联邦政府直接拨款，补贴给建房者，补贴额为租户收入的 25% 与市价租金的差额。②房东补贴：尼克松时期，联邦政府向房东提供补贴，补贴额为市价租金与贫穷家庭收入一定比例的差额。③住房券：它于 1975 年在 4 个城市实施，现在几乎遍及美国每个城市。这种住房券是政府发给低收入者用以领取住房补贴的凭证。持券人可根据自己的职业特点自由选择居住地，只需缴纳不超过自己收入 30% 的房租，不足部分由政府负责支付。④现金补贴：里根上台后，联邦政府对低收入家庭直接提供现金补贴，补贴额为市价租金的 70%。

（3）以金融支持鼓励中低收入家庭购房

美国联邦政府为鼓励中低收入家庭拥有自己的住宅，提供了两种优惠政策：①税收减免，即联邦政府对第一次购房者实行个人所得税减免，可以抵扣住房抵押贷款利息。②抵押贷款，即金融机构对第一次购房者提供低息贷款或抵押贷款担保。购房者经过担保后，首期付款只需售价的 5%，贷款额可达房价的 80% ~96%，还款期达 20 ~30 年，利率一般只有 6% ~8%，低于其他长期贷款利率。

美国鼓励中低收入家庭购房的住房政策与其“人人享有体面的住房”的住房目标是一致的；另外，这一政策也为之后美国次贷危机的爆发埋下了隐患。

（4）强调和实施不同收入阶层的混合居住

美国住房与城市发展部自 20 世纪 70 年代后就改变了集中建设公共住房的做法，开始强调和实施不同收入阶层的混合居住。采用方式有：①采取分散的方法将即将开发的公共住宅划分成小单元分散在现有中高收入住宅区中；②将公有住房和商品住房按照允许比例结合起来开发。一般而言允许公有住房的比例在20%～60%，混合居住的家庭收入水平的浮动范围是平均收入水平的50%～200%。

3. 韩国住房保障制度

（1）制定住房法律、政策和计划

为解决国民住房问题，韩国政府先后制定《供应住宅法》（1963）、《国家住宅建设促进法》（1972）、《租赁住宅建设促进法》（1984）、《租赁住宅法》（1994）和《住宅法》（2003）等；确定韩国住房政策总目标为：与国民经济发展阶段相适应，与家庭构成以及居住区域的特性相适应，为全体国民提供居住环境良好的住宅；制定了住宅建设相应的“五年计划”，以实现住房政策的总目标。

（2）设立建设运营公共住房的专门机构

按照《国家住宅建设促进法》，韩国设立国家住房政策审议委员会，负责制定国家住房发展规划、审批全国住房建设计划。国家住房政策审议委员会制定建设计划后，住房行政管理事务由建设部实施，下设韩国住宅公社和大韩土地开发公社等机构，负责建造面向中低收入阶层的出租公房。

（3）对不同阶层实施不同住房保障政策

即按收入、家庭状况和居住状况的不同，将整个社会群体分为绝对支援阶层（再分为不负最低居住费阶层和可负最低居住费阶层）、部分支援阶层和自立阶层，通过建设小型商品住房和公共租赁住房，致力解决中低收入户的居住问题。

小型商品住房是指针对拥有住宅购买力的中低收入户而建设的小型公共住房，其供给对象为收入水平下位20%～60%。

广义上的公共租赁住房是指依据《租赁住宅法》由国家或地方政府投入政府预算所建设的，或者通过“国民住宅基金”支援而建设的租赁住房。具体包括“永久租赁房”“公共租赁房”和“国民租赁房”等类型。“永久租赁房”是专门针对城市贫困居民而设计建造的非营利性住房，全国约有19万套，其中74%是由大韩住宅公社提供的。“公共租赁房”租赁期为5～50年，租赁期满后卖给租住者，供给对象为由于拆迁等原因造成的无房者等中低收入户。“国民租赁房”包括针对最低20%收入户的20年期和针对最低40%收入户的10年期两类，后来期限统一扩展为30年。求租对象为前一年收入不到城市工人家庭月平均收入50%～70%的无房者，并且是住房认购储蓄户。区别于“永久租赁房”的营利性，“公共租赁房”和“国民租赁房”是微利性的。

在公共住房建设标准方面，韩国按照家庭人口规模有明确规定，如小型商品房、公共租赁住房面积全部在85平方米以下，多数是65～85平方米，有的只有20～30平方米。

（4）在财政、土地、金融和税制等方面给予支持

韩国于1981年设置“国民住宅基金”，支援小型商品房和公共租赁住房的建设及土地建设事业。为了降低土地成本，由大韩住宅公社或土地开发公社等公共机构开发公共住房用地，特别是租赁住房建设用地及60平方米以下的住宅用地，一律都以低于市场价供给。为减少低收入阶层购买住宅所面临的经济负担，对建设和购买小型住宅、租赁住房者进行税收优惠，即对在流通和保有住房环节上的取得税、登录税和转让所得税给予免税或减税优惠。

4. 新加坡住房保障制度

（1）建屋发展局是住房保障的法定机构

1960年2月，新加坡成立建屋发展局（HDB），属国家发展部（Ministry of National Development）辖下的法定委员会，其任务是提供优质及市民可负担的公共房屋。建屋发展局具有行政管理职能并代表政府行使权力，负责制定住宅发展规划以及房屋管理，以实现“居者有其屋”的住房目标；同时，它又是全国最大的房地产经营管理者，负责居住区的总体规划和组屋（HDB Flats）及相关配套设施的设计建造、配售租赁、物业管理等。建屋局通过向政府及商业银行借款和发行债券（或票据），筹措其发展计划的资金和所需的营运资金。

（2）实施“居者有其屋计划”

1964年，建屋发展局正式提出“居者有其屋计划”，为无力在住房市场上购买私人住宅的相当一部分居民提供公共住房。以该计划为框架，新加坡进一步制定了更加细化具体的住房计划、政策和程序。

“居者有其屋计划”特点包括：①向住户提供具备独立厨卫的住宅单

元，确立居住的基本标准。②为购房者提供长达20年、利率为6.25%的贷款。③居民的中央公积金储蓄可用于购买HDB住房。④破产的HDB住房用户仍能拥有该房屋，保障住户在身无分文的情况下不至于露宿街头。因此，该计划不仅提供公共住房，还提供住房信贷和保险，既针对低收入者，又面向中等收入者。

新加坡的组屋制度将住房市场分成相对独立的两块，一块是完整产权的私人住房市场，另一块是组屋市场。在过去50年中，新加坡政府建造了近100万套公共住房，解决了82%的人口的住房问题。经过50多年的发展，如今新加坡已形成以公共住房（租屋）为主、私人住房为辅的住房市场格局。

（3）与住房相联系的广义公积金制度

在新加坡，有87.6%的居民居住在政府组屋内，其中，79%是廉价屋，只有12.4%住在私人购买的公寓或别墅。新加坡将公积金制度作为政府调控与市场机制相结合的抓手。1955年，新加坡采取强制储蓄的方式建立公积金制度，解决了雇员退休的生活保障问题；1968年，允许中低收入家庭动用部分公积金存款作为购房首付款，其余部分由每月缴纳的公积金分期支付；1975年面向中等收入家庭放开限制。通过建设租屋和实施公积金制度，新加坡已有90%以上的居民住进了新建的居民楼，人均居住面积达21平方米以上，住房水平得到较大改善。

5. 中国香港地区的住房保障制度

（1）设置专门管理机构

主要设置了房屋委员会和房屋协会两大机构，负责协调包括公共住房发展规划、开发建设、社会分配和运营管理等诸多环节，参与中国香港地区公共房屋制度的建设和管理。其中，香港房屋委员会成立于1973年，主要负责推行香港公共租屋和居屋计划，策划和兴建公共房屋，把公共房屋出租或出售给低收入家庭。2003年3月修订房屋条例的相关条文后，香港房屋及规划地政局局长获委任为房屋委员会主席。香港房屋协会成立于1948年，是一个独立的非营利性机构，主要负责策划和兴建一些特定类别的公共房屋，特别是介于政府和私人住房市场之间的公共房屋，如承担“夹心层住屋计划”，以住户可以负担的租金或价格，把房屋出租或出售给特定类别的家庭。

（2）政府主导公共住房发展计划

中国香港地区通过成立专设机构，直接组织人、财、物力等方式介入公共住房的规划、设计、建设、分配和管理，并通过公共住房发展计划所具有的时间跨度（如“十年建屋计划”）、特定的目标群体（如“夹心层住屋计划”针对中等收入阶层）和量化的标准（如建设公共房屋的数量、人均面积标准）等方式，合理规划公共住房的发展。政府在实施公共住房制度的过程中，逐渐形成了包括市场化和保障性在内的双轨制住房供应体系，解决了社会不同收入阶层的住房问题。截至2005年，在中国香港地区的240.8万套住宅中，公共住房有109.6万个，私人房屋有131.2万个；在中国香港地区的694万总人口中，49.6%的居民居住在公营的租住公屋和资助出售的居屋中，50.4%的居民住在私人住房中。

中国香港地区的公共住房发展计划大致分为以下时期和阶段：

一是自20世纪50年代以来，实施社会中低收入阶层的公屋计划，初衷是为天灾受害者和赤贫家庭提供紧急及基本的廉价租住居所。具体包括徙置区计划、廉租屋计划和临时房屋区计划。1954年中国香港地区成立了徙置事务所，筹建了20多座大厦安置灾民，同年成立屋宇建设委员会，为低收入家庭（月收入400~900港元）提供居所。1962年港府实行廉租屋计划，兴建廉租屋村供月收入400港元以下的家庭居住。1964年推出“临时房屋区计划”，安置无资格入住公屋，又无力承租私人住宅的居民。

二是20世纪70年代以后，以可承担的租金和售价，为所有家庭提供适宜标准住所。具体包括十年建屋计划和居者有其屋计划。1972年，港府推出“十年建屋计划”，提出了使180万住在木屋和贫民窟的居民能搬进永久性独立单元住宅的计划。1976年港府又推出“居者有其屋计划”，1978年允许私人机构参建政府公屋计划，以满足中低收入阶层的住房需要。

三是20世纪80年代以后，由扩充居住数量转向提高居住质量，推广自置居所以及资助中低收入者购买私人住宅。具体包括长远房屋策略和新房屋策略等。1987年公布长远房屋策略，帮助经济条件较佳的住户购买自己的房屋。1997年公布“新房屋策略”，鼓励居民自置居所，帮助有条件的家庭购置较好的住房。

（3）多渠道的资金支持

一是政府通过拨出资本、低息贷款和土地政策等方式提供支持。政府以市场地价向私人开发商批租土地获得的收入向房屋委员会注资，使房屋委员会有能力制订和实施公共住房发展计划；以免费和下调地价向房屋委员会和房屋协会供地，使房屋委员会和房屋协会有能力以低于市场房价向中等收入家庭提供居屋和夹心层住房，并且通过出售居屋和夹心层住房从中等收入家庭筹集部分资金，补贴低收入家庭租住公屋的租金。

二是房屋委员会通过出租公屋及其附属商业楼宇、出售居屋获得维护及兴建公共房屋所需的资金。

（4）公平的分配制度和完善的退出机制

政府建立了相对完善的公共住房分配制度，即按家庭收入、家庭结构等条件形成轮候排队制度，不同收入和家庭结构的居民参与不同的住房发展计划，并在申请、入住、租赁、购买等方面形成严格的层级化和序列化，以保证公共住房分配的公平性。

对租住公屋，政府采取了两项控制措施：一是申请家庭需要在公屋轮候册上登记，并接受申请人年龄、家庭人数、收入、资产及在港居住年限等方面的审查。房屋委员会每年检讨轮候册家庭收入及资产限额，以使之与当前的经济和社会状况相符合。二是香港特区政府1996年6月开始实施维护公屋资源合理分配政策，对收入和净资产超过规定上限或不申报收入和净资产的租户，按照市值征收租金并要求其在一年内迁出所住公屋。自此政策实施以来，香港特区政府已成功收回约3.4万个公屋，重新编配给有需要的居民入住。

对按“居者有其屋”计划出售的居屋，由于政府给予了较大的补贴，为使补贴真正落实到中低收入家庭，防止投机牟利，政府采取了两项控制措施：一是严格审查购房资格，如家庭收入、家庭人数等，且不同面积住房实行不同价格；二是房屋再交易时予以一定限制，如住户购得房屋在10年内不得转售，确实需要转售的居屋只能由房屋委员会回购，10年后居屋可以进入市场自由交易，但须向政府补交一定数额的地价。

（二）中国香港地区和中国台湾地区公务员住房借鉴

1. 中国香港地区

公务员按聘用条款、薪酬、服务年资及个别房屋福利计划的条款及条件享有房屋福利。自2000年6月1日起，中国香港特区政府向所有新聘人员提供了一套新的房屋福利——非实报实销现金津贴计划。2000年6月1日前受聘的人员则享有其他房屋福利。具体来说，2000年6月1日或之后受聘人员的房屋福利包括：非实报实销现金津贴计划、公务员公共房屋配额；2000年6月1日前受聘人员的普遍房屋福利包括：居所资助计划、自置居所资助计划、高级公务员宿舍、自行租屋津贴。

（1）2000年6月1日或之后受聘人员的房屋福利

一是非实报实销现金津贴计划。符合资格的人员可在任职政府期间领取非实报实销现金津贴最多合共120个月，不论服务期间有否中断。根据这项计划：①对总薪级表第34点或以上或同等薪点的人员，这项津贴是服务条件之一；②对总薪级表第34点以下或同等薪点的人员，这项津贴须按配额制度发放；③总薪级表第22点以下或同等薪点并已连续服务至少20年的人员，可选择按上文第②项所指的同一配额制度领取这项津贴或申请公务员公共房屋配额下的公共房屋。非实报实销现金津贴有两套津贴表，一套适用由总薪级表第34点或以上或同等薪点开始领取津贴的人员，另一套适用由总薪级表第34点以下或同等薪点开始领取津贴的人员。领取津贴的人员会按同一津贴表领取津贴，只在薪级递增时才获得该津贴表上较高的津贴额。

二是公务员公共房屋配额。总薪级表第21点或以下而所任职级的薪级表不会达到总薪级表第25点的文职人员和员佐级薪级表的纪律部队人员，均可申请公共房屋，但有每年配额限制。配额分“特别配额”和“一般配额”两种。前者编配予将于10年内退休并居于部门宿舍的纪律部队初级人员，后者编配予不合资格申请特别配额的纪律部队初级人员、第一标准薪级人员和初级文职人员。

（2）2000年6月1日前受聘人员的普遍房屋福利

一是居所资助计划。居所资助计划是作为服务条件之一向总薪级表第

34 点或以上或同等薪点的人员提供。符合资格的人员可每月获发一笔须 50% 实报实销的津贴最多达 120 个月，以偿还香港住宅物业的按揭贷款。按常额及可享退休金条款聘用的人员，亦可申请首期贷款。贷款连利息分 10 年偿还。

二是自置居所资助计划。自置居所资助计划是按配额制度向总薪级表第 34 点以下或同等薪点的人员发放。符合资格的人员可每月获发一笔全数须实报实销的津贴最多达 120 个月，以偿还香港住宅物业的按揭贷款。按常额及可享退休金条款聘用的人员和第一标准薪级人员，亦可申请首期贷款。贷款连利息分 10 年偿还。

三是高级公务员宿舍。在 1990 年 10 月 1 日前受聘的合资格海外人员或属于总薪级表第 45 点或以上（或同等薪点）的本地人员，可享有高级公务员宿舍，作为服务条件之一。有关人员须向政府支付相当于薪金 7.5% 的租金。

四是自行租屋津贴。在 1990 年 10 月 1 日前受聘的合资格海外人员或属于总薪级表第 34 点或以上（或同等薪点）的本地人员，可享有自行租屋津贴，作为服务条件之一。符合资格的人员可每月获发一笔全数须实报实销的津贴，在香港租用私人住所。有关人员须向政府支付相当于薪金 7.5% 的租金。

2. 中国台湾地区

主要有住宅辅购和宿舍借用两种方式解决公教人员住房问题。

(1) 住宅辅购

为协助解决公教人员[①]居住问题，政府设置住宅基金以优惠方式贷款辅助公教人员购置住宅。具体来说，是由相应金融机构提供公教人员辅助购置住宅贷款，借款人与指定金融机构签订贷款契约后，公务人员住宅及福利委员会（简称住福会）贴补贷款差额利息。

一是贷款对象。各机关、学校编制内，任有给公职满一年，并支领一般行政机关待遇之公教人员。以下几种情况除外：①申请人或配偶曾获政府各类辅助购置住宅，不论是否办妥贷款手续或是否清偿者。②申请人或配偶曾承购公有眷舍房屋或基地，或房屋及基地者。③申请人或配偶曾因

① 中国台湾地区政府住房优惠政策的对象包括公务人员和教师，简称公教人员。

拆除或腾空原住公有眷舍房屋获政府补助者。④申请人或配偶曾获公有眷舍现状标售得标人安置处理者。⑤申请人或配偶曾获准办理本贷款，经放弃尚未满三年者。⑥申请人已休职、停职或留职停薪者。另外，在申请贷款前后过程中，如果申请人辞职、受解聘（雇）、不续聘（雇）、免职、撤职、退休（职）、资遣、调任非属中央公教人员时，将被撤销或废止其办理贷款资格。住福会已贴补差额利息，申请人应负责返还。

二是贷款时间和方式。住福会贴补差额利息期限为二十年。贷款借款人可以自行选择下列两种方式之一办理偿还，但一经择定即不得更改：①前五年付息不还本，至五年期满之次月起再按月平均摊还本息。②按月平均摊还本息。

三是其他要求。申请人及配偶同为公教人员，以辅助购置一户住宅为限。居住于眷属宿舍、职务宿舍或单身宿舍之公教人员，经获政府辅助购置住宅者，其原住眷（宿）舍应于办妥贷款后三个月内腾空，并交原管理机关、学校依规定处理。

（2）宿舍借用

台湾公教人员宿舍分为首长宿舍、单身宿舍、职务宿舍三种，由各机关制定管理办法，依一定手续借住给本机关员工。各机关编制内人员有下列情形之一者，不得申请借用职务宿舍：①经政府辅助购置（建）住宅或贷款者。②配偶或其随居任所之扶养亲属已在其他机关（构）借用首长宿舍或职务宿舍者。

一是首长宿舍。供本机关首长任职期间借用之宿舍。首长、副首长借用宿舍，以任本职期间为限，离职时应依规定期限迁出。①来源：各机关建置首长宿舍，应就其经管之公有宿舍自行调配为原则；无法调配时，向人事局申请借用首长宿舍。各部、会（含相当层级）无前项宿舍可提供首长借用时，可报请行政院核准，自行租赁房屋作为首长宿舍，其每月租金，以调查当地房租租金最高部分前1/4平均单价为限。②面积和装修标准：各部、会（含相当层级）首长宿舍室内使用面积，最高以150平方公尺为限；副首长及其所属一级机关、学校简任第十二职等以上首长宿舍室内使用面积，最高以115平方公尺为限。一次性装潢费用，每平方公尺不得逾9000新台币。③费用分摊：规划兴建、价购或依法令取得使用权或管理权的房舍作为首长宿舍的，所需经费由住福会编列预算支应。首长宿舍的保险、公共设施检查、建物修缮维护等费用，由住福会编列预算支应；借用期间之水电、瓦斯、公共管理及宿舍维护等费用，由借用机关支应。④收回：人事局对主管的首长宿舍实施不定期访查，如有下列情形之一的予以收回：将宿舍全部或一部出租、转借、调换、转让、增建、改建、经营商业或作其他用途者；其他未实际居住者。

二是职务宿舍。供本机关职员职期轮调、职务上之需要或服务偏远地区，有配偶、未成年子女、父母或身心障碍赖其扶养之已成年子女随居任所者借用之宿舍。①对象：各机关学校符合下列情形之一，可以规划兴建职务宿舍：业务性质特殊，其员工需要安全保护、轮值夜班或机动值勤者；位处离岛、高山或偏远地区者；为提供派驻国外人员职务轮调回国服务期间居住之需要者；因延揽海外人才之特殊需要者。②面积标准：各机关学校规划兴建的职务宿舍，其每户最大面积，供公、教员工暨其随居任所之父母、配偶或未成年子女居住者，以 106 平方公尺为限；供单身教职员工居住者，以 33 平方公尺为限。所需经费由各机关学校按预算程序办理。

三是单身宿舍。供本机关职员因职务上特别需要，于任所单身居住者借用之宿舍。

（三）国外住房保障制度政策对中国的借鉴

1. 从法律上保证公共住房供应体系的构制和实施

西方国家基本上都已经形成了相互补充、比较完整的住房法律体系。从国外的经验来看，基本大的经济体都颁布了住宅法。从而在法律层面为推动国家公共住房目标的实现提供支撑和保障。

美国从 20 世纪 30 年代以来出台了《住房与社区发展法》《税收改革法》《住房抵押贷款法》《居民可承担住宅法》《无家可归者资助法》等几十部有关住房的法律法规，例如，《合众国住房法》规定了要为低收入家庭修建公共住房制定长远计划；《国民住宅法》要求建立住房管理署，设立联邦存款和贷款保险公司，由政府提供低利息贷款，鼓励私人投资于低收入家庭公寓住宅；《开放住房法案》为帮助穷人成为房主，规定在 10 年内为低收入家庭提供 600 万套政府补助住房，并禁止在购买和租用房屋时的种族歧视。

英国早在19世纪80年代就制定了《住宅法》，为相继实施的一系列改革措施提供了法律保证，并在此基础上建立相对完整的住房法律体系，明确各级政府在解决居民住宅问题中的责任，以及解决居民住房问题的手段和措施；明确在政府部门设立专门机构，负责住房保障政策的制定和实施；明确把住房保障资金列入财政预算，投入专项资金，以投资建房、贷款贴息、发放补贴等方式保证住房保障政策的实施等。

日本的住房保障法律多达40余部。日本人多地少，住房历来紧张，尤其是二战后，面临更严峻的住房短缺问题。日本政府首先在立法上进行了制度支持。日本政府先后制定实施了《住房金融公库法》（1950）、《公营住宅法》（1951）、《日本住宅公团法》（1955）、《城市住房计划法》（1966）等。此后又陆续制定了一系列相关法规，逐步建立健全住房保障的法律体系，这类法规共颁布40多部。

德国政府在为低收入家庭提供福利住房方面建立了《住房法》《住房建设法》《住宅促进法》《房屋补贴法》《出租法》等。

2. 明确政府是公共住房政策的实施主体

世界上的大多数国家，包括发达的市场经济国家，都是通过建立政府干预机制来解决低收入居民家庭的住房问题。特别是第二次世界大战以来，公共住房政策在各国得到了空前的重视。一方面由于战争对住房的严重破坏，城镇住房问题十分突出；另一方面出于对20世纪30年代经济危机的深刻反思，主张政府干预、引入计划经济、扩大社会福利的思潮成为经济政策的主流。许多国家认为，通过政府的积极干预，解决低收入居民家庭的住房问题，实现“为每一个居民家庭提供良好的住房”或“居者有其屋”的社会目标，既是维护社会安定的重要手段，也是社会收入再分配的重要方式。因此，各国结合各自的实际情况，制定了多样化的、比较完善的公共住房政策，使公共住房政策逐步成为各国社会政策和社会保障制度的重要组成部分。

3. 建立多层次的公共住房供应体系

提供公共住房是大多数政府在住房短缺时期普遍采取的做法，强调把低收入群体作为住房保障的重点对象和优先层次。以中国香港地区为例，层次性是香港住房供应体系的显著特征，这一体系从基本解决低收入家庭的租住需求、解决中等收入家庭的自置居所需求，再到解决高收入家庭购买商品住宅的需求，形成覆盖不同收入阶层、相互衔接的、完整的住房供应体系。韩国公共住房供应也分为两个层次：小型商品住房和公共租赁住房。其中，公共租赁住房又包括“永久租赁房”“公共租赁房”和“国民租赁房”等。

4. 运用土地、财税、金融等手段支持公共住房供应

尽管市场经济体制国家近些年来不断强调市场的作用，让住房发展的许多功能回归市场。但是，这些国家往往只是抛弃了过去那种对市场的直接干涉，代之以对市场的间接调控，特别是加强了面向中低收入家庭的公共住房政策的干预力度。政府主要集中于政策的制定和实施，通过住房政策、土地政策等行政手段，控制住房的售价和租价，利用税收杠杆对消费的不同结构给以不同的调节，利用住房补贴，支持中低收入家庭购/租房，利用金融政策，调节住房市场的筹资、投资渠道，进而影响住房市场的发展。

5. 住房保障政策重点由提供实物住房逐步转向提高住房消费能力

从日本、英国、德国等国家在不同时期采取的住房保障政策可以看出，政府由传统的针对供应方的补贴（如支持建房），逐步转向需求方的补贴，即根据家庭收入的高低，通过金融支持（如日本的金融公库、美国的按揭贷款担保）、税收减免（如美国的贷款利息抵扣个人所得税）、给予低收入家庭租金补贴（如美国的“住房券”），使住房保障政策目标性更加明确。

6. 依法成立住房保障政策的实施机构

实施住房保障需要有相应的机构、人员和财力做保证。除一般负责住房事务的政府职能部门外，如美国的住房与城市发展部（HUD）、英国的环境事务部下属的房屋管理局，日本的建设省等，各国政府部门还设立有负责公共住房供应的机构，如新加坡的建屋发展局、日本的住宅公团、香港的房屋署等，为公共住房政策的实施提供了可靠的组织保证。为适应政府直接供应的需要，英国的地方政府专门成立了负责建房事务的机构；新加坡组建了建屋发展局（HDB），1998 年员工人数一度达 8900 多人；中国

香港地区成立了房屋署，2005年度员工达9400多人。

三、中国住房保障政策的制度变迁

住房制度改革之前，中国传统的住房制度呈现二元特征，农村人口住房由国家提供宅基地通过家庭出资自我解决住房问题，而城镇居民的住房则完全由国家或单位建设分配。城镇住房这种福利分配制度在人口不断增加、供应日益短缺的情况下，存在的弊端也不断显现出来。20世纪80年代初，以邓小平同志关于中国住房制度改革问题的一系列谈话为起点，中国政府开始了对中国城镇住房福利制的改革，如向职工出售存量公房、提高存量公房租金、在部分城市试点补贴售房等。但这种改革主要是分配体制改革，几乎没有触及对住房供应体制的改革，住房建设和分配仍由国家、单位统一组织实施，市场机制完全被排斥在住房供应领域之外。

（一）中国住房保障政策的发展阶段及制度变迁

随着住房制度改革的深入，中国住房保障供应政策的发展经历了一个从起步到逐渐完善的过程，以不同时期国家发布的关键性文件或政策为标志，大致分为以下阶段：

1. 自1988年起，房改试点同时倡导集资合作建房

在这个阶段，对市场配置住房资源的效率还没有形成完全正确的认识，改革的基本思路是力求消除传统住房分配制度的弊端，为加快住房解困，在住房建设中鼓励个人出资。按照《国务院关于在全国城镇分期分批推行住房制度改革实施方案的通知》（国发〔1988〕11号）的要求，在全国开展房改试点，在通过以标准价优惠办法出售住房、新房新租、收取租赁保证金、建立个人住房基金等房改试点方案的同时，倡导集资合作建房。

2. 自1992年起，实施面向全国的安居工程

1992年10月党的十四大发布了《中共中央关于建立社会主义市场经

济若干问题的决定》，首次提出建立社会主义的市场经济体制，解决了计划与市场的关系问题。在这种背景下，武汉、北京等城市率先进行了新的住房供应模式的探索。1992 年，武汉市在住房制度改革方案出台的同时，提出了武汉市经济适用住房计划，并将其命名为“汉康工程”。1993 年 9 月 17 日，北京市人民政府发布了《北京市康居工程实施方案》的通知，明确为建立社会主义市场经济条件下具有社会保障性质的住房供给和分配体制，加快解决中低收入住房困难户的住房问题，实施康居工程。

1994 年 7 月 18 日，为深化城镇住房制度改革，促进住房商品化和住房建设的发展，国务院发布了《关于深化城镇住房制度改革的决定》（国发〔1994〕43 号），要求各地人民政府要十分重视经济适用住房的开发建设，加快解决中低收入家庭的住房问题。同年 12 月 15 日，建设部、财政部、国务院房改领导小组发布了《城镇经济适用住房建设管理办法》。

在总结各地建设实践的基础上，1995 年 2 月 6 日，国务院提出实施国家安居工程，国家安居工程住房直接以成本价向中低收入家庭出售，是一项探索建立面向中低收入家庭的具有社会保障性质的住房供应体系的示范工程。与集资合作建房方式相比，国家安居工程有两个明显的特点：一是突出了政府的作用，集资合作建房主要由自用土地单位组织本单位职工出资建房，国家安居工程建设由地方政府提供划拨用地，减免相关税费，由中央政府提供信贷支持，供应对象为城镇中低收入住房困难家庭；二是在组织方式上引入了市场的因素，集资合作建房由单位自行组织建设分配，国家安居工程由专业开发公司组织建设。

3. 自 1998 年起，建立面向不同收入家庭的三种住房供应体系

1997 年，面对亚洲金融危机，中央确立扩大内需的方针，提出加快房改，将住宅培育为消费热点，通过刺激住房消费拉动经济增长。在这样的主导思想下，1998 年 7 月出台了《关于进一步深化房改，加快住房建设实施方案》（国发〔1998〕23 号），提出在全国城镇停止住房实物分配，逐步实行货币分配，对不同的收入家庭实行不同的住房供应政策。最低收入家庭租赁由政府或单位提供的廉租住房，中低收入家庭购买经济适用住房，其他收入高的家庭购买、租赁市场价商品住房。

由于经济适用住房在供应对象、组织运作方式、价格构成等方面与国家安居工程住房具有相似性，并且前者的解困面更广，因此，随着经济适

用住房政策的推进，国家停止实施国家安居工程，大部分省市开始建设经济适用住房。

4. 自2003年起，调整住房供应结构为多数家庭购买或承租普通商品住房

2003年9月，在北京召开了全国首次房地产工作会议。会议首次提出房地产业已成为国民经济的支柱产业，要坚持住房市场化的基本方向，更大程度地发挥市场在资源配置中的基础性作用，会后下发了《国务院关于促进房地产市场持续健康发展的通知》（国发〔2003〕18号），要求各地根据房改进程、居民住房状况和收入水平的变化，完善住房供应政策，调整住房供应结构，逐步实现多数家庭购买或承租普通商品住房。同时，根据当地的情况，合理确定经济适用住房和廉租住房供应对象的具体收入线标准和范围，做好住房供应保障工作。

5. 自2007年起，住房保障制度的框架初步形成

为解决城市低收入家庭住房困难，2007年8月7日，国务院发布《关于解决城市低收入家庭住房困难的若干意见》（国发〔2007〕24号），要求“以城市低收入家庭为对象，进一步建立健全廉租住房制度，改进和规范经济适用住房制度，加大棚户区、旧住宅区改造力度，力争到十一五期末，低收入家庭住房条件得到明显改善，农民工等其他住房困难群体的居住条件得到逐步改善”。

该文件是在房价快速上涨、低收入家庭住房困难问题凸显的背景下出台的。据建设部测算，2006年，全国城镇低收入家庭中约有住房困难户近1000万户，占城镇家庭总户数的5.5%。加大住房保障制度建设，解决低收入住房困难家庭的住房问题，是维护群众利益、促进社会和谐发展、让改革成果惠及全体人民的重要方面。

随后，相关部委相继发布了一系列关于廉租住房和经济适用住房管理方面的具体执行性文件：2007年9月建设部等9部委局联合发布《廉租住房保障办法》（令第162号）；2007年10月财政部发布《廉租住房保障资金管理办法》（财综〔2007〕64号）；2007年11月建设部等7部委联合发布《经济适用住房管理办法》（建住房〔2007〕258号）；2007年12月建设部等5部委联合发布《关于改善农民工居住条件的指导意见》；2008年3月财政部和国家税务总局发布《关于廉租住房、经济适用住房和住房租

赁有关税收政策的通知》；2008 年 3 月住房和城乡建设部发布《关于加强廉租住房质量管理的通知》（建保〔2008〕62 号）；2008 年 10 月，国家民政部等 11 个部门联合发布了《城市低收入家庭资格认定办法》（民发〔2008〕156 号）；等等。综合来看，以国发〔2007〕24 号文件为标志，中国住房保障制度框架初步形成。

在世界发生金融危机，中国实施扩内需、保增长的经济刺激政策的背景下，2008 年 12 月《关于促进房地产市场健康发展的若干意见》（国办发〔2008〕131 号）明确提出，要加大保障性住房建设力度，争取用 3 年时间基本解决城市低收入住房困难家庭住房和棚户区改造问题。紧随其后，十一届全国人大二次会议通过的政府工作报告提出，投资 9000 亿元用于保障性住房建设。

6. 自 2010 年起，公共租赁住房被纳入住房保障供应体系

随着国家刺激内需的政策效果显现，房地产市场也开始回升，房价过快上涨的局面再次出现，为进一步加强和改善房地产市场调控，稳定市场预期，促进房地产市场平稳健康发展，2010 年 1 月 7 日，国务院办公厅发布《关于促进房地产市场平稳健康发展的通知》（国办发〔2010〕4 号）；4 月 17 日，国务院发布《关于坚决遏制部分城市房价过快上涨的通知》（国发〔2010〕10 号）。两个文件再次强调要增加保障性住房的有效供给，适当加大经济适用住房的建设力度，扩大经济适用住房的供应范围；商品住房价格过高、上涨过快的城市，要切实增加限价商品住房、经济适用住房、公共租赁住房供应。文件提出要加快建设限价商品住房、公共租赁住房，解决中等偏下收入家庭的住房困难。公共租赁住房被纳入住房保障体系，住房保障体系更加完整。

2010 年 4 月，住房和城乡建设部发布《关于加强经济适用住房管理有关问题的通知》（建保〔2010〕59 号），就严格建设管理、规范准入审核、强化使用监督、加强交易管理提出更为细致的规定。2010 年 4 月，住房和城乡建设部等 3 部委发布《关于加强廉租住房管理有关问题的通知》（建保〔2010〕62 号），就严格建设和准入管理、强化租赁管理和服务、切实落实监管责任提出更为细致的规定。2010 年 6 月，住房和城乡建设部等 7 部委发布《关于加快发展公共租赁住房的指导意见》（建保〔2010〕87 号），对加快发展公共租赁住房的重要意义、基本原则、租赁管理、房源

筹集、政策支持、监督管理提出指导意见。2012 年 5 月，住房和城乡建设部发布《公共租赁住房管理办法》，标志着公共租赁住房制度基本形成。至此，一套包括廉租住房、经济适用住房和公共租赁住房的完整的住房保障体系基本形成。

7. 自 2013 年起，更加重视加快棚户区改造

为解决棚户区住房简陋、环境较差、安全隐患多等问题，自 2008 年以来，国家将棚户区改造纳入城镇保障性安居工程，大规模推进实施。2008 年至 2012 年，全国改造各类棚户区 1260 万户，有效地改善了困难群众住房条件。为进一步加大棚户区改造力度，2013 年 7 月 4 日，国务院发布《关于加快棚户区改造工作的意见》（国发〔2013〕25 号），2013 年至 2017 年改造各类棚户区 1000 万户，使居民住房条件得到明显改善，基础设施和公共服务设施建设水平不断提高。

2013 年 10 月 29 日，中共中央政治局就加快推进住房保障体系和供应体系建设进行第十次集体学习。中共中央总书记习近平在主持学习时强调，从中国国情来看，总的方向是构建以政府为主提供基本保障、以市场为主满足多层次需求的住房供应体系。要千方百计增加住房供应，同时要把调节人民群众的住房需求放在重要位置，建立健全经济、适用、环保、节约资源、安全的住房标准体系，倡导符合国情的住房消费模式。11 月 12 日，中国共产党第十八届中央委员会第三次全体会议《中共中央关于全面深化改革若干重大问题的决定》提出，加快房地产税立法并适时推进改革。稳步推进城镇基本公共服务常住人口全覆盖，把进城落户农民完全纳入城镇住房和社会保障体系。健全符合国情的住房保障和供应体系，建立公开规范的住房公积金制度，改进住房公积金提取、使用、监管机制。

（二）中国住房制度改革和住房保障制度完善的启示

第一，中国住房改革的思路是始终一致的，即将住房市场化和住房保障同时作为实现住房供应、解决住房问题的方式和手段。在国发〔1998〕23 号文开始转向住房市场化的同时，中国政府已经注意到市场可能的局限性，提出了分层次的住房供应体系；国发〔2003〕18 号文在此基础上进一步推进市场化，提出多数家庭购买普通商品住房，同时强化政府住房保障

职能，要求做好住房保障工作。

第二，中国住房改革在市场化过程中取得的成绩说明这一思路是完全正确的。随着住房市场化改革的深入，目前中国城镇80%左右的住房交易，已经通过市场进行配置。国内外经验表明，市场机制可以较好地适应不同家庭的多样化住房需求，提高资源配置的效率，在解决居民住房问题中处于基础性地位，必须毫不动摇地坚持市场化改革的基本方向。

第三，在不同发展阶段，住房改革与时俱进，政策重心不断调整。由于住房保障在市场化进程中发展相对滞后，在住房分配货币化、供应市场化、市场机制成为房地产市场运行的基础性调整力量的情况下，更加凸显协调处理建立住房保障体系和发展房地产市场的关系的重要性。国发〔2007〕24号文在国发〔1998〕23号文、国发〔2003〕18号文的基础上，就解决城镇低收入家庭住房困难问题提出进一步完善住房保障制度。国发〔2010〕10号文将公共租赁住房纳入住房保障供应，标志着包括廉租住房、经济适用住房和公共租赁住房在内的住房保障体系基本形成。国发〔2013〕25号文的重点是加快棚户区改造。因此，2007年之后，住房政策重心相对向住房保障转移，强调继续强化政府对困难群众的住房保障职责，建立住房保障体系，加强对房地产市场的调控。

四、中国住房保障的供应体系及调整

（一）廉租住房：与公共租赁住房并轨

1. 主要政策

中国城镇廉租住房是由地方政府为主体，在1998年停止住房实物分配后，为最低收入（后改为低收入）家庭住房解困的一种保障性住房形式。1999年，建设部颁布《城镇廉租住房管理办法》规定，城镇廉租住房是指政府和单位在住房领域实施社会保障职能，向具有城镇常住居民户口的最低收入家庭提供的租金相对低廉的普通住房。2004年，建设部等4部委颁布的《城镇最低收入家庭廉租住房管理办法》明确提出，符合市、县人民政府规定的住房困难的最低收入家庭，可以申请城镇最低收入家庭廉租住房；城镇最低收入家庭廉租住房保障方式应当以发放租赁住房补贴为主，以实物配租、租金核减为辅。2007年，建设部等9部委颁布《廉租住房保障办法》，将廉政住房供应对象由城镇最低收入家庭调整为低收入住房困难家庭。实施廉租住房保障，主要通过发放租赁补贴，增强城市低收入住房困难家庭承租住房的能力。廉租住房紧缺的城市，应当通过新建和收购等方式，增加廉租住房实物配租的房源。2010年，住房和城乡建设部等3部委发布《关于加强廉租住房管理有关问题的通知》，要求严格廉租住房建设和准入管理，强化租赁管理和服务，切实落实监管责任。

2. 实施方式

各地在廉租住房制度的实际过程中，主要采取以下四种实施方式：

（1）实物配租，即政府为低收入户和住房困难户直接提供低租金的普通住房。低租金住房的来源既包括新建住房，也包括收购旧的存量房。

（2）租金补贴，即政府向住房困难户和低收入者按规定的标准发放租金补贴，由受补贴者自己到市场上去租房。租金补贴的资金来源匮乏，致使租金补贴实施的进展缓慢。

（3）对租住在现有公房内的“双困”家庭（低收入和住房困难户）实行租金减免。主要是指对住在现有公房的困难家庭，通过审核确认符合廉租住房条件的，可以认定现住公房为廉租住房，按廉租住房租金标准收取房租，低租金与现有公房租金差额，由市政府用筹集到的廉租住房租金补贴给产权单位。这有效地缓解了在市场上租房难的问题。

（4）房屋置换，即廉租住房管理部门用新建的廉租住房与符合条件的“双困户”住的旧公房进行置换，将新建的廉租住房配租给“双困户”，以改善他们的住房条件。

从全国各地的推进情况来看，租金补贴是廉租住房推进过程中的主流方式，这种方式选择性好，避免了低收入家庭集中扎堆造成社会问题；在投入同样资金的情况下，同期可比实物配租解决更多家庭；有利于腾退，一旦发现领取补贴的家庭不符合条件，可以马上停发。另外，这种方式的实施也受市场房源供应的约束，在房源供应不足的情况下，最低收入家庭领到租金补贴会面临租不到房的问题。正是在这样的市场约束情况下，部分城市建设或收购了部分实物住房作为廉租住房房源。

3. 实施成效

2009 年，住房城乡建设部、发展改革委、财政部发布的《2009—2011 年廉租住房保障规划》提出，从 2009 年至 2011 年，争取用三年时间，基本解决 747 万户现有城市低收入住房困难家庭的住房问题。2008 年至 2012 年，全国廉租住房开工近 600 万套，基本建成超过 400 万套，初步实现了规划目标，基本满足了本地城镇户籍低收入住房困难家庭的需求，弥补了历史欠账。

4. "两房"并轨及原因

2013 年，住房和城乡建设部、财政部、国家发展和改革委员会发布的《关于公共租赁住房和廉租住房并轨运行的通知》（建保〔2013〕178 号）要求，从 2014 年起，各地廉租住房建设计划调整并入公共租赁住房年度建设计划；2014 年以前年度已列入廉租住房年度建设计划的在建项目可继续建设，建成后统一纳入公共租赁住房管理。各地公共租赁住房和廉租住房并轨运行后统称为公共租赁住房。

2014 年，住房城乡建设部《关于并轨后公共租赁住房有关运行管理工作的意见》（建保〔2014〕91 号）进一步明确，并轨后公共租赁住房的保障对象包括原廉租住房保障对象和原公共租赁住房保障对象，即符合规定条件的城镇低收入住房困难家庭、中等偏下收入住房困难家庭，及符合规定条件的新就业无房职工、稳定就业的外来务工人员。

廉租住房与公共租赁住房并轨，主要有以下原因：

（1）从保障范围来看，公共租赁住房实际上已经涵盖廉租住房保障对象，为并轨运行提供了可能。

（2）从两房开工量来看，廉租住房年开工量呈减少趋势，公共租赁住房开工量逐步增加，公共租赁住房逐步发展成为住房保障供应体系的主体。公共租赁住房在 2011 年就已超过了廉租住房的开工量（2011 年廉租住房开工 173 万套，公共租赁住房开工 237 万套；2012 年廉租住房开工 98 万套，公共租赁住房开工 223 万套）。

（3）从并行运行状况来看，廉租住房和公共租赁住房在实践过程中也出现易混淆、易重复的问题：一是两者虽都属于租赁型保障房，但面向的群体不完全一样，申请人容易混淆，给申请人造成不必要的麻烦；二是两房平行运行不利于两项制度间的政策衔接，部分重复工作加大了行政管理成本；三是住房保障需求和供应是一个动态的过程，廉租住房和公共租赁住房房源和供应对象割裂，部分地方出现了保障性住房与保障对象不匹配的情况，导致有限的保障性住房资源闲置。

（二）经济适用住房：逐步淡出或转为共有产权住房

1. 主要政策

2007 年，建设部等 7 部委发布的《经济适用住房管理办法》规定，所谓经济适用住房是指政府提供政策优惠，限定建设标准、供应对象和销售价格，具有保障性质的政策性商品住房。经济适用住房建设用地实行划拨，同时享受行政事业性收费减半征收，房价实行政府指导价，购房对象限定为住房困难中低收入家庭。经济适用住房的价格由成本加微利构成，具体价格水平由政府核定。主要构成项目为：①建设用地征地和拆迁补偿、安置费；②勘察设计和前期工程费；③建安工程费；④住宅小区基础设施费；⑤管理费按以上 4 项之和为基数的 1% ~4% 确定；⑥贷款利息；⑦税金；⑧3% 的利润。

2010 年，住房和城乡建设部《关于加强经济适用住房管理有关问题的通知》要求，严格执行经济适用住房单套建筑面积标准控制在 60 平方米左右的要求；经济适用住房供应对象为城市低收入住房困难家庭，经济适用住房申请人应当如实申报家庭收入、财产和住房状况，并对申报信息的真实性负责；已购买经济适用住房的家庭，再购买其他住房的，必须办理经济适用住房退出手续，或者通过补交土地收益等价款取得已购经济适用住房的完全产权；经济适用住房上市交易，必须符合有关政策规定并取得完全产权。

2. 实施方式

在经济适用住房政策实施中，主要有三种方式：一是由政府所属机构组织建设和销售，即政府直接参与组织实施，例如，厦门、青岛均成立了政府属性的事业单位经济适用住房发展中心，全面负责经济适用住房的相关工作，如开展房屋普查、建立住房档案、掌握市场需求、确定开发规模，对经济适用住房的建筑面积标准、施工计划、销售对象进行控制等。二是在政府统筹规划下，由开发企业建设和销售。地方建设主管部门通过招标的方式，选择资质好的房地产开发公司承担经济适用住房的规划、建设和销售，这类城市以北京为代表。三是由单位或特定组织建设与销售。由单位利用自用土地，按统一规划建设，享受经济适用住房优惠政策，按经济适用住房价格出售给本系统职工或特定的对象。例如，按照国务院1998年130号文件的规定，科教文卫等单位可利用自有土地由单位组织职工建设住房，享受经济适用住房的有关政策。中央国家机关为解决公务员的住房，成立了建房中心，由公务员建房中心利用中央国家机关自用土地，享受经济适用住房政策组织建房。

3. 实施成效

随着住房制度的改革，在从住房实物分配向市场化的转变中，经济适用住房对解决中低收入家庭的住房问题，扩大住房投资、启动内需、平抑房价等，均产生了一定的促进作用。从1998—2006年底，中国经济适用住房累计竣工面积约13亿平方米，解决了约1650万户中低收入家庭的住房问题。

表2-3　1997—2006年全国经济适用住房投资情况　　单位：亿元

年份	商品住宅	经济适用住房	经济适用住房占商品住宅投资的比重（%）
1997	1539.38	185.5	12
1998	2081.56	270.85	13
1999	2638.48	437.02	17
2000	3311.98	542.44	16
2001	4216.68	599.65	14
2002	5227.76	589.05	11
2003	6776.69	621.98	9
2004	8836.95	606.39	6.8
2005	10860.93	519.18	4.8
2006	13638.41	696.84	5.1

资料来源：中国统计年鉴。

从表2-3中可以看出，经济适用住房投资在起步阶段增长较快，1999

年占商品住房投资比重为17%，达到最高点。之后，在商品住宅投资规模不断增加情况下，经济适用住房投资规模并未相应增加，总体上呈现减少的趋势。

4. 逐步淡出及原因

2007年之后，住房保障供应体系不断完善，供应结构逐步调整，实施保障性安居工程重点转向租赁型保障房（包括廉租住房和公共租赁住房）和棚户区改造。与此同时，尽管经济适用住房政策的实施取得不少成效，但实践中也出现不少问题，关于是否取消经济适用住房政策一直备受争议。在这种背景下，部分城市经济适用住房逐渐淡出，部分城市经济适用住房开始探索共有产权，之后演变为共有产权住房（如上海市）。

经济适用住房政策在实施过程中出现以下问题：

（1）对象定位过于宽泛。有的城市没有制定中低收入家庭收入标准；有的城市虽制定了标准，但没有专门机构把关、建立相应的审核制度；有的城市建立了购买对象收入审查制度，但由于无法以信用制度为基础，并不能真正掌握购房者的实际收入，使中国住房保障制度难以建立在客观、公正和科学的基础上。

（2）建设超标。部分城市的经济适用住房面积、品质标准超过了保障要求，更适合中高收入家庭的需求，超出了中低收入家庭的消费能力。有的城市不控制每套经济适用住房的面积上限，经济适用住房的面积越来越大，设施档次越来越高，致使一些高收入阶层也加入经济适用住房的购房群体。

（3）政策成本高。部分城市中低收入家庭买不到经济适用住房和经济适用住房供应范围扩大现象同时并存。政府在经济适用住房政策中减让了大量的地价、税费和让利，出让了政府应得的收益，但这部分补贴并没有惠及真正的中低收入家庭。导致经济适用住房政策难以完全实现政府住房保障的政策设计目标。

（4）社会成本增加。为尽可能地减少地价损失，经济适用住房一般选在城郊接合部和城市边缘地带，形成大规模人口聚集的纯居住功能的“卧城”，对城市布局功能产生多方面的负面影响；由此产生的大量基础设施需求，需要城市政府投入大规模的资金；中低收入家庭出行的交通成本上升，政府补贴增加，造成城市综合效益下降。

在住房保障方面，政府每年为解决中低收入家庭的居住问题提供了大量的财政支持及土地投入，这些投入基本都是无偿的。由于没有明晰产权，政府投入难以收回，更不用说保值、增值，而是转化为个人财富。按照现行的这种运作方式，显然难以持续。

因此，必须运用现代产权法则，按照“谁投资、谁所有、谁收益”原则对保障住房产权的归属进行科学界定，将政府投入产生的产权加以明晰。产权明晰后，对保障性住房日常运作中各方应承担的责、权、利、义就有分摊计量依据：一是变政府的“暗贴”为“明贴”；二是政府可以通过让渡持有的产权收回投入；三是政府凭借持有的产权可以参与保障住房增值收益分配；四是以产权的形式限制了保障住房的实际使用方式与转让，使政府具有了优先购买权。

目前，经济适用住房购买人持有的产权虽然已明确为有限产权，但政府持有产权的具体实现方式还有待进一步探索。建议明确政府投资形成的公共住房产权代理人，按市场价格计算产权份额，由授权机构代表集中统一行使所有权，例如，授权住房保障机构或城市房地产管理部门作为公共住房产权业主，享有其他业主同等的权利和义务。

（三）限价商品住房：向共有产权住房方向发展

1. 主要政策

所谓限价商品住房，实际上是中国部分城市在住房保障供应上的创新，从国家政策层面来看，目前尚无关于限价商品住房统一的规范性管理政策。

根据对部分城市已实施限价商品住房政策的总结，限价商品住房可定义为由政府提供优惠政策，限定户型标准，限定销售价格，由政府通过招标方式选择开发建设单位，由建设单位按政府规定向符合条件的家庭出售的政策性商品住房。

2. 实施方式

限价商品住房在实施过程中与普通商品住房存在较大不同。

一是销售对象不同。限价商品住房规定出售给所在城市的中等收入以下家庭的住房困难户，而普通商品住房的销售对象则一般没有限制（特殊情况下限购政策除外)。

二是户型设计限制不同。限价商品住房只能设计中小户型，而普通商品住房户型则没有限制。

三是房价限制不同。对限价商品住房，政府减收地价，企业少收利润，因此房价受到限制，一般按同地区同地段类似普通商品住房价格的一定比例确定销售价格，而普通商品住房的销售价格则完全由市场供求关系决定。

四是购房再上市交易限制不同。限价商品住房一般规定在购房后的一定年限内不允许上市交易，而个人购买商品住房则一般没有上市交易的限制（特殊情况下限售政策除外)。

3. 实施成效

限价商品住房起始于上海市。上海市自2002年以来，由于房价较快上涨，加之实施世博会、轨道交通等重点工程，不少被拆迁家庭面临买不起市场价商品住房的问题。为化解这一矛盾，上海市于2002年6月提出，按照“政府引导、企业运作、面向市场、定向统筹”的原则，在土地供应、地价控制、房型规格、建设要求、配套建设、供应销售等方面制定了一系列政策措施，组织建设了一批专门为重大工程动迁安置配套的商品住宅。配套商品住宅实行定向销售，5年内不得上市交易。

之后，全国其他部分城市也陆续出台类似办法。南京市于2003年10月28日出台了《中低价商品房实施意见》，青岛市于2004年8月20日出台了《普通商品住房管理办法》，大连市于2005年8月24日出台了《限价商品房建设和销售管理暂行办法》，宁波市于2005年9月9日出台了《限价商品住房销售管理办法》，山东省于2006年4月11日出台了《建设限价普通商品住房的指导意见》。

从实证角度来分析，出台限价商品住房政策的城市往往都是房价涨幅比较大的城市，在本地居民面临高房价的压力下，城市政府不得不采取双轨制供应，推出了限价商品住房政策。从实施情况来看，限价商品住房对平抑房价，特别是平抑周边房价，具有较为明显的效果。

4. 后续发展方向

在各地城市对限价商品住房政策的实践探索基础上，限价商品住房逐步成为中国住房保障供应体系的一个组成部分，特别是在平抑房价、支持购买力不足家庭的首套房需求方面，发挥了积极作用。

2006 年 5 月，国务院办公厅转发建设部等部门《关于调整住房供应结构稳定住房价格意见的通知》（国办发〔2006〕37 号），提出要优先保证中低价位、中小套型普通商品住房（含经济适用住房）和廉租住房的土地供应，其年度供应量不得低于居住用地供应总量的 70%；土地的供应应在限套型、限房价的基础上，采取竞地价、竞房价的办法，以招标方式确定开发建设单位。

2010 年 1 月，国务院办公厅《关于促进房地产市场平稳健康发展的通知》（国办发〔2010〕4 号）提出，商品住房价格过高、上涨过快的城市，要切实增加限价商品住房、经济适用住房、公共租赁住房供应。城市人民政府要在城市总体规划和土地利用总体规划确定的城市建设用地规模内，抓紧编制 2010—2012 年住房建设规划，重点明确中低价位、中小套型普通商品住房和限价商品住房、公共租赁住房、经济适用住房、廉租住房的建设规模，并分解住房用地年度供应计划，落实到地块，明确各地块住房套型结构比例等控制性指标要求。

2010 年 4 月，国务院《关于坚决遏制部分城市房价过快上涨的通知》（国发〔2010〕10 号）再次提出，房价过高、上涨过快的地区，要大幅度增加公共租赁住房、经济适用住房和限价商品住房供应。

在限价商品住房的发展过程中，部分城市，如北京等，探索将其纳入共有产权住房政策体系。限价商品住房向共有产权住房方向发展，其具体内容将在本书的第 5 章进行探讨。此外，公共租赁住房也是中国住房保障供应体系的重要组成部分，具体内容将在本书的第 4 章进行探讨。

五、完善和创新住房保障政策的思考

（一）完善住房保障法律法规

目前，中国住房保障面临的一个重大问题是，在市场和政府之间缺乏法律这个核心，特别是缺乏住宅法或住房保障法等奠定住房保障制度的法律基础。尽管中国的相关部门已出台一系列关于住房保障的政策文件，部分城市政府也制定了地方性住房保障法规（如深圳、厦门），有力地推动了保障性住房建设，但是到目前为止，尚未出台国家层面的住房保障法律法规。由于缺乏上位法的支持和法律的硬约束，部门规章和地方法规的立法层次较低，远远不能满足住房保障的发展需要。地方政府在实施住房保障政策的过程中往往出现落实不到位的现象。

因此，有必要在立足国情并积极借鉴国外成熟经验的基础上，加快住房和住房保障的立法，为住房政策提供法律支持。从这个角度出发，中国应加快出台《住房保障条例》，将政府关于住房保障的民生承诺法律化、制度化，从立法上规定住房保障的对象、保障标准、保障水平、保障资金的来源、专门管理机构的建立以及对违法违规行为的惩处措施等。同时，加快开展《住宅法》立法，将住房制度的改革成果以法律的形式固定下来。从长期来看，一部立法层面较高的《住宅法》出台，不仅是住房保障的客观要求，也是住房市场持续、稳定、健康发展的要求。

（二）充分发挥中央财政和地方财政的支持作用

从发达国家的经验来看，财政是公共住房供应的主要资金来源。公共住房制度的建立，一方面需要稳定的财政支出的保障；另一方面也要按照不同的财税体制，分清各级政府的责任。

首先，中央财政的投入可以解决地区由于发展不平衡而带来的保障水平不均等的问题。目前，中国公共住房供应的薄弱环节主要是贫困地区，特别需要中央财政予以支持。从国外发展的实践历程来看，“人人享有适当住房”是在贫困地区保持社会稳定的基本条件。因此，在西部地区不仅要解决吃饭问题，还要解决居住问题，这直接影响国家的民族政策和当地社会经济的稳定和发展。鉴于西部的财政困难地区仅靠有限的地方财政收入不足以从根本上解决贫困家庭的住房问题，需要中央财政给予一定的补助和支持，通过中央财政的启动资金，带动地方政府建设廉租住房的积极性，有效地启动地方资金。

其次，中央财政主要解决住房困难的救济，地方政府主要解决住房困难的救助。从欧美等国家的公共住房政策实践来看，无论是联邦制国家

（如美、德）还是中央集权制国家（如英国、日本），公共住房政策均以联邦（中央）及州政府的财政支持为主，地方政府的职责主要是组织建设和管理。各国的经验表明，无论社会经济发展到何种程度，总是有5%～10%的人群无法通过自身的能力解决住房问题。即使是在发达国家，在住房问题上也需要对这部分困难群体实施政府救济。另有10%～20%的低收入人群的住房问题需要政府给予一定程度的救助。

具体来说，应进一步明确中央财政在公共住房政策中的作用，每年固定将一定比例的财政资金投入公共住房。同时，按照事权与财权相对应的原则，赋予地方政府与公共住房建设事权相应的财权，引导地方政府加强公共住房供应工作。公共住房政策作为政府向居民提供的一种公共产品，其效用就是通过支付转移的方式实现社会收入的再分配，使广大中低收入和最低收入居民家庭也能够享受经济发展的利益，保持分配公平和社会稳定。中央财政应根据因地制宜的原则，根据东中西部地区差异，对不同地区的公共住房制度建设给予不同的财政补贴支持，以缩小东中西部地区保障水平的差距，协调东中西部社会经济的发展。省级财政应在省内范围加以协调。

（三）分步骤、分层次解决低收入家庭住房困难问题

在不同的住房发展阶段，住房的供求关系状况有很大的差别，住房保障的需求程度和发生作用的范围也会相应地产生很大的差别。在住房严重短缺时期，住房供应不能满足住房需求，住房价格与城镇居民家庭平均的住房支付能力差距较大，需要政府保障的范围相对较大，需要保障的程度也较高。而在住房供求关系相对缓和的时期，需要政府保障的范围较小、保障程度的要求较低。从发达国家住房保障制度目标群变化来看，其范围经历了由大到小的转变。在住房短缺时期，其住房保障制度的目标群范围几乎包括高、中、低收入阶层；随着住房短缺问题的逐步解决，住房保障政策目标群的范围逐渐转向中、低收入阶层；目前发达国家的普通居民面临的主要是住房改善问题，住房保障政策的目标群主要锁定在低收入阶层。

中国目前正处于城市化快速发展阶段，住房新增需求和改善需求同时存在，且总量巨大，与短期内有限的供给形成尖锐矛盾，导致房价上

涨较快；房价上涨同时又导致公共住房的需求更加突出，城市新增人口（包括农村迁入城市人口）和流动人口迫切需要解决住房问题。另外，从现阶段收入分布来看，与发达国家的“橄榄型”结构不同，中国属于典型的“双金字塔”结构，城镇居民总体收入水平和居住水平较低，中等收入发育不充分，从而客观上也要求保障层面上浮，将更多人群纳入广义保障范围之内。因此，在现阶段住房保障政策的制度设计上，既要考虑低收入者和最低收入者的居住需求，也要考虑中等收入及以下群体（包括“夹心层”）拥有产权住房的需求，这是区别于发达国家住房保障的一个根本不同。

（四）在不同阶段采取不同的住房保障供应方式

根据国外经验，在公共住房供应初期，政府直接建房是住房保障的主要方式之一，在住房短缺情况下更加受到各国（地区）政府的重视，即使是政府建房量最少的美国，也一直保留一定的政府建房量。政府建房既是对住房供应市场的直接参与，也是在住房供应矛盾尖锐、住房严重短缺环境下产生的，主要优点是充分发挥政府资源动员优势，能够保证在较短时间内刺激住房总量快速上升，缓解住房短缺状况。在住房供求关系逐步平衡后，住房保障将逐步从“砖头”向“人头”改变，即从传统的针对供应方的补贴（“补砖头”）转向补贴住房的需求方（“补人头”），具体做法就是根据家庭收入的高低，直接给予低收入家庭和弱势家庭补贴。

一般认为，“补砖头”的政策有其缺陷性，如建房资金需求大，给政府带来了沉重的经济负担。另外，“补人头”的政策也有其局限性，如弹性较差，难以在较短时期内刺激住房供应以满足市场需求，特别是在住房供需矛盾突出的情况下，政府实物补贴不宜完全撤出。

发达国家住房保障制度的演变过程表明，住房保障是一个长期性的问题，没有一个一劳永逸的、简单的解决办法，且随着具体情况的变化而不断发展。住房保障的方式从来都不是单一的，除了住房供应和房租补贴这两种基本的保障方式外，财税政策、金融政策甚至一定的行政手段，都可以在解决低收入居民住房问题中发挥一定的作用，关键是要与本国的住房保障能力、低收入居民的需要、市场经济发展阶段等因素很好地结合起来，并综合设计。

中国作为一个发展中国家，又处在快速城镇化阶段，城镇居民住房需求快速增加，住房供需不平衡的矛盾突出，因此，住房保障制度必须分层次，采用能够灵活地适应不同保障对象的具体需求，提供不同的保障方式和手段，灵活地适应不同保障对象的具体需求。从中国的情况来分析，短期内住房保障供应以建房为主，长期来看可逐步转向以补贴为主（包括贴租）。

（五）逐步形成租购并举、市场与保障结合的住房供应体系

从住房供应的角度来看，完善的住房市场供应体系应是多层次、多元化的。住房供应结构中应既有新建住房，也有存量住房；既有出售住房，也有租赁住房；既有商品住房，也有保障性住房，而且住房的档次、价位、户型结构、配套设施等也应该是多样化的。从租与购、市场与保障相互结合的角度，不管住房类型如何命名（如经济适用住房、限价商品住房都是共有产权住房），住房供应实质是由4类房组成，形成的供应体系如表2－4所示：

表2－4　“四类房”住房供应体系

	市场方式	保障方式
租	市场租赁住房	公共租赁住房
购	新建商品住房和存量住房	共有产权住房 （如经济适用住房、限价商品住房）

发展住房保障，既要发挥现有公共租赁住房的作用，也要重视和发挥市场租赁房的作用。为此，需要统筹现有公共租赁住房和市场租赁住房，打通公共租赁住房与住房租赁市场通道。具体来说，可在以下方面探索：

一是在住房供需矛盾突出、租金较高的地区，除新建保障性住房外，可以收购和改造价格适中、户型较小、符合保障性住房标准的存量住房，以存量住房配对保障性住房房源，按规定租金标准出租给保障对象。

二是推进公共租赁住房货币化，实物保障与租赁补贴相结合。政府给予符合条件的家庭租赁补贴，支持公共租赁住房保障对象通过市场租赁解决住房问题。根据不同城市的实际情况，在政府财力允许的条件下，给予外来新就业大学生、特定引进人才一定额度的住房租赁补贴，引导其在市

场中选择租赁住房。

三是激活租赁市场，鼓励个人提供普通住房作为租赁房源。例如，调整普通住房出租的税收政策，允许出租普通住房在税前扣除住房折旧及维修费用，实行个人所得税减免等。

四是发展机构租赁，鼓励国企和机构投资者投资和经营住房租赁业务。对住房租赁企业给予土地、融资、税收等优惠政策。

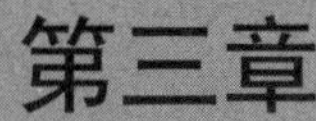

中国城镇住房保障“十二五”现状和未来展望

解决城镇居民特别是低收入家庭的住房问题，事关社会的和谐稳定、城镇化的健康推进、全面建设小康目标的实现。党中央、国务院历来重视解决困难群众的住房问题。党的十六大后，中央加快探索符合国情的住房保障制度。党的十七大提出“要努力实现全体人民住有所居”的目标。2008年末中央做出加快保障性安居工程建设的决策部署，大规模启动实施保障性安居工程。“十二五”规划提出，建设城镇保障性住房和棚户区改造住房3600万套（户），保障性住房覆盖面达到20%左右。2013年国务院《关于加快棚户区改造工作的意见》提出2013年至2017年改造各类棚户区1000万户的目标。2014年《政府工作报告》提出，今后一个时期，改造约1亿人居住的城镇棚户区和城中村。“十二五”和“十三五”（2011年至2020年）时期，是全面建设小康社会、全面深化改革、实现全体人民住有所居目标的关键时期。分析城镇住房保障“十二五”发展现状，总结成效和存在问题，明确“十三五”住房保障面临的新形势新挑战，对中国城镇住房保障发展有重要意义。

一、“十二五”时期城镇住房保障取得了显著进展

自进入“十二五”以来，中国大规模实施城镇保障性安居工程，一手抓保障性住房建设和棚户区改造，一手抓住房保障制度建设，住房保障政策体系和组织实施机制日臻完善。经过多年的努力，中国已初步形成市场配置与政府保障相结合、以市场配置为主的住房制度，住房保障作为住房

市场的重要补充，是解决城镇中低收入家庭住房困难的重要政策。

（一）保障性安居工程建设超额完成任务

2011 年至 2014 年底，全国城镇保障性安居工程累计开工保障性安居工程住房约 3200 万套（其中，各类棚户区改造约 1500 万套），基本建成超过 2000 万套。2015 年继续推进保障性安居工程建设，计划新开工 740 万套，基本建成 480 万套。预计到“十二五”期末，能够实现规划目标并超额完成 3600 万套保障性安居工程建设任务。与此同时，棚户区改造项目在保障性安居工程中所占比例不断提高，保障性安居工程结构更加合理。

表 3－1　“十二五”期间城镇保障性安居工程建设情况　单位：万套

年份	计划开工		实际开工	基本建成
	总量	其中棚户区改造		
2011	1000	400	1043	432
2012	700	300	769	590
2013	630	304	660	540
2014	731	470	740	511
2011—2014	3061	1474	3212	2073
2015	740	580	740	480
预计“十二五”期间	3801	2054	3952	2553

资料来源：根据历年政府工作报告整理，其中 2015 年为计划值。

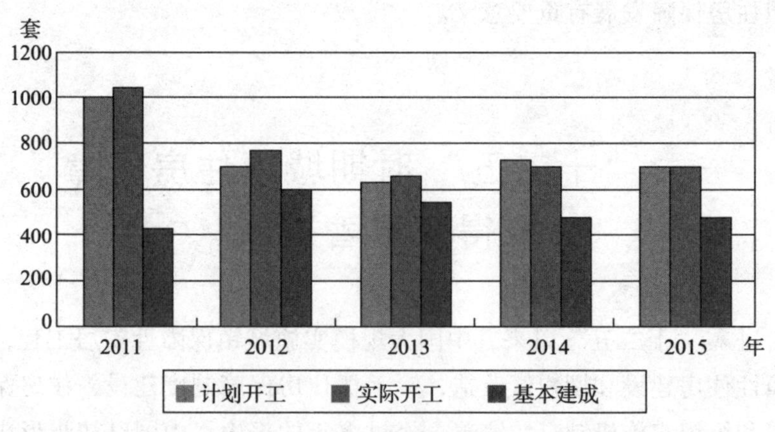

图 3－1　“十二五”期间城镇保障性安居工程建设情况

（二）住房保障实施取得重大成效

1. 拉动作用和就业效应显著

“十二五”期间保障性安居工程建设投资每年 10000 亿～12000 亿元，前 4 年投资近 5 万亿元，为国民经济“稳增长”发挥了重要作用。住房保障投资对建材、钢铁、建筑、装修、家电等上下游产业投资的拉动作用，保守估算约为 1∶2（有的甚至可以达到 1∶2.8）。同时，每千亿元住房保障投资约新增 70 万～100 万个就业机会。

2. 住房保障受益面明显扩大

到 2013 年底，全国累计用实物方式解决了 3400 万户城镇家庭的住房困难（其中，2011 年至 2013 年新增解决了约 1200 万户）。此外，全国还有 500 多万户住房困难家庭享受了政府发放的廉租住房租赁补贴，廉租住房制度实现了“应保尽保”。到 2015 年底，全国累计用实物方式能解决 4700 万户城镇家庭的住房困难，城镇保障性住房覆盖面 20% 的目标基本实现。

3. 各类棚户区改造进展顺利

“十二五”期间，一大批住房困难群众出棚进楼，改善了住房条件。自 2010 年实施大规模棚户区改造以来，到 2014 年底，全国累计改造棚户区约 2100 万户，其中，城市棚户区 1470 万户，林业棚户区 159 万户，垦区棚户区 184 万户，国有工矿棚户区 281 万户。

（三）住房保障制度日益完善

1. 住房保障供应体系基本形成

住房保障供应体系包括面向不同住房困难群体的保障性住房制度、实物保障与货币补贴相结合的住房保障方式等。同时，继续发放住房租赁补贴，对在市场上租赁住房的困难家庭，完善住房租赁补贴政策。

2. 住房保障范围逐步扩大

住房保障范围由城市（县城）逐步扩展到建制镇，由城镇户籍家庭逐步扩展到常住人口，将外来务工人员的住房保障范围进行扩展。2011 年，《国务院办公厅关于进一步做好房地产市场调控工作有关问题的通知》（国办发〔2011〕1号）提出“有条件的地区，可以把建制镇纳入住房保障工作范围。”《国务院办公厅关于保障性安居工程建设和管理的指导意见》（国办发〔2011〕45号）要求“公共租赁住房面向城镇中等偏下收入住房困难家庭、新就业无房职工和在城镇稳定就业的外来务工人员”，取消了“有条件的地区”限制。到2013年，《国务院办公厅关于继续做好房地产市场调控工作的通知》（国办发〔2013〕17号）要求2013年底前，地级以上城市要把符合条件的、有稳定就业的外来务工人员纳入当地住房保障范围。

3. 棚户区改造范围不断拓展

2013年《国务院关于加快棚户区改造的意见》（国发〔2013〕25号）提出，要逐步将其他棚户区、城中村改造，统一纳入城市棚户区改造范围；位于城市规划区内的国有工矿棚户区，要统一纳入城市棚户区改造范围；铁路、钢铁、有色、黄金等行业棚户区，要按照属地原则纳入各地棚户区改造规划组织实施；对国有林区（场）之外的其他林业基层单位符合条件的住房困难职工，纳入当地城镇住房保障体系统筹解决；将华侨农场非归难侨危房改造，统一纳入国有垦区危房改造中央补助支持范围，加快实施改造。2014年国务院办公厅又印发了《关于进一步加强棚户区改造工作的通知》（国办发〔2014〕36号），要求重点安排资源枯竭型城市、独立工矿区和三线企业集中、地区的棚户区改造。

4. 住房保障工作组织实施制度逐步健全

纵向上，基本明确了工作责任和分工，住房保障事权在地方政府。中央政府主要负责政策的研究制定、指导实施、监督考核，省级政府负总责，市县政府抓落实。

横向上，在财政、国土、发改以及相关金融监管部门之间的横向协调机制也逐步完善。在住房保障工作实施过程中，初步形成了住房保障考核问责制度。

（四）政策支持力度不断加大

国家以及各级地方政府出台相关文件，明确加大保障性安居工程的政策支持力度。

1. 财税支持不断加大力度

随着中国财政收入的不断增长，在财政支出方面，也相应加大了住房保障的支出力度。2014 年，中国财政支出中住房保障支出已达 5000 亿元左右。

表 3－2 近年来财政收入、财政支出、住房保障支出情况 单位：亿元

年份	财政收入（中国）	财政支出（中国）	财政支出：住房保障支出
2004	26396.47	28486.89	
2005	31649.29	33930.28	
2006	38760.20	40422.73	
2007	51321.78	49781.35	
2008	61330.35	62592.66	
2009	68518.30	76299.93	725.97
2010	83101.51	89874.16	2376.88
2011	103874.43	109247.79	3820.69
2012	117253.52	125952.97	4479.62
2013	129209.64	140212.10	4433.00
2014	140350.00	151662.00	4968.00

资料来源：WIND 数据库。

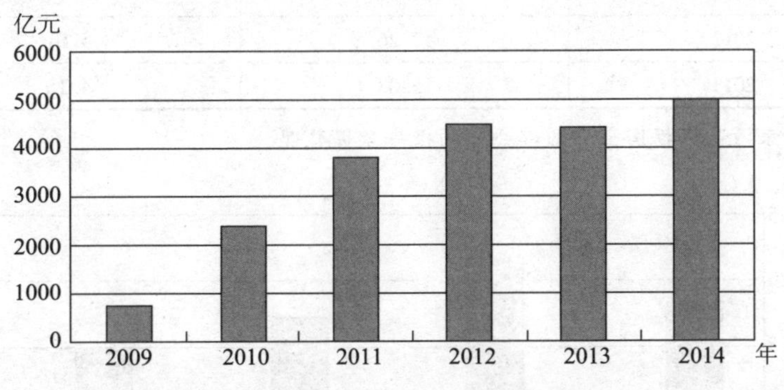

图 3－2 2009—2014 年来住房保障支出情况

中央财政对各类棚户区改造、公共租赁住房建设及保障性安居工程配套基础设施建设给予资金补助。2007 年至 2014 年，中央财政年度补助规模由 72 亿元增至 1980 亿元。保障性安居工程建设中央补助政策具体包括：①城市棚户区改造：综合考虑各地区新建任务、进展情况和财政困难系数等因素，套用公式计算（2014 年前的政策）。②国有工矿（含煤矿）棚户

区：东部1万元/户，中西部1.3万元/户。③国有林区棚户区改造：1.5万元/户，国有林场1万元/户。④垦区危旧房改造：东、中、西部分别为6500元/户、7500元/户、9000元/户。⑤其他类型棚户区，在城市规划区内的，参照城市棚户区补助政策；在城市规划区外的，参照国有工矿棚户区补助政策。⑥从2012年起，开始安排保障性安居工程直接相关的基础设施配套建设投资补助资金。⑦从2014年起，部分中央资金整合为中央财政保障性安居工程专项资金。整合后的专项资金按各地区年度城镇低收入住房保障家庭租赁补贴户数、筹集公共租赁住房套数、城市棚户区改造户数三项因素及相应权重，结合财政困难程度进行分配，用于廉租住房租赁补贴、公共租赁住房建设和城市棚户区改造。

2. 在土地供应方面积极予以保障

对保障性住房和棚户区改造安置住房的建设用地，实行计划单列、优先安排，符合规定的以行政划拨方式供应。

表3-3 2011—2013年全国住房用地供应计划 单位：万公顷

年份	住房用地	保障性安居工程用地
2010	18.47	6.58
2011	21.80	7.74
2012	17.26	5.01
2013	15.08	4.15

资料来源：根据国土资源部公布的报告数据整理。

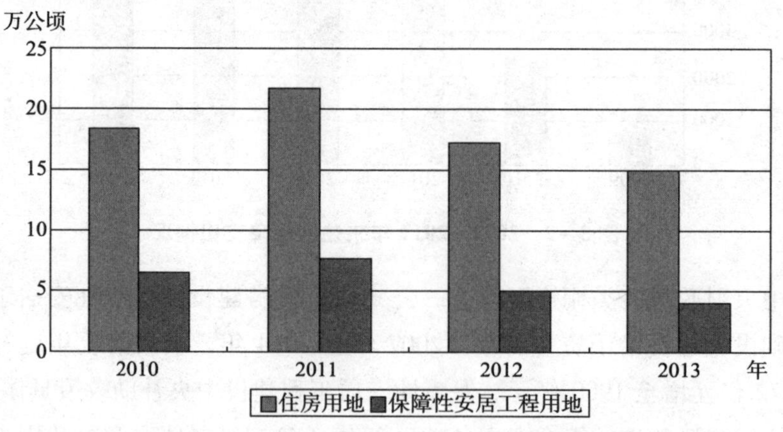

图3-3 2010—2013年全国住房用地供应计划

3. 在融资支持方面具有创新举措

实行税费减免、信贷优惠，允许符合规定条件的地方政府融资平台公司进行专项融资。国家开发银行成立住宅金融事业部，重点支持棚户区改造及城市基础设施等相关工程建设。

加大信贷支持。据人民银行统计，截至2014年底，全国保障性住房开发贷款余额为11400亿元，同比增长57.2%，增速明显高于住房开发贷款。此外，利用住房公积金贷款支持保障性住房建设试点工作稳步推进，截至2013年底，已按进度发放住房公积金贷款634亿元，支持了75个城市301个保障性住房建设项目，收回贷款本金142亿元。

利用企业债券融资。《国家发展改革委办公厅关于利用债券融资支持保障性住房建设有关问题的通知》（发改办财金〔2011〕1388号）规定，支持符合条件的地方政府投融资平台公司和其他企业，通过发行企业债券进行保障性住房项目融资。《国务院关于加快棚户区改造工作的意见》（国发〔2013〕25号）提出，符合规定的地方政府融资平台公司、承担棚户区改造项目的企业可发行企业债券或中期票据，专项用于棚户区改造项目。

鼓励民间资本参与。根据国务院部署，住房城乡建设部等有关部门出台的《关于鼓励民间资本参与保障性安居工程建设有关问题的通知》（建保〔2012〕91号）提出，“鼓励和引导民间资本根据市、县保障性安居工程建设规划和年度计划，通过直接投资、间接投资、参股、委托代建等多种方式参与经济适用住房、限价商品住房和棚户区改造住房等保障性安居工程建设”。《国务院关于加快棚户区改造工作的意见》（国发〔2013〕25号）也提出，“积极落实民间资本参与棚户区改造的各项支持政策，消除民间资本参与棚户区改造的政策障碍”。

（五）住房保障管理制度逐步健全

1. 出台了《公共租赁住房管理办法》

《公共租赁住房管理办法》（住房和城乡建设部令第11号），对公共租赁住房的申请与审核、轮候与配租、使用与退出以及相关法律责任等方面进行了明确。

2. 实现了公共租赁住房和廉租住房并轨运行

2013年和2014年，相继出台了《住房城乡建设部财政部国家发展改革委关于公共租赁住房和廉租住房并轨运行的通知》（建保〔2013〕178号）、《住房城乡建设部关于并轨后公共租赁住房有关运行管理工作的意见》（建保〔2014〕91号）。从2014年起，各地廉租住房（含购改租等方式筹集）建设计划调整并入公共租赁住房年度建设计划；2014年以前年度已列入廉租住房年度建设计划的在建项目可继续建设，建成后统一纳入公共租赁住房管理。

3. 探索住房保障轮候机制

住房保障轮候机制的核心是制定合理的轮候规则和合理轮候期。例如，徐州市通过加强信息系统建设完善轮候保障机制，政府投资建设的公共租赁住房实行轮候保障，市住房保障行政主管部门采取随机摇号、入户调查、产权比对等方式，确定配租对象与配租排序，并通过媒体及时下发书面通知告知登记在册的申请人，同时将摇号方式、过程和结果向社会公开。

4. 完善购置型保障性住房收益调节机制

购置型保障性住房制度能否实现预期的政策目的，关键在于能否建立合理的收益调节机制。以经济适用住房为例，经济适用住房建设由政府划拨土地，每套建筑面积在60平方米左右，面向低收入住房困难家庭配售。经济适用住房的优点是住房困难家庭出资购买，满足了居民家庭拥有部分产权的愿望，且通过销售可以做到资金平衡，不需要财政直接投入。缺点是购买者收入增加后退出较难。同时，购买者如果将之上市交易或出租，政府的隐性投入容易转化为个人所得，形成不合理的财富效应。合理调节再上市收益，是这项制度能否持续发展的关键。通过合理的收益调节机制，政府全部或部分回收了原来的隐性投入，购买者只回收原购房出资及少量增值收益，基本没有额外获利的空间。这也消除了可能的获利预期，有效地遏制不恰当占有经济适用住房的利益驱动，使保障性住房回归满足住房困难家庭基本居住需求的本意。

在经济适用住房收益调节机制方面，各地结合当地实际，严格了准入条件，规定了经济适用住房只能用于自住，不得出租、出借、闲置，购买者有了其他住房必须退出，居住5年后才能上市交易，建立了上市交易收益调节机制，促进了社会公平。例如，上海市经济适用住房的权利人拥有有限产权，其产权份额为经济适用住房购买价格占同类普通商品住房价格的比例。经济适用住房再上市交易时，权利人按照拥有的有限产权份额获得总价款的相应部分，其余部分上缴财政。厦门、北京经济适用住房再上市交易时，分别按照成交价格与购买时价格差价的90%、70%向政府缴纳土地收益等价款。广州市经济适用住房再上市交易时，按届时同地段普通商品住房与经济适用住房差价的80%，向政府上缴土地收益等价款。

另外，部分城市还对限价商品住房上市交易设立了收益调节机制。广州等地规定，限价商品住房转让的，应按照同地段、同类别商品住房市场价格与限价商品住房购买价格之间差价的70%，向政府补交土地出让收益等价款。

5. 探索完善住房保障退出机制

《公共租赁住房管理办法》规定了承租人应当退回公共租赁住房等5种行为，以及承租人拒不退回公共租赁住房的具体处理办法，同时，也对租赁期届满需要续租的情况明确了管理办法。

各地在实践中开展了因地制宜的探索，例如，常州市退出延长期的做法，即对退出确有困难的，经市房产管理部门同意，可以申请最长不超过6个月的延长期；延长期内，按同区域同类住房市场价格收取租金；延长期满仍不退出的，则按同区域同类住房市场租金的1.5倍计收其超期居住的租金，最终达到退出的目的和效果。

（六）各地在实践中探索出许多好的做法

地方在完善住房保障制度方面的探索经验，为制度的进一步规范和法律法规的完善奠定了实践基础。

1. 关于公共租赁住房“明收明补”探索

保障方式的“租补分离、明收明补”，将原来租金减免形式的“暗补”转变为货币补贴形式的“明补”，对并轨的租赁型保障性住房，不再实行减免房租，而是实行市场化租金，并参照同地段、同类型市场租金水平确定租金标准。租赁补贴根据保障对象的收入水平，分档确定补贴标准，保障性住房租赁和租赁补贴分开实施，平行操作。符合条件的保障对象也可到市场上租赁相应标准的住房并申请租赁补贴，可以按月领取租赁补贴，但前提是要及时、足额缴纳房租和其他应缴费用。在补贴标准上，例如，烟台市出台的办法规定，将符合条件的居民家庭划分为低保、低保边缘、低收入、中等偏下收入 4 个档次，分别按市场平均租金的 100%、80%、50% 和 30% 确定补贴标准，补贴额度最高不超过所承租住房的租金。从各地实际来看，实行“明收明补”的措施，有利于规范管理、提高运行效率。

2. 关于共有产权住房实现形式的探索

例如，江苏省已开展多种形式的共有产权住房探索，为增强中低收入家庭住房的可支付性、政策性住房补贴的公平性、保障性住房建设和运营的可持续性和保障对象解决自身住房困难问题的积极性，积累了宝贵的经验。具体包括淮安市共有产权经济适用住房、常州市经济适用住房货币补贴实行共有产权、是徐州市棚户区改造中非营利组织与改造家庭共有产权等。

3. 关于棚户区改造与住房保障相结合的探索

在各地实践探索基础上，《国务院关于加快棚户区改造的意见》（国发〔2013〕25 号）提出，在城市棚户区改造中“可建设一定数量的租赁型保障性住房，统筹用于符合条件的保障家庭”。

4. 关于实物配给稳定性与货币补贴灵活性的有机结合的探索

例如，日照市和常州市都采取了经济适用住房购房补贴的政策，有效地提高了住房保障的灵活性。例如，《常州市市区经济适用住房货币补贴政策指南》规定，常州市市区（钟楼区、天宁区、戚区、新北区、武进区）符合申请经济适用住房条件的家庭，可申请购房补贴。补贴标准为每户 10 万元。符合条件的家庭，每户只能享受一次经济适用住房货币补贴。

此外，在大规模保障性安居工程建设实践中，也进一步深化了对住房保障的认识。例如，住房保障既是对市场失灵的“补位”，也是指政府为了帮助无力通过市场解决住房困难问题的城镇居民满足基本住房需求而实施的各项政策措施的总称，还是一项制度性安排，更是政府的责任。住房保障不同于一般社会保障（如社会保险、社会福利、社会救助），住房保障与住房救助有关但不等于住房救助等。

二、“十二五”时期遇到的困难和存在的问题

（一）住房保障资金筹措困难

一是住房保障建设未形成稳定的资金投入机制。综合来看，尽管目前投入保障性住房建设的财政资金来源比较多，如中央财政资金、地方财政资金、土地出让净收益等，但资金规模仍然偏小。同时，土地出让净收益受土地出让数量和众多成本变化的影响，不具有稳定性。另外，财政资金的介入形式多是以资本金形式注入项目或企业，而用于扩大融资功能的增信和贴息的部分不多，对发挥财政资金的融资杠杆作用不够充分。

二是实践中保障性住房建设的信贷支持政策落实较为困难。特别是类似贴息、优惠利率等政策在中小城市很难享受到。公共租赁住房投资量大，回收期长，单靠政府投入难以为继。由于租金收益低甚至不能覆盖融资成本，难以达到银行的放贷条件，即使勉强与棚户区改造项目捆绑放款，也会增加地方政府的债务负担，面临清理地方融资平台的尴尬。

三是民间资本参与保障性住房建设和运营的机制还没有建立。尽管已出台《关于鼓励民间资本参与保障性安居工程建设有关问题的通知》，但民间投资参与保障性住房建设仍存在“玻璃门”“弹簧门”等阻碍，特别是股权式投资难以进来。同时，针对民间投资，公共租赁住房可持续的运营模式还没有形成。

（二）保障性住房的供应和需求存在错位

一是住房保障需求主要在人口流入较多的东部地区，但中西部地区保障性住房建设任务却比较多。

二是保障性住房需求主要在大中城市，但由于种种原因，相当多的建设计划却安排在了县里，导致保障性住房不足与过剩并存。

三是保障性住房需求的区位主要在中心城区，但不少项目安排在新征

土地上，配套基础设施和公共服务设施建设需要一个过程，而保障对象家庭经济条件不好，对公共交通、水电气热等基础设施依赖度高，导致许多保障性住房建成了却入住不了。

四是住房最困难的群体是新就业职工和外来务工人员，但多数地方的保障性住房主要面向本地居民供应，有的甚至出现保障性住房存量比设定的保障范围家庭户数还多的情况。

（三）如何把新移民纳入住房保障体系还没有真正破题

《国家新型城镇化规划》（2014—2020年）提出，到2020年将进城落户农民完全纳入城镇住房保障体系。2014年国务院《关于进一步推进户籍制度改革的意见》明确提出要将进城落户农民完全纳入城镇住房保障体系。另外，就如何把新移民纳入住房保障体系，还存在一些问题有待进一步解答：

一是有的地方认为，本地居民的住房困难问题尚未完全解决，无力解决外来人员。

二是有的地方认为，把外来务工人员纳入本地住房保障，会导致低收入家庭涌入。

三是进城农民工纳入就业地住房保障后，与其原有的农村住房政策如何衔接？

四是现行政策下城市规划建设的用地指标和其他资源安排，均以本地人口为基数，未考虑外来务工人员的需求，如果把他们纳入本地住房保障，土地和其他资源指标、能耗限值等难以支撑。

（四）保障性住房后续管理需加强

一是大量保障性住房建成投入使用，后续管理的问题日益显现，对人性化退出、完善社区管理和服务、实现可持续运营等问题，尽管已有了一些思路，但距离真正破解还有很大差距。

二是传统的申请审核机制不适应大规模保障性住房管理的需要。核定住房保障对象收入、财产状况等难度大，纠错机制不健全。部分类型的保障性住房还存在制度漏洞，容易被一些有牟利动机的人利用。

三是保障性住房使用的管理制度不够完善，退出机制还不健全。一些地方尚未把保障性住房小区社会管理问题提到议事日程。此外，住房保障信息公开工作也需要进一步完善。

（五）住房保障法治建设相对滞后

目前，关于住房保障和保障性住房建设的政策都是以文件形式发布的，虽有一定效力，但形不成硬约束，对违反政策的行为难以进行有效处理。群众对住房政策的稳定性缺乏预期。

住房保障管理体制不健全，机构设置不完善，设备配置、人员配备、服务规范的标准未建立，与建立更加便民快捷的住房保障服务体系有较大差距。

三、“十三五”时期住房保障面临的新形势、新要求

（一）中央重大决策和国家重大发展战略对住房保障的要求

党的十八大提出，2020 年实现全面建成小康社会宏伟目标，住房保障体系基本形成，在学有所教、劳有所得、病有所医、老有所养、住有所居上持续取得新进展，努力让人民过上更好的生活。建立市场配置和政府保障相结合的住房制度。

党的十八届三中全会提出，稳步推进城镇基本公共服务常住人口全覆盖，把进城落户农民完全纳入城镇住房和社会保障体系。健全符合国情的住房保障和供应体系，建立公开规范的住房公积金制度，改进住房公积金提取、使用、监管机制。

习近平总书记在中共中央政治局第十次集体学习时要求，加强顶层设计，加快建立统一、规范、成熟、稳定的住房供应体系。

国家发展规划、国务院政府工作报告和相关文件中也提出对住房保障

的要求。《国家新型城镇化规划（2014—2020 年）》提出，加快推进集中成片城市棚户区改造，逐步将其他棚户区、城中村改造统一纳入城市棚户区改造范围，到 2020 年基本完成城市棚户区改造任务。2014 年政府工作报告提出，今后一个时期，着重解决好现有“三个 1 亿人”的问题，促进约 1 亿农业转移人口落户城镇，改造约 1 亿人居住的城镇棚户区和城中村，引导约 1 亿人在中西部地区就近城镇化。《国务院关于进一步做好为农民工服务工作的意见》（国发〔2014〕40 号）进一步将其明确为，“到 2020 年……引导约 1 亿人在中西部地区就近城镇化，努力实现 1 亿左右农业转移人口和其他常住人口在城镇落户”。

党的十九大报告提出，坚持房子是用来住的、不是用来炒的定位，加快建立多主体供给、多渠道保障、租购并举的住房制度，让全体人民住有所居。

（二）“十三五”时期住房保障面临的新形势

未来一段时期，既是中国全面建设小康社会的关键时期，也是深化改革开放、加快转变经济发展方式的攻坚时期。中国经济社会将继续稳定健康发展，人均国民收入稳步增加，工业化、城镇化带动劳动力转移就业深入发展，人口资源环境约束继续加大。在新的形势下，中国住房保障面临制度框架基本建立、实践经验日益丰富的有利条件，但也面临诸多严峻挑战。“十三五”将既是中国实现全面建成小康社会目标的最后一个五年规划，也是实现全体人民住有所居的关键时期。一方面，随着国内经济的增速放缓，“稳增长、调结构、惠民生”客观上要求继续推动保障性住房建设；另一方面，随着地方财政收入增速的放缓和房地产市场形势的变化，保障性住房建设资金筹措困难加大，前期建设的保障性住房后期运营和管理压力也会逐年加大。

1. 中国经济发展进入了新常态

“十三五”将既是中国实现全面建成小康社会目标的最后一个五年规划，既是中国全面建设小康社会的关键时期，也是深化改革开放、加快转变经济发展方式的攻坚时期。中国经济社会将继续稳定健康发展，人均国民收入稳步增加，工业化、城镇化带动劳动力转移就业深入发展，人口资源环境约束继续加大。

另外，中国经济面临增长速度换挡期、结构调整阵痛期、前期刺激政策消化期“三期叠加”的新特点。所谓增长速度换挡期，就是中国经济已处于从高速换挡到中高速的发展时期；所谓结构调整阵痛期，就是说结构调整刻不容缓，不调就不能实现进一步的发展；所谓前期刺激政策消化期，主要是指在国际金融危机爆发初期，中国实施了“一揽子”经济刺激计划，现在这些政策还处于消化期。

2. 住房保障任务依然艰巨

“十二五”期间大规模保障性安居工程建设，住房供求关系形成了新格局，为住房保障政策的再完善提供了物质基础。随着国内经济增速的放缓，“稳增长、调结构、惠民生”客观上要求继续推动保障性住房建设和棚户区改造。

一是历史遗留的棚户区问题突出。目前仍有大量棚户区和危旧房亟待改造。第六次全国人口普查反映，2010 年底，全国城镇有各类棚户区、危旧房及无管道自来水、无厨房或厕所的不成套住房约有 5000 万户。全国城镇约有 20% 的住房不成套，其中相当一部分是棚户区（危旧房），设施简陋，环境较差，有的甚至存在安全隐患，住户的多数是低收入家庭。按照到 2020 年全面建成小康社会时绝大多数城镇家庭都应当居住在符合文明、健康标准的成套住房中的目标，全国棚户区（危旧房）等存量住房改造任务依然十分艰巨。

二是中国正处在工业化、城镇化快速发展期，城镇人口增长迅速。2000 年之后，中国城镇化率平均每年提高 1.3 个百分点，年均增加城镇人口 2100 万人。中国城镇化进程持续快于预期，住房保障总量上需求依然存在。特别是新就业职工和稳定就业的外来务工人员积累较少，住房支付能力弱，靠自身努力无法解决基本住房问题。

三是住房供应结构性矛盾突出，住房占有不均，部分家庭住房十分困难。一些城市住房价格上涨较快，削弱了中低收入家庭的支付能力，部分群众被挤出了市场，加大了政府保障的压力。与此同时，住房保障供需的结构问题更加凸显。例如，在保障性住房需求尚未完全满足的同时，部分地区还有已建成的保障性住房未配租、未入住现象。

四是随着地方财政收入增速的放缓和房地产市场形势的变化，“土地财政”不可持续，保障性住房建设资金筹措困难加大。通过国有土地使用权出让（也称“批租”）获取土地出让金，实质是一次性获取未来若干年的地租，这种做法本身就是透支未来的土地收益。地方政府为了弥补建设投资的资金缺口，只能通过城市外延式扩展和“征地—卖地—收税收费—抵押—再征地”的滚动模式发展。但由于中国人多地少的客观国情，再加上粮食安全和“耕地”红线限制，未来中国城镇化将逐渐转向挖掘土地潜力、集约节约用地发展之路，这种简单粗放式的外延式扩展模式很难再继续。《国家新型城镇化规划》提出人均城市建设用地严格控制在100平方米以内，而现状是大大超出这一控制标准。中央已明确要求东部三大城市群发展要以盘活存量土地为主，今后将逐步调减东部地区新增建设用地供应，除生活用地，原则上不再安排人口500万以上特大城市新增建设用地，即“锁定城市边界”。事实上，2015年中国新增建设用地计划已经在2014年调减30万亩的基础上，继续做适度调减。一个城市的建设用地总量是有限的，一旦卖完，后续的财政开支和城市建设资金就得不到保证。中国城镇化进程还需要15~20年才会进入城镇化进程的平稳期，“土地财政”绝非可持续的长久之计。

3. 住房保障体系有待进一步完善

在加快构建以政府为主提供基本保障、以市场为主满足多层次需求的住房供应体系过程中，需要注意以下几个问题：

一是需要重视和解决城镇中低收入家庭、新就业职工和进城务工人员等社会“夹心层”的住房困难问题，例如，要将进城落户农民完全纳入城镇住房和社会保障体系。

二是廉租住房和公共租赁住房并轨运行后还需要解决实践中资金并轨、房源并轨、租金及补贴方式并轨、准入和退出管理并轨等一系列问题。

三是探索发展共有产权性质的政策性商品住房（共有产权住房），构建公共租赁住房、政策性商品住房、商品住房相结合的住房保障和供应体系。

4. 棚户区改造面临更大难度

2014年政府工作报告提出，今后一个时期，改造约1亿人居住的城镇棚户区和城中村。经过前几年的改造，容易改造的棚户区大多已经改造，剩下的不少棚户区位置偏远，基础设施配套差，市场运作空间小，属于实施改造难度大、资金难以自行平衡的“硬骨头”，棚户区改造面临的资金筹措、土地征收和设施配套等难题亟待解决。

具体来说，一是改造资金筹集难，尤其是资源枯竭型城市及独立工矿区、三线企业棚户区。二是房屋征收工作难度加大，不仅推高了改造成本，还影响了改造进度。三是林区、垦区、工矿、城中村所在区域的市政配套设施和公共服务设施建设，历史欠账多，配套设施建设压力大。四是部分项目改造后，服务设施和社会管理跟不上，影响居民生产、生活。

5. 保障性住房配租配售、后期管理及退出管理任务更重

“十二五”时期，规划建设城镇保障性住房和棚户区改造住房3600万套（户），未来还有大量保障性住房将陆续建成并投入使用。前期建设的保障性住房，后期管理压力将逐年加大。

因此，做好“十三五”时期的住房保障工作，客观上要求“建”“管”并重。具体来说，一是如何做好已建成保障性住房的配租配售工作，实现公平合理、公开透明。二是保障性住房配租配售后，如何实现对保障对象和保障性住房的动态管理，在此基础上建立完善退出机制。三是妥善处理实践中改革创新与审计监督等方面要求与既有规定操作的冲突。四是《城镇住房保障条例》对住房保障管理提出更高的要求。

四、“十三五”时期住房保障的出发点和理论创新

（一）基本出发点

“十三五”期间住房保障工作的基本出发点是为实现“三个1亿人”城镇化目标服务。

1. 推进“三个1亿人”城镇化是党中央国务院从新型城镇化建设全局出发做出的重要战略部署

推进“三个1亿人”城镇化，既属于新型城镇化战略的重要组成部分，也是落实新型城镇化战略的重要步骤，有助于缩小城乡二元差距和城市内部的二元差距，有助于缩小东中西部差异和促进城镇合理布局，有助于对宅基地流转、城乡统筹发展等进行制度的创新和突破。

同时，推进“三个1亿人”城镇化，也是适应中国经济发展新常态和拉动内需的主要举措。在国际经济不景气，国内着力促进发展方式转变的经济新常态背景下，既能够改善民生又能够提振经济的住房保障建设对新常态下保障合理经济增长具有重要作用。

2. 解决好“三个1亿人”的基本住房问题是推进以人为本的新型城镇化的基本内容

新型城镇化的本质是人的城镇化，促进农民逐步转移到城市就业，并使其在收入水平提高的同时，定居城镇并逐步享受与城镇居民同等的基本公共服务。农民定居、落户城镇，就要安居乐业，并且也应当促进举家搬迁进城，实现在城市“进得来、留得住、过得好”。

《国家新型城镇化规划》提出，要按照保障基本、循序渐进的原则，积极推进城镇基本公共服务由主要对本地户籍人口提供向对常住人口提供转变，逐步解决在城镇就业居住但未落户的农业转移人口享有城镇基本公共服务问题。在基本公共服务保障之中，基本住房问题是民生之急、民生之重，应当首先予以解决，逐步促进全体城镇常住人口安居乐业。保障基本住房需求，是推行常住人口基本公共服务均等化的重要切入点。

3. 住房保障应充分考虑解决“三个1亿人”住房问题的要求

《国民经济社会发展“十二五”规划纲要》明确提出了“加快构建以政府为主提供基本保障、以市场为主满足多层次需求的住房供应体系”。党的十八届三中全会强调，发挥市场的决定性作用，同时更好地发挥政府作用。习近平总书记在中共中央政治局就加快推进住房保障体系和供应体系建设进行第十次集体学习时指出，加快推进住房保障和供应体系建设，要处理好政府提供公共服务和市场化的关系、住房发展的经济功能和社会功能的关系、需要和可能的关系、住房保障和防止福利陷阱的关系。

因此，要解决“三个1亿人”的住房问题，首先应当在巩固住房制度改革和住房市场发展成果的基础上，发挥市场在住房资源配置中的主体作用，坚持市场化方向，引导转移人口自我努力和社会积极参与。其次，转移人口不同于一般城镇人口，对转移人口来说，收入较低、住房水平较差、住房支付能力不足是其普遍面对的问题。因此，转移人口中无力通过市场解决住房问题的群体所占比例相对一般城镇人口来说更高，需要更大力度的住房保障政策支持。对这部分群体，需要政府补好位、兜好底，通过实施住房保障政策，支持、帮助其满足基本住房需求。这样既不影响市场活力，又有利于政府履行住房保障职能。

对无力通过市场自行解决住房的群体，需要政府提供支持和保障政策包括：一是提供保障性住房，例如，将外来务工人员和进城落户农民纳入城镇住房保障体系，稳步推进住房保障城镇常住人口全覆盖。保障性住房以租赁为主，主要是公共租赁住房，包括用人单位提供宿舍、开发园区公共租赁住房、社会化公共租赁住房等。二是实施棚户区改造。棚户区改造也是转移人口解决住房困难的重要途径之一。“三个 1 亿人”中就包括改造约 1 亿人居住的城镇棚户区和城中村。三是提供租赁补贴。利用市场上的租赁住房、闲置住房解决。

（二）住房保障理念创新与工作思路转变

“十三五”时期，可根据保障性住房和棚户区改造实施的进展、房地产市场形势的变化和不同时期国民经济发展的要求，调整实施住房保障的工作思路：

一是因地制宜、分类施策，合理确定、妥善处理住房保障中实物保障和租赁补贴、实物保障中新建保障性住房与收购改造现有住房、租赁型保障性住房与租赁市场之间的比例关系，实现“补砖头”“补人头”并举，提高住房保障的效率。

二是探索通过货币补贴方式帮助住房困难群体满足基本住房需求的途径。除新建保障性住房外，逐步扩大以货币补贴方式保障的范围和比例。完善租赁补贴制度，市场上小户型房源比较多的城市，可以向符合条件的住房困难家庭发放住房租赁补贴，提高其支付能力。

三是多渠道筹集公共租赁住房房源。既要按需新建部分公共租赁住房，又要注意通过市场筹集房源。市场上商品住房库存较高的地区，可探索收购或长期租赁部分户型、面积和价位符合要求的商品住房作为保障性住房源。

四是棚户区改造从之前的建设定向安置为主，转为以实物安置和货币补偿相结合的模式。

五、进一步完善住房保障制度的措施建议

“十三五”期间，要继续深化住房制度改革，更加注重政策设计系统化、规范化，有机衔接住房保障与房地产市场，发挥实物供应的稳定性与货币补贴的灵活性，多渠道满足城镇居民的基本住房需求。

（一）健全符合国情的城镇住房保障体系

1. 在试点基础上进一步完善共有产权住房机制

“十三五”期间，在试点基础上进一步完善共有产权住房机制，落实支持政策，促进住房政策资源公平配置、有序地管理和合理使用。

从实施形势来看，各地在共有产权实践方面，有在经济适用住房上采用的，也有在限价商品住房上采用的。共有产权住房作为持有产权的形式，可以考虑在商品住房、保障性住房两个层面实行。这样，通过让居民拥有0~100%产权的制度设计，对居民形成全产权、部分产权和无产权住房，实现居民支付能力与住房供应之间的匹配和平衡。因此，共有产权住房不一定是一种新的住房类型，更多的应是一种保障或支持形式，实现方式可以多样化。例如，在新建经济适用住房和限价商品住房、棚户区安置改造中，对政府给予的地价优惠、房价打折、购房补贴等部分，变“暗补”为“明补”，以共有产权形式体现出来；又如，除新建具有共有产权属性的政策性商品住房外，原有经济适用住房、限价商品住房也可以采用共有产权方式进行规范管理；此外，除政府与保障家庭共有产权外，也可探索非营利组织与保障家庭共有产权。

从实施地域来看，新建共有产权住房，应当因地制宜，重点放在大城

市、中心城市。在大城市、中心城市，供应共有产权住房，不应当挤压商品住房供应，更不应脱离困难群体的经济能力，减少必要的租赁型保障性住房供应。中小城市可自主选择，采用货币补贴等方式，多样化发展共有产权住房。

从供应对象来看，首先应将其限定为购买首套住房的家庭，包括住房困难的城镇中等及以下收入家庭、符合规定条件的进城落户农民和稳定就业的外来务工人员等。从户型标准来看，应以90平方米以下中小户型为主。

另外，探索共有产权住房制度，应坚持共有权人收益共享，风险共担；合同约定责任自负的原则。为避免共有产权住房制度实施过程中产生纠纷，需对共有产权住房涉及的有关权利义务，包括产权比例、收益分配、责任纠纷处理等，通过合同进行事前约定。

2. 分层次将进城落户农民纳入城镇住房保障体系

首先，已经在城市落户的农民，享受和原市民一样的待遇。符合住房保障条件的，由政府提供住房保障服务，即完全纳入城市住房保障体系。

其次，没有落户，但是已经按照居住证管理办法，取得居住证的进城务工农民，按照当地人民政府的有关规定，满足连续稳定就业、参加社会保险、稳定居住年限等条件的，逐步纳入住房保障体系，逐步享有在居住地住房保障的权利。地级以上城市要将符合条件的、有稳定就业的外来务工人员纳入住房保障体系。在一些外来务工人员集中的开发区和产业园区，要集中建设一些单元型和宿舍型的公共租赁住房。

最后，对没有落户、不符合住房保障条件的外来务工人员，用工企业要履行责任，为外来务工人员提供符合安全卫生条件的居住场所。

（二）建立住房保障稳定可持续的资金机制

第一，增加财政投入，建立以需求为导向的、更加科学的财政支持保障性住房机制。中央和省级人民政府加大对保障性安居工程建设的补助，对财政困难地区予以倾斜。建立健全地方政府债券制度，利用地方政府债券为保障性安居工程融资。进一步落实财政贴息和税费减免政策。

第二，探索以住房公积金为基础的政策性住房金融重大政策，创新政策性住房投融资机制和工具，形成长期稳定、成本适当、良性循环的资金渠道。

第三，吸引社会资金参与保障性安居工程建设和运营。研究保障性住房建设运营引入 PPP 机制。社会资金参与投资和运营棚户区改造项目，在市场准入和扶持政策方面与各类主体同等对待。

第四，鼓励公共租赁住房实行“明收明补”的运营机制。公共租赁住房租金标准按照略低于市场租金的原则合理确定；租金支付负担过重的住户，可以向政府或单位申请租金补贴。有条件的地区，公共租赁住房运营机构可以实行“市场租金、分档补贴、租补分离”，实现资金良性循环。

（三）创新保障性住房建设和管理

第一，继续做好公共租赁住房与廉租住房统筹建设、并轨运行。

第二，扩大利用集体建设用地发展公共租赁住房试点。集体经济组织利用集体建设用地，按照试点计划建设公共租赁住房，主要是在外来人口较为聚集的产业园区、城乡接合部等区域，其优势在于：一是解决外来人员的过渡性居住问题；二是解决了农民上楼后稳定的收入问题，改变城乡接合部面貌；三是能够以较低成本提供公共租赁住房房源，有利于解决公共租赁住房资金平衡和持续运营问题。

第三，完善保障性住房配套设施。在完成保障性安居工程年度新开工任务的同时，切实加快进度、完善配套设施，增加保障性住房有效供应，努力多建成、早分配、早入住，让困难群众早日改善住房条件。

第四，积极推进保障性住房建设方式转型，切实推进绿色保障性住房建设，保证保障性安居工程建设质量。在下达保障性安居工程年度计划时，应当明确提出实施绿色建筑行动的要求，并落实到项目。设计、施工、监理等招投标时，要将相关要求列入招标文件，并在项目建设协议、合同中明确。

（四）大力推进棚户区改造重大项目

1. 多渠道筹措资金，多种方式筹集安置住房房源

从资金上来看，要依据棚户区改造年度计划，分类测算政府出资、银

行信贷、企业债券等资金需求，按照规定的资金来源渠道落实资金，并具体分解落实到各类棚户区改造建设工程项目，分年度制定改造项目建设资金筹措和使用方案。

从安置住房房源来看，建议各地结合住房市场情况，通过新建（含配建）、购买市场商品住房等多种方式筹集安置住房房源。公共租赁住房等保障性住房有剩余、安置住房房源短期不能满足安置需要的，在确保满足住房保障需要的前提下，可以将部分保障性住房转化为安置住房，统筹用于居民安置需要。

2. 依法依规做好征收补偿、安置和公平分配

棚户区改造实行实物安置和货币补偿相结合，由棚户区居民自愿选择。在尊重群众意愿的基础上，积极鼓励货币安置。各地区要按国家有关规定制定具体的安置补偿办法，提高服务和管理水平，依法依规实施房屋征收补偿工作，禁止强拆强迁，依法维护群众合法权益。棚户区改造涉及集体土地征收的，要按照国家相关法律法规，做好土地征收、补偿安置等前期工作。

3. 做好经济困难棚户区居民的住房安置

从实际出发，探索采取共有产权、规划挖潜、与住房保障政策相结合等方式平衡项目资金。对经济困难、无力购买安置住房的棚户区居民，可以通过提供租赁型保障性住房等方式满足其基本居住需求，或在符合有关政策规定的条件下，纳入当地住房保障体系统筹解决。各地可以探索采取共有产权的办法，做好经济困难棚户区居民的住房安置工作。

4. 加快实施城市有机更新

稳步实施城中村改造，有序推进旧住宅区的综合整治、危旧住房和非成套住房的改造。要兼顾新区建设和城乡接合部发展，加快基础设施和公共服务设施建设，推进功能混合和产城融合。结合城中村改造，进一步优化空间布局，提升城乡接合部规划建设和管理服务水平，促进社区化发展，增强服务城市、带动农村、承接转移人口功能。结合产业布局，提升发展集体经济，综合考量居民生产、就业和生活保障等问题，稳步推进城中村改造。

5. 棚户区改造配套设施建设“三同步”

配套设施应与棚户区改造安置住房同步规划、同步建设、同步交付使用。编制城市基础设施建设规划，应做好与城镇棚户区改造规划的衔接，同步规划安置住房小区的城市道路以及公共交通、供水、供电、供气、供热、通信、污水与垃圾处理等市政基础设施建设。安置住房小区商业、教育、医疗卫生等公共服务设施，配建水平必须与居住人口规模相适应，具体配建项目和千人总指标，应遵循《城市居住区规划设计规范》的要求，并符合当地棚户区改造公共服务设施配套标准的具体规定。

（五）按照公平合理、公开透明的要求切实做好保障性住房后续管理工作

一是改进配租政策和监管程序，严格准入和退出管理。严格控制建设标准和准入条件，通过提高租金水平、减少货币补贴、出租转出售和给予适当的宽限期等方式，实现不同层次保障间的过渡和退出。

二是逐步建立轮候机制。在保障性住房资源不足的情况下，应按照申请群体的住房困难程度和家庭收入情况排序，优先安排住房更困难、经济状况更差的家庭。轮候机制的功效主要有：规范住房保障资源配置的先后顺序，督查地方政府加大力度的内生机制，帮助住房困难群体建立合理预期，促使排位靠后的居民努力通过市场解决。

三是完善信息公开制度，主动把建设计划、项目进度、待分配房源、轮候对象、分配过程、最终结果全面公开。

四是探索通过政府采购服务方式，提高保障性住房物业管理、服务水平和运营效率。

五是统筹社会资源搞好社区建设。地方政府整合社会资源，推进保障性住房小区社会建设，为困难家庭提供子女教育、医疗和社会保障、再就业培训等社会服务。

（六）做好住房发展规划和棚户区改造规划工作

按照新型城镇化规划要求，根据人口规模、产业布局、住房现状和发展趋势，编制住房发展规划（含住房保障规划）和年度建设计划，合理确

定住房建设规模、结构和布局，特别是要明确公共租赁住房、政策性住房建设和棚户区改造计划，及时向社会公布。

做好棚户区改造规划工作。《城镇住房保障条例》（征求意见稿）规定，市、县级人民政府应当有计划、有步骤地对棚户区进行改造，并将棚户区改造的任务安排纳入城镇住房保障规划。抓紧编制 2018—2020 年棚户区改造规划，并在 2013—2017 年棚户区项目库的基础上，尽快将 2018—2020 年规划落实到具体项目。

（七）进一步落实土地和信贷等支持政策

在土地政策方面，保障性安居工程用地纳入当地土地供应计划优先安排，简化行政审批流程，提高审批效率，确保用地“应保尽保”。地方各级住房城乡建设、国土资源部门要共同商定保障性安居工程用地年度供应计划，并根据用地年度供应计划实行宗地供应预安排，将保障性安居工程和配套设施年度建设任务落实地块。

在信贷政策方面，进一步发挥开发性金融的作用。推进债券品种创新，优化保障性安居工程建设债券品种方案设计。通过投资补助、贷款贴息、政府和社会资本合作等多种方式，吸引社会资金参与投资和运营保障性安居工程建设，在市场准入和扶持政策方面对各类投资主体同等对待。支持金融机构创新金融产品和服务，研究建立完善多层次、多元化的保障性安居工程建设运营的融资体系。

第四章

中国公共租赁住房发展模式与城市实践

公共租赁住房制度是中国住房保障制度的重要组成部分。研究和归纳公共租赁住房运行模式，对“十二五”期间大力建设和发展公共租赁住房有理论和实践的双重意义。本书在总结目前各地建设公共租赁住房的实践做法基础上，将中国公共租赁住房运行模式分为三类：一是面向社会供应的一般意义上的公共租赁住房；二是由企业和产业园区建设运作，面向产业职工为主的公共租赁住房；三是目前处于试点探索状态，由农村集体经济组织建设公共租赁住房。

一、面向社会供应的公共租赁住房运行模式

首先探讨第一类，也就是一般意义上面向社会供应的公共租赁住房。

（一）供应对象

1. 明确户籍人口公共租赁住房的供应对象

从目前中国现有廉租住房、经济适用住房、限价商品住房三种保障性住房的准入标准来看，实际上存在两个“夹心层”：不符合廉租住房准入条件又买不起经济适用住房的家庭、不符合经济适用住房准入条件又买不起限价商品住房的家庭。在限价商品住房和普通商品住房之间，又存在第三个“夹心层”，即不符合限价商品住房准入条件又买不起商品住房的家庭。为实现各保障性住房供应以及限价商品住房和市场供应商品住房之间的无缝衔接，公共租赁住房的准入标准应从解决目前保障性住房轮候家庭

起步，逐步覆盖三个“夹心层”。按照北京市公共租赁住房的准入条件，符合“三房”即经济适用住房、限价商品住房和廉租住房即可申请公共租赁住房。

2. 解决新就业人员的过渡性需求

针对大中专院校毕业后就业的无住房人员、引进的特殊专业人才，可提供公共租赁住房满足其过渡性住房需求。可将刚就业人员和引进人才可申请公共租赁住房的时限确定为5年，即从毕业开始就业的5年内，或进京工作5年内可以申请公共租赁住房。具体条件包括：一是与用人单位签订劳动或聘用合同，二是本人及其父母在本市范围内无自有住房。

各城市既可结合自身实际确定具体年限，也可将工作年限定为1年或2年。

3. 未来公共租赁住房供应对象逐步有条件放宽至非户籍人口

公共租赁住房制度是刚刚建立起来的一项住房保障制度，由于供给的约束，在短期内，主要面向本市户籍的低收入住房困难家庭，随着公共租赁住房供给的增加，供求关系逐步地缓和，在适当的时候，公共租赁住房可考虑逐步适度放宽至非户籍人口。

考虑到政府的财政能力及目前可提供公共租赁住房比较有限的供给约束，短期内，向社会供应的公共租赁住房主要面向具有城市户籍的家庭，对于非本市户籍的低收入住房困难家庭，主要通过工业园区建设的面对外来务工人员的员工宿舍等方式解决。随着公共租赁住房供求关系的缓解，可逐步将有稳定职业并在北京市居住一定年限的外来务工人员逐步纳入到面向社会供应公共租赁住房的供应范围，具体条件包括：一是与用人单位签订劳动合同，二是在北京市范围内无自有住房，三是月工资低于一定的标准，四是达到一定的工作年限并能够提供纳税证明。

国内不同城市在公共租赁住房供应对象门槛设置在一定差异，例如，天津市公共租赁住房保障对象门槛设定为：非农业户籍上年人均年收入3万元（含）以下、人均住房建筑面积12平方米（含）以下且尚未享受其他住房保障政策的家庭。厦门市公共租赁住房的申请准入条件在户籍、人均建筑面积、家庭收入、家庭资产等方面进行了限定：要求申请者需要具有厦门市户籍，人均建筑面积不超过12平方米，家庭年收入3人及以下户不高于5万元，4～5人户不高于6万元，6人以上户不高于7万元。厦门市是国内首个提出资产限制条件的城市，准入条件要求申请者家庭资产不高于家庭年收入的4倍。重庆市公共租赁住房保障对象则打破了城乡和内外差别，不设户籍限制。申请公共租赁住房的基本条件应符合：一是身份限制：申请人应年满18周岁，在重庆市有稳定工作和收入来源，具有租金支付能力，符合政府规定收入限制的本市无住房或家庭人均住房建筑面积低于13平方米的住房困难家庭、大中专院校及职校毕业后就业和进城务工及外地来渝工作的无住房人员；二是收入限制：单身人士月收入不高于2000元，家庭月收入不高于3000元。

（二）土地供应

在土地供应上，根据不同的投资运营主体实行划拨或有偿出让，建立公共租赁住房土地储备制度，同时在年度土地供应计划中重点保障公共租赁住房建设用地的供应。

1. 按不同的投资运营主体实行划拨或有偿出让

（1）划拨方式无偿供地

无偿划拨是公共租赁住房土地供应的一个主要方式，主要包括政府投资建设的公共租赁住房、在经济适用住房小区配建的公共租赁住房。

（2）出让或租赁方式有偿供地

以招标、挂牌等有偿出让的方式，或采用租赁的方式供应土地也是公共租赁住房土地供应的一种方式，例如，开发企业投资建设并持有的公共租赁住房，在商品住房和限价商品住房项目中配建的公共租赁住房，一般采取出让、租赁等方式有偿使用土地。

另外一种有偿使用土地的方式是土地年租制，例如，《北京市公共租赁住房管理办法（试行）》中明确规定“公共租赁住房建设用地实行有偿使用，其中对政府所属机构或政府批准的机构建设的，其用地可采取租赁方式，按年缴纳土地租金”。这两种方式都适用于开发企业为公共租赁住房投资建设和运营主体的模式。

2. 建立公共租赁住房土地储备制度

建立公共租赁住房用地储备制度，在编制土地利用总体规划、城市总体规划、住房建设规划、土地利用年度计划、近期建设规划年度实施计划等相关规划计划时，应明确和优先列出公共租赁住房用地指标，明确空间布局和具体地块，实现公共租赁住房建设用地提前储备供应。

3. 年度土地计划优先供地

在年度土地供应计划中优先安排公共租赁住房建设用地，公共租赁住房建设用地指标不能挪作他用。

表4-1 2008—2011年北京市住宅及保障性住房用地供应计划 单位：公顷

年份	住宅用地	廉租住房及公共租赁住房用地	经济适用住房用地	限价商品住房及定向安置房用地	保障性住房占比
2008	1700	400	300		41%
2009	1300	200	400		46%
2010	2500	50	200	1000	50%
2011	2550	300	130	900	52%

资料来源：北京市国土资源局。

（三）投融资模式

公共租赁住房建设运营资金的筹集应调动全社会的积极性，多渠道投融资。从北京的实际情况来看，在继续发挥财政资金和银行贷款原有主要渠道的作用外，还要在现有政策框架下，探索多种筹资形式。

1. 积极扩宽融资渠道

（1）财政资金

地方财政年度预算资金中安排一定的资金专项用于公共租赁住房建设。按照“廉租住房与公共租赁住房统一计划，合并建设、并轨运行。优先满足廉租家庭需求并做到应保尽保”的原则，现有廉租住房的资金渠道，即土地出让净收益中不低于10%的资金、住房公积金增值收益扣除计提贷款风险准备金和管理费用后的全部余额、市县财政预算安排等，都应纳入公共租赁住房建设运营资金。

土地出让净收益一直被认为是地方财政投入住房保障最有力的资金来源。土地出让净收益等于土地出让收入减去土地出让成本，土地出让成本包括拆迁款、补偿款、各项税费等，保守估计土地出让金的30%~40%为净收益。从财政资金的具体使用方式上来看，主要包括直接投资、贷款贴息、偿还贷款等。

（2）银行贷款

由于公共租赁住房是一次性投资建设，通过长期租金收益回收投资的特点，短期的开发贷款无法和长期的投资回收匹配，因此，应争取银行金融机构发放中长期商业贷款。

房地产调控严格措施的出台以及货币政策由适度宽松转向稳健，影响商业银行的资产结构。在严格控制房地产贷款投放节奏和新增规模的同时，积极支持经济适用住房、限价商品住房、公共租赁住房等保障性住房建设成为各大国有银行今后的政策方向。各大行在保障性住房项目贷款方面主要实行两方面优惠政策：一是项目资本金比例要求低于其他房地产项目，为20%；二是贷款利率基本执行优惠利率，一般在基准利率的水平上下浮10%。除国家开发银行分配2011年保障性住房贷款额度1000亿元外，其他商业银行发放保障性住房贷款会有大幅度的上升。

表4－2　2010年商业银行发放保障性住房开发贷款　　单位：亿元

	发放贷款	年末余额
工商银行	94.15	144.28
交通银行	308	173.5
建设银行	44.3	113.25
农业银行	126	—
国家开发银行	1455	878

（3）住房公积金贷款

根据《关于做好利用住房公积金贷款支持保障性住房建设试点工作的通知》（建金〔2010〕100号），通过住房公积金贷款支持保障性住房建设试点的方式，开展住房公积金针对公共租赁住房的专项贷款。

2010年，国家批准了28个城市作为公积金贷款投资保障性住房建设的试点，为这些城市共提供了493亿元的建设资金。天津市作为利用住房公积金贷款建设公共租赁住房的试点城市，确定秋丽家园等5个公共租赁住房项目，6000套公共租赁住房为申请利用住房公积金贷款支持保障性住房建设试点项目，贷款额度 19.75 亿元，贷款期限 5 年。北京作为试点城市之一也进行了积极的尝试，2011 年 1 月，北京住房公积金管理中心向北京经济技术开发区公共租赁住房项目发放贷款 13.5 亿元。

2. 完善地方融资平台建设

目前，地方政府融资平台贷款处于调整压缩之中，仅允许平台贷款在有偿还能力的保障性住房建设方面适度新增。

例如，北京市已组建的“北京市保障性住房建设投资中心”是一家正局级的国有企业，市国资委代表市政府作为投资中心出资人。市政府设立投资中心管理委员会作为投资中心的决策机构，负责审议发展规划、审批年度建设及融资计划、审议年度工作报告、决定年度预决算等。市财政直接以货币形式注资 100 亿元，且每年将增资，通过银行贷款（国开行已同意提供期限为 30 年的长期贷款，建设银行北京分行也可以提供 15 年的长期贷款）、公积金贷款、企业债券融资、保险资金和社保资金参与、信托等方式，为市级统筹建设、收购公共租赁住房项目，以及市政府委托建设的定向安置房项目筹集资金，同时，对区县政府建设的公共租赁住房也将给予项目支持。

3. 吸引社会资金投入

由于公共租赁住房投资收益率低，投资回收周期长，经营管理相对复杂，因而对社会资金吸引力较弱。在这种情况下政府的主导作用尤为关键，社会资金能否顺利进入保障性住房领域，取决于政府提供的优惠政策、设计的利益激励、风险分担机制以及合作模式是否符合社会资金的投资意愿。

可引入 BOT 等融资模式。由政府提供土地，房地产企业利用自有资金投资建设，并在特许期限内经营管理该项目，房屋以租赁形式投入市场，当开发企业收回投资并赚取规定的利润后将整个公共租赁住房项目的经营权移交给政府。在此期间，政府要对该项目的建造成本、施工过程、竣工验收、经营管理等方面进行全程监控，以达到公共租赁住房建设的相关标准。为了吸引开发企业进行投资，政府还可对合作企业实施贷款担保与贴息优惠支持。

（四）房源筹集模式

公共租赁住房的房源筹集主要包括四种方式：新建、市场租赁、闲置楼宇改建和存量住宅收购，如存量房源供给明显短缺，可进行开发建设，增加公共租赁住房的供给；如存量房源有一定的供应潜力，则可按照公共租赁住房的面积标准等，对存量房源进行改建、收购或直接在市场上租赁合适的房源。

公共租赁住房房源筹集坚持"统一政策、以区为主、市里统筹"的原则。以区为主筹集、新建公共租赁住房，市级相关主管部门负责统筹全市的房源，合理规划和计划，调剂余缺。

1. 新建

（1）短期以配建方式为主，长期来看应以一定的规模相对集中建设

公共租赁住房按建设选址可分为集中规划建设和配建两种方式。集中建设指集中成片建设公共租赁住房。配建包括在商品住房、限价商品住房和经济适用住房项目中按一定比例配建公共租赁住房。在土地出让条件中明确配建公共租赁住房的比例、套数和面积标准等，房屋建成后，无偿移交给政府相关管理部门。建议北京市公共租赁住房应按照分散布局、均衡分布的原则开发建设。

在短期内，为尽快增加公共租赁住房的供应量，应以配建方式为主组织公共租赁住房建设，即在单个项目内配建，配建比例控制在30%以内。从长期看，为便于后期物业管理，避免商品住房和公共租赁住房混合带来的管理难题，建议集中建设单独的公共租赁住房小区，同时，为避免贫民窟问题的产生，集中建设的公共租赁住房小区规模不宜超过一定规模。

（2）在以政府投资建设为主的同时，积极吸引企业投资建设公共租赁住房

目前，中国公共租赁住房以政府投资建设为主，即政府投资、开发企业代建、政府运营管理。由政府相关部门作为业主，一般委托国有房地产开发企业作为代建单位进行开发建设，资金来源主要是财政资金和银行贷款。竣工验收后由政府统筹安排并移交相关管埋部门进行配租和运营管理。开发企业提取一定的代建费用。

今后应积极吸引企业参与投资建设和运营公共租赁住房，政府通过提供相关优惠政策，调动民间资金投资公共租赁住房，减轻政府资金投入的压力。这种模式为由企业投资建设并运营、产权归企业所有。房地产开发企业通过市场方式取得土地并投资建设，拥有公共租赁住房的所有权，后期的运营管理也由企业负责。

（3）进一步完善开发企业参与公共租赁住房建设的政策

第一，给开发企业创造一个可以与同期银行贷款利率相当的自有资金回报率，例如，公共租赁住房项目开发企业自有资金占30%，如果项目总投资的回报率为3%，则开发企业自有资金的回报率为10%，按项目周期两年计算，则年自有资金投资回报率为5%，低于同期银行贷款利率，对开发企业来说缺乏投资的积极性，因此，应为开发企业创造一个政策环境，使其投资公共租赁住房建设的自有资金回报率不低于同期银行贷款利率。

第二，信贷优惠政策要进一步落到实处。目前对公共租赁住房的信贷优惠政策难以落到实处。虽然国家提出信贷政策要向公共租赁住房项目贷款倾斜，但在操作层面，一方面，由于目前银行信贷的收紧和贷款门槛的提高，这种政策优惠很难落实；另一方面，现有贷款期限和优惠幅度难以满足公共租赁住房建设的需求，应考虑公共租赁住房一次性投入大、回收期长的特点，对开发企业发放长期低息贷款。

第三，部分公共租赁住房项目可通过增加商业配套平衡项目投资。地段比较好的公共租赁住房项目，应提高配套商业的比例，这部分增加的商业配套开发企业可以比较容易变现，弥补投资成本，但在地段条件不太好的区域，如果一味提高商业配套比例，开发企业非但不能收回投资，反而由于商业配套供应的增加，超过了市场吸纳能力，降低了该地段商业用房的市场价格，或使除底商之外的商业用房难以出售，导致资金沉淀。

2. 存量房利用

除新建公共租赁住房外，为实现分散均衡布局的目标，应充分挖掘存量房源的潜力，通过租用、改建和收购等方式，筹集一定数量的存量房源作为公共租赁住房的供给。

（1）市场租赁

以市场租赁方式筹集公共租赁住房房源有投资少、供给增加快、退出灵活的特点。在存量房中租用合适的房源作为公共租赁住房，主要考虑以下两个方面：一是户型面积标准。可参照新建公共租赁住房的户型面积标准，以一居室、两居室小户型为主。二是位置和交通条件。与就业地点接近或有便利的交通条件，如公交或地铁沿线。

在住房存量市场中符合公共租赁住房标准的房源较多的情况下，可通过市场租赁的方式，以较小的投入在短期内提供大量可供出租的公共租赁住房，例如，成都市规定租赁的住房要位于主城区（含高新区）绕城高速以内，单套建筑面积60平方米左右，房屋产权清晰，周边配套设施良好，满足基本生活需要，合同租赁期限为2～3年。贵阳市按照“房屋银行”的模式进行公共租赁住房的收储。房屋出租人将房子存入租赁中心，由租赁中心运用结合市场租金标准测算出房屋的合理的出租价格，经房屋出租人认可后，签署收储协议。

（2）闲置楼宇改建

充分挖掘中心城区现有存量闲置楼宇的潜力，将适合的闲置楼宇进行改建，增加公共租赁住房房源的供给。选择位置和交通条件较好的闲置楼宇，按照公共租赁住房的户型面积标准进行改建，可由政府投资进行收购并改建或由社会资金投入收购和改建。例如，珠海市主城区的土地有限，但一些旧工业厂房集中在交通较为便利的区域，政府将工业厂房回购或以长期租赁的方式改建为廉租住房，对政府来说，这种方式投资少、见效快，在短期内增加了廉租住房的供应。

闲置楼宇改建公共租赁住房主要可包括以下几个操作步骤：

第一，摸排和统计。由各区县房屋管理部门对本行政辖区内的闲置楼宇进行摸排和统计，具体包括建筑形态、位置、建筑面积和产权状况。

第二，专业评估。根据公共租赁住房的选址和建设要求，由专业人员评估该闲置楼宇改建公共租赁住房的技术可行性。

第三，政府收购或租赁。对适合进行改建的闲置楼宇，由政府与现有产权人协商，通过回购或长期租赁的方式取得该闲置楼宇的产权或使用权。

第四，设计改造。按照公共租赁住房的户型标准、配套标准等进行改造，形成公共租赁住房房源供给。

（3）存量住宅收购

从政府投入成本的角度来看，以市场价格收购商品住宅的可能性不大，因此，存量住宅的收购对象可考虑其他保障性房源，如经济适用住房、限价商品住房或拆迁改造等政策性住房。以其他保障性住房立项的项目，由于某种原因未能实现配售的，可由政府统一收购，调剂为公共租赁住房房源供给。例如，经济适用住房和限价商品住房中有政府回购的部分，也可以作为公共租赁住房房源的补充。

目前国内部分城市利用存量房发展公共租赁住房案例如下：

广州市：对全市10万套直管公房和教师新村的存量房源进行了整理，通过改建的方式将其作为公共租赁住房来源之一。广州市直管公房的地理位置较好，政府对这些房屋进行一定的改造，使其达到规定的标准，之后再将其作为公共租赁住房的房源供给。同时，广州市政府还从未被纳入改造范围内的城中村中租下大批房源，经过卫生、安全等方面的达标工作后，再将这批房源作为公共租赁住房投入使用。这一做法既确保了村集体收入，又节约了政府成本。

厦门市：在收购开发商存量商品住房源的基础上，对已有的安置房项目进行梳理分析，将近期内不需要用于拆迁安置用途的闲置项目，收购调整作为公共租赁住房。厦门市的远期计划则是通过在市场上长期租赁住房的方式筹集房源，例如，通过包租的方式，直接向住房产权人进行中长期的租赁，以取得房源。

成都市：采用公开向市场租赁的方式筹集房源，并通过在拆迁安置房、农迁安置房、其他保障性住房等存量房中统筹调剂。同时，还以公开招标的形式在成都全城的东、南、西、北四个区位采购总数不超过450套的面积在60平方米（含）以下的小户型商品住房作为公共租赁住房。

贵阳市：通过房屋置换中心与中国工商银行贵州省分行的合作，独创性地率先推行公共租赁房“房屋银行收储配租模式”。这一模式通过公共租赁住房服务中心对社会闲置房进行出租价格测算，房主认可租金后交由服务中心收储，服务中心按月（按年）向房方支付租金。服务中心收储闲置房后，再按原价格出租给符合条件的公共租赁住房承租对象。同时，由政府按租金8%的比例支付给服务中心中介费。这一“政府支持、社会参与、企业运作”的模式，因为标准化的价格和公开透明的收费等优势，能够充分利用房屋存量资源，迅速形成公共租赁住房的有效供应。

（五）运营和管理模式

1. 租金标准的确定

公共租赁住房租金标准的确定应综合考虑以下四个方面的因素：

（1）保障对象的承受力。租金应占家庭收入的一定比例，在这个比例之内家庭是可承受的，超出这个比例，如30%，则可认为超出了家庭的承受能力。因此，考虑到公共租赁住房供应对象对租金的承受力，可采取租金补贴的政策，对住房租金支出超过家庭收入一定比例的部分给予租金补贴。

（2）按市场租金水平下浮一定比例。同时，还要参照同地段同类型住房的市场租金，按照市场租金标准下浮一定的比例来确定公共住房的租金标准，例如，公共租赁住房的租金是同类地段、同类品质住房市场租金的60%～70%。

（3）投资和运营成本。公共租赁住房的租金以成本租金为基础，成本租金包括折旧、贷款利息、维修费、管理费四项费用。其中，折旧和利息主要用于偿还贷款本息；维修费和管理费用于支付修理、养护、运行管理和物业管理等费用。

（4）回报率与投资回收期。由于公共租赁住房需要通过租金收入来偿还贷款和投资，因此，租金标准的确定还要适度考虑投资回收期的问题，确保资金可以在较长的时期内回收和实现保本微利。

在上述四个考虑因素中，公共租赁住房租金的确定，主要应以保障对象的承受力为主，考虑建设成本、公共配套设施、区位因素、房屋折旧等因素，参照市场租金水平下浮一定的比例。同时，应建立公共租赁住房租金的动态调整制度，可参照物价指数的标准，每年调整一次。

2. 配租管理和物业管理

公共租赁住房配租实行申请、审核、公示、轮候制度。审核公示环节实行“三级审核、两次公示”。“三级审核”即街道（镇人民政府）、区住房保障主管部门和市住房保障主管部门三级审核；“两次公示”是指受理机构上报前公示和政府住房保障部门最终审核结果公示。轮候分为申请次序轮候、摇号轮候和门槛式轮候三种，门槛式轮候是指按照困难程度高低，根据人均建筑面积、人均收入、家庭财产三个因素从低到高进行排序轮候。

公共租赁住房的物业管理采取市场化方式运作，委托专业化的物业服务企业进行物业管理，其中，在商品住房、限价商品住房和经济适用住房小区配建的公共租赁住房，纳入小区统一的物业管理。

3. 退出机制

公共租赁住房退出机制主要包括以下四点：

（1）合同期满退出。例如，北京市公共租赁住房的租赁期限最长为5年。需要续租的要在合同期满前3个月内提出续租申请，由相关部门再次审核是否符合承租条件，如符合可以续签租赁合同。

（2）行为违规解除合同。承租家庭出现违规行为均可解除租赁合同，收回住房。具体来说，违规行为包括：将承租住房转借、转租的；擅自改变承租住房居住用途的；连续6个月以上未在承租住房内居住的；连续3个月以上未按期交纳租金的；获得其他形式政策性住房保障的；其他违反租赁合同行为。

（3）建立租金催欠制度。对拖欠租金的家庭，可采取发放租金催欠通知单、上门服务催缴、发放律师催缴函、单位协助催缴、登报催缴、司法程序催缴等方式，及时催缴租金，如涉及货币补贴，应明确先交租金后发放补贴的租金收缴制度。

（4）规定腾退过渡期。如不符合承租条件，给2个月的腾退过渡期，按市场租金标准收取。

（5）拒不退出的记入信用档案。对过渡期届满后仍不退出承租住房的，按市场租金或惩罚性租金标准收取租金，并将承租人的违规行为记入信用档案。

二、企业和产业园区建设公共租赁住房的运行模式

除面向社会供应的公共租赁住房外，企业和产业园区建设公共租赁住

房，是中国发展公共租赁住房的另一重要模式。《国务院办公厅关于保障性安居工程建设和管理的指导意见》（国办发〔2011〕45 号）规定：外来务工人员集中的开发区、产业园区，应当按照集约用地的原则，统筹规划，集中建设单元型或宿舍型公共租赁住房，面向用工单位或园区就业人员出租。

（一）供应对象

企业和产业园区（包括开发区等）利用自有土地或园区土地，可以投资建设（也可以通过收购方式）筹集限定套型面积的公共租赁住房，并按照优惠租金标准，面向引进人才、务工人员和本地人员进行出租。

企业、产业园区建设的公共租赁住房不属于严格意义上的公共租赁住房，但它能够满足引进人才、务工人员和本地人员的租赁住房需求，有利于减少公共租赁住房的供给压力，因此，也可纳入公共租赁住房中，享受公共租赁住房优惠政策。

从供应对象来看，主要包括三类，其各自需求特征如下：

1. 引进人才

有的也称为白领公寓。供应对象包括大学生、专业技术人员及管理人员等。

例如，天津市白领公寓是指面向外地来津工作的大学生、专业技术人员及管理人员的出租公寓。白领公寓的入住条件是：被开发区企业录用，符合外地来津工作的大学生、专业技术人员及管理人员的条件要求，且申请入住企业须按照有关规定办理用工备案和入住申请等，保障外来人员基本的劳动权益。

2. 务工人员

有的也称蓝领公寓。申请公共租赁住房的外来务工人员必须满足一定的准入条件。

例如，郑州市规定，外来务工人员申请租赁政府产权公共租赁住房的，由用人单位统一提出书面申请，同时具备下列条件：①连续缴纳社会保险 1 年以上或累计缴纳社会保险 3 年以上；②已与用人单位签订 2 年以上的劳动合同；③月工资低于城镇居民最低生活保障标准的 5 倍；④在本市市区范围内无自有住房；⑤有非本市的户籍证明。

3. 本地人员

按照目前国内各城市的一般做法，企业利用自有土地建设的公共租赁住房房源并非只针对建设公共租赁住房的企业职工，也应对社会开放，即符合准入条件的本地新就业人员也可申请。区别在于：该企业申请职工优先配租，同时该职工还必须符合当地公共租赁住房准入条件。

因此，从社会公平角度出发，北京市企业利用自有土地建设公共租赁住房，供应对象应同样向社会开放，本企业职工优先配租，同时符合北京市公共租赁住房准入标准。

（二）建设模式

在新建情况下，根据建设主体和运作模式不同，主要有三种模式：

1. 用工企业利用自有土地建设宿舍和公寓

即有条件的、规模较大的企业利用自有土地自行组织建设。

例如，合肥市格力公司、美的公司等自建职工宿舍或者倒班宿舍，又如北京市北控集团在石景山区利用自有土地中因产业升级而用不上的土地建设公共租赁住房。经规划调整，原 8.2 公顷土地中，除保留 2 公顷市政设施用地和 0.8 公顷养老用地外，其余土地用于建设公共租赁住房和廉租住房，总建筑面积 10.5 万平方米，2346 户。该项目于 2011 年底封顶，2012 年配租入住。

2. 开发区、工业园区管委会统一建设公共租赁住房

由开发区、工业园区组织实施，结合各园区拆迁复建点和产业功能聚集区，共享公共服务配套设施，自筹资金建设公共租赁住房，解决外来务工和新就业人员的阶段性住房问题，如南京开发区管委会组织建设的职工宿舍等。

例如，郑州经济技术开发区按照规划先行的工作思路，要求进区企业将职工公寓纳入企业总体规划，与企业生产的车间同步建设，2010 年建成公共租赁住房 23969 平方米，通过对原有的项目实施改造建设公共租赁住房 20450 平方米，并通过政府的包租形式租赁了昇阳公司 50825 平方米公寓。航空港区建设的 38.4 万平方米公共租赁住房项目主体已完工，产业园

区工人将于10月入住。

3. 引入市场机制，由企业承担建设和运营公共租赁住房

除企业自建和园区建设外，可以鼓励和引导企业（包括房地产开发企业）参与园区内面向外来务工人员的公共租赁住房建设。

例如，合肥市高新区机电产业园引入合肥融智物业发展有限公司在园区内建设公共租赁住房，按照统一标准装修后，面向园区内企业管理人员、技术人员和外来务工人员出租。北京市亦庄经济开发区的2个公共租赁住房项目是由开发区总公司投资20多亿元建设，约40万平方米，提供4500套公共租赁住房，于2011年8月、9月分别入住。

（三）土地供应

根据本类公共租赁住房的建设模式，其土地供应主要有三种渠道：一是企业利用自有存量土地建设公共租赁住房；二是产业园区管委会利用园区配套土地建设公共租赁住房；三是企业以招标、挂牌等市场化方式取得土地建设公共租赁住房。

1. 企业自有存量土地

企业利用自有存量土地建设公共租赁住房，一般都是工业用地、仓储用地或全经营性用地（如北控集团石景山公共租赁住房项目）。

如果是划拨土地，这就涉及规划和土地用途变更问题。按有关规定，大中型企业、产业园区以及高校等各类企业和社会机构在符合城市总体规划、控制性详细规划以及专项规划的前提下，可利用自用土地建设单位租赁住房。需要改变土地用途的，应当按照有关规定变更为住宅用地后，方可进行建设。

如果是出让土地，除办理用途变更手续外，还必须按照有关规定补交相应地价款。由于其目的是用于建设公共租赁住房，政府可以在地价款上给予一定优惠。

2. 园区配套土地

对园区管委会利用园区配套土地统一建设，并向园区内企业统一出租的公共租赁住房，一般采取划拨土地的供应方式。

例如，北京市通州区光机电一体化产业基地二期配建公共租赁住房建

筑面积29000平方米，提供公共租赁住房483套。

武汉市目前在建的公共租赁住房项目富士康公寓，其土地是由富士康企业把部分工业用地退还给武汉市政府，办理退还手续后，再变更用途并以划拨土地形式由所在开发区建设。合肥市也规定，开发区管委会建设公共租赁住房的，根据市里统一政策，其建设用地按划拨方式供应。

3. 市场化方式取得土地

对企业参与公共租赁住房建设和运营，目前国内城市一般采取挂牌、招标等市场化供应方式，但在价格上体现优惠。例如，合肥市规定，对企业自建公共租赁住房和开发企业建设公共租赁住房的，其建设用地采取挂牌方式供应。郑州市对该类公共租赁住房用地，也是以挂牌方式进行出让，出让价格为50万元/亩。北京市亦庄经济开发区总公司开发的公共租赁住房项目，是以招标方式取得土地（原为两限房项目，后转为公共租赁住房）。

除挂牌、招标等市场化供应方式外，也可以采用协议租赁（出让）、作价入股等方式取得土地使用权。无论采用何种供地方式，均应按照国办发〔2011〕45号文件的要求，事先要规定建设要求、套型结构等，作为土地供应的前置条件。

需要注意的是，按照现行政策，对本类公共租赁住房，在对各用工单位给予优惠政策的同时，应加强建设和租赁程序管理，严禁有关单位变相进行房地产开发。套型以集体宿舍为主，不允许建设成套住宅。建成后办理房屋初始登记，不办理分户产权，只租不售，不得分割出售转让。

（四）投融资模式

本类公共租赁住房的建设资金主要由各企业或开发区、工业园区自行筹集。同时，按有关规定可享受税费优惠。在工程建设方面，可以参照经济适用住房建设优惠政策对有关税费给予减免。例如，郑州市规定，免收各种行政事业性收费和政府性基金，减半征收城市基础设施配套费和市级经营服务性收费。建设项目外的基础设施建设费用，由政府负担。合肥市规定，开发区、工业园区内企业利用自有土地投资建设的公共租赁住房，免收城市基础设施配套费等各种行政事业性收费和政府性基金。具体来说分为两类：

1. 开发区、工业园区管委会建设的公共租赁住房

对开发区、工业园区管委会建设的公共租赁住房来说，其资金渠道与政府建设面向城市低收入住房困难家庭的公共租赁住房基本类似。

主要来源有：一是财政资金和其他法定公共租赁住房资金来源，包括住房公积金增值收益、土地出让净收益以及中央和省级财政专项补助资金等；二是银行贷款，特别是争取长期优惠性贷款；三是其他自筹资金。

2. 企业自建或企业参与建设运营的公共租赁住房

对企业自建公共租赁住房或企业参与公共租赁住房建设运营的项目，目前来看融资渠道比较单一，主要依靠银行贷款，资金压力（特别是未来还本付息压力）较大。

例如，北京亦庄经济开发区公共租赁住房项目投资20多亿元，原来使用商业贷款，后争取到北京市公积金贷款（按规定，可以利用公积金贷款支持保障性住房建设），并将之前的商业贷款予以置换，还款压力才相对减少。但公积金贷款用于公共租赁住房建设也有缺点：一是年限与公共租赁住房运营期限还不匹配。北京市公积金贷款目前是10年，与公共租赁住房长期运营时间相比仍然偏短。二是贷款对象有限制。目前，尚不能贷给以营利性为目的的企业，例如，企业参与建设运营公共租赁住房就难以享受这一政策。

例如，北控集团公共租赁住房项目利用集团优势，发行50亿元公司债券用于建设保障性住房。债券方式相对来说是比较好的融资渠道，但它的缺点是对发行方要求高，不是每个企业都有条件发行公司债券。

（五）运营和管理模式

1. 租金标准

（1）企业自建公共租赁住房

对企业利用自有土地建设的公共租赁住房，企业一般只收取象征性房租。有的企业自建的住房主要是职工集体宿舍或倒班宿舍，基本是零租金。因此，往往面临投资回收周期较长，建成后运营成本大，后期维护管理困难等问题。

（2）园区建设公共租赁住房

园区建设公共租赁住房的租金水平总体上一般要求低于同区域同类住房的市场租金水平，具体标准可由园区管理机构与申请单位协商约定。

例如，《合肥市开发区和工业园区公共租赁住房管理暂行办法》规定，公共租赁住房租金应当低于同区域同类住房市场租金，具体标准由开发区、工业园区管理机构与申请单位协商约定，并向市物价部门备案。租金由区属国有资产管理公司与入住企业签订租赁合同，按照企业使用房屋数量统一向企业收取。从实践来看，合肥市公共租赁住房设定的租金水平平均约为市场租金的70%。

2. 准入和退出机制

（1）准入机制

在申请资格上，本类公共租赁住房申请条件可由各开发区、工业园区结合辖区情况制定。对园区统一建设的公共租赁住房，国内城市目前通行的做法是申请只对企业，不对个人，即公共租赁住房申请由用人（工）单位统一向所在开发区、工业园区管理机构提出。申请经审核后，由开发区、工业园区管理机构与申请单位签订租赁合同。申请单位统一办理入住手续、缴纳租金及相关费用。租赁合同向辖区房产管理部门备案。

（2）后续管理和退出机制

开发区、工业园区应当建立健全公共租赁住房档案资料管理制度，实行动态管理。申请单位必须提供使用方案，对使用人情况的真实性予以担保。承租人工作、收入和住房等情况发生变化时，申请公共租赁住房的企业应及时向公共租赁住房管理机构报告，并配合管理机构共同做好退出工作。

3. 租务管理和物业管理

目前，由企业承担职工公共租赁住房建设管理存在的主要问题是，企业又背上办“小社会”的负担：一是存在停电停水等问题，应急管理难度大；二是由于是企业自行配套，不是专业开发，难以满足职工生活需求；三是安全保障和社会管理压力大，例如，深圳富士康公司自杀事件就是典型案例。

为了解决这些问题，建议采取以下措施：

（1）由园区管委会成立专门的公共租赁住房管理机构统一负责管理，包括资格审核管理、租赁合同管理和退出管理等。对企业自建公共租赁住房，同样委托该机构进行管理，企业不承担具体管理事务，例如，郑州经济开发区成立专门的职工公寓管理中心，对所有公共租赁住房进行统一管理。

（2）物业管理等工作采用社会化方式委托专业企业完成。

三、农村集体经济组织建设公共租赁住房的运行模式

北京市在《中共北京市委关于制定北京市国民经济和社会发展第十二个五年规划的建议（节选）》和《北京市“十二五”规划纲要草案（节选）》提出，进一步探索和创新公共租赁住房建设管理机制，鼓励农村集体经济组织开展公共租赁住房服务。上海市《贯彻〈本市发展公共租赁住房的实施意见〉的若干规定》提出，运营机构可根据农村集体建设用地流转和投资建设的有关规定，受让或租赁农村集体建设用地；建设机构也可以与农村集体经济组织合作，投资建设和经营管理公共租赁住房。

集体经济组织利用集体建设用地，按照试点计划建设公共租赁住房，主要是在外来人口较为聚集的产业园区、城乡接合部等区域，其优势在于：一是解决外来人员的过渡性居住问题；二是解决了农民上楼后稳定的收入问题；三是改变城乡接合部面貌。另外，该做法突破了现有土地供应制度，容易出现集体建设用地非法入市，甚至进行变相房地产开发等问题。因此，在现有土地制度和规划管理背景下，应对利用农村集体经济组织存量建设用地建设公共租赁住房提供公共租赁住房服务持积极谨慎、从严管理的态度，需要对现有的做法进行试点总结，探索公共租赁住房土地供给的新渠道，做长期政策储备。

（一）供应对象

集体经济组织利用集体建设用地，按照试点计划建设公共租赁住房，

主要是在外来人口较为聚集的产业园区、城乡接合部等区域，其优势在于：一是解决外来人员的过渡性居住问题；二是解决了农民上楼后稳定的收入问题；三是改变城乡接合部的面貌。

从供应对象来看，农村集体经济组织建设的公共租赁住房以外来务工人员为主，符合公共租赁住房准入条件的本市居民同样也可申请。

（二）建设模式

从北京市、上海市和国内部分城市的具体做法看，农村集体经济组织建设公共租赁住房主要有以下模式：

1. 自建模式

即农村集体经济组织投资建设，建成后拥有公共租赁住房产权，并进行经营和取得租金收益。例如，厦门市“阳光公寓”主要靠近各开发区、工业区和外来、人员密集区，按社区生活组团规划，由各区政府或镇、村集体投资建设，同时与城中村改造和周边环境整治相结合。北京市昌平区北七家公共租赁住房项目，系该村经村民代表大会和党员大会通过，用自有资金投资建设，约33亩（22公顷），只租不售，优先考虑周边未来科技城等员工的需求。

2. 合作建设模式

即由农村集体经济组织与公共租赁住房建设机构（或投资机构）合作，共同投资建设和经营管理公共租赁住房。农村集体经济组织可以凭借集体建设用地使用权入股，并按股份享有租金收益。

3. 集体建设用地使用权租赁模式

即农村集体经济组织将集体建设用地使用权租赁给公共租赁住房建设机构（或投资机构），从而获取相应的土地租赁收益。从理论上来看，农村集体经济组织可以通过集体建设用地流转，将集体建设用地使用权出让或租赁给公共租赁住房建设机构（或投资机构），并获取相应的土地收益。但在现阶段土地制度框架下，根据国土资源部《关于加强保障性安居工程用地管理有关问题的通知》的要求，利用农村集体建设用地进行公共租赁住房建设试点须遵循土地所有权和使用权不得流转的原则。因此，农村集体经济组织只能将集体建设用地使用权租赁给公共租赁住房建设机构，而不能流转集体土地所有权或使用权。

4. 征地补偿建设公共租赁住房模式

即政府在对农村集体经济组织征地的同时，投资利用集体建设用地建设公共租赁住房并交给农民出租，其租金收益作为失地农民补偿。例如，厦门市的“金包银”工程，对成片开发的工业集中区中的村庄，按照统筹城乡建设规划的要求，在村庄外围建设为工业区提供配套的“三产”服务设施，为失地农民提供一套自住房、一套出租公寓、一份店面股份，并同步对村庄内部实施旧村改造，确保农民有稳定的收入来源，改善农民的生活环境。其中，“金边”是指在村庄外围建设工业集中区配套服务用房（以出租房为主），“银里”是指按照新农村建设要求进行就地改造的村庄。

（三）土地供应

1. 土地供应的法律依据

农村集体经济组织建设公共租赁住房，其土地供应来源于农村集体经济组织存量建设用地。根据国土资源部《关于加强保障性安居工程用地管理有关问题的通知》的要求，未经国土部门批准，一律不得利用农村集体建设用地建设公共租赁住房。同时，严格规范企业利用自用土地兴建保障性住房的行为，坚决制止和严肃查处“小产权房”等违法违规行为。对商品住房价格较高、建设用地紧缺的个别直辖市，确须利用农村集体建设用地进行公共租赁住房建设试点的，地方人民政府须按照控制规模、优化布局、集体自建、只租不售、土地所有权和使用权不得流转的原则，制定试点方案，由省级人民政府审核同意，报国土资源部审核批准后方能试点。

目前，各地农村集体经济组织建设公共租赁住房，其土地供应的主要依据是地方文件。例如，北京市在《中共北京市委关于制定北京市国民经济和社会发展第十二个五年规划的建议（节选）》和《北京市“十二五”规划纲要草案（节选）》提出，进一步探索和创新公共租赁住房建设管理机制，鼓励农村集体经济组织开展公共租赁住房服务。上海市《贯彻〈本市发展公共租赁住房的实施意见〉的若干规定》提出，运营机构可根据农村集体建设用地流转和投资建设的有关规定，受让或租赁农村集体建设用地；建设机构也可以与农村集体经济组织合作，投资建设和经营管理公共租赁住房。

2. 土地供应的主要要求

按照国土资源部以上的规定要求，利用农村集体经济组织存量建设用地建设公共租赁住房提供公共租赁住房服务，需满足以下几个要求：

一是试点方案。试点方案由省级人民政府审核同意，报国土资源部审核批准后方能实施。

二是试点范围。必须在规定范围内开展利用农村集体经济组织存量建设用地建设公共租赁住房试点。

三是占地方式。利用农村集体建设用地进行公共租赁住房建设试点，建设公共租赁住房的用地是占地方式，而不是征地方式。土地所有权和使用权不能流转。

四是只租不售。公共租赁住房将给村集体发大产权证，只能租赁，不允许分割出售。

（四）投融资模式

根据农村集体经济组织发展公共租赁住房的建设模式不同，其投融资模式也不相同。根据国内现有城市的做法，可归纳为以下几种模式：

1. 自建模式下的投融资

根据国土资源部《关于加强保障性安居工程用地管理有关问题的通知》的要求，利用农村集体建设用地进行公共租赁住房建设试点，必须符合集体自建的原则。按照这一规定，农村集体经济组织发展公共租赁住房服务应以自建为主。

在自建模式下，农村集体经济组织建设公共租赁住房的资金来源于自有资金或银行贷款。例如，北京市昌平区北七家公共租赁住房项目资金由村集体和村民自筹。一期投入 4.2 亿元，由村集体投入；二期拟通过村民入股方式解决资金问题，不贷款。全村 2000 多人，每人入股 20 万 ~ 30 万元，入股后本金不退，只分红。这种做法的好处是将村民的资金变为资产，并能获取长期稳定收益。

2. 合作建设模式和集体建设用地使用权租赁模式下的投融资

在这两种建设模式下，公共租赁住房建设的资金分别来源于：

一是农村集体经济组织可以投入自有资金或银行贷款，与合作方共同建设公共租赁住房。

二是农村集体经济组织如只凭借集体建设用地使用权入股，或只租赁集体建设用地，则建设投资资金全部来源于合作方。合作方既可以是企业，也可以是政府。如果合作方是企业，其资金包括企业自有资金、银行贷款等；如果合作方是政府，其资金来源与一般情况下的政府投资建设公共租赁住房相同，包括财政资金和其他法定公共租赁住房资金来源、公共租赁住房建设债券、公积金贷款用于公共租赁住房建设、优惠性长期银行贷款等。

3. 征地补偿建设公共租赁住房模式下的投融资

在这种模式下，公共租赁住房建设投资完全由政府提供，实质是政府对失地农民的一种补偿和保障方式。

（五）运营和管理模式

如果将农村集体经济组织看作一个特殊企业的话，那么，农村集体经济组织建设、运营和管理公共租赁住房与企业建设、运营和管理公共租赁住房基本类似。因此，农村集体经济组织发展公共租赁住房，可以分为两类：一类是完全意义上的公共租赁住房，提供给限定资格的供应对象，并提供优惠租金；另一类是农村集体经济组织建设的租赁房，享受公共租赁住房有关政策。这两类在具体运营和管理上并不相同。

目前来看，北京市的北七家公共租赁住房项目属于第二种类别。

1. 租金标准

第一类与普通公共租赁住房租金标准基本相同，对公共租赁住房租金标准低于市场租金的部分，政府应利用财政资金给予贴租。

第二类可采取市场租金或接近市场租金。特别是对一次性大量承租的企业，可以给予一定的租金优惠。

2. 准入和退出机制

第一类应由政府按照一般公共租赁住房要求，对准入对象进行审核，并进行跟踪管理。当租赁对象工作、收入和住房等情况发生变化，应及时退出，具体退出机制与一般公共租赁住房退出管理相同。

第二类没有严格意义的资格审查，对象一般是周边产业园区职工。

3. 租务管理和物业管理

关于租务管理，第一类应交由北京市公共租赁住房管理机构完成；第二类可自行管理。

关于物业管理，可由集体经济组织成立专门的物业服务企业或服务部门完成，解决自身劳动力就业问题；或由集体经济组织通过招标方式，由中标物业企业完成。

四、公共租赁住房的城市实践——以重庆市和厦门市为例

重庆市于2010年6月发布了《重庆市公共租赁住房管理暂行办法》。厦门市于2009年6月在全国率先出台了中国首部有关住房保障的地方性法规《厦门市社会保障性住房管理条例》。重庆和厦门都率先在全国开展公共租赁住房项目，并且规模较大，但运作方式、模式有很多不同。研究两个城市的运行特点，分析优劣，有利于合理引导全国的类似城市吸取经验，加快推进住房保障特别是公共租赁住房的发展进程。

（一）两城市公共租赁住房简介

1. 重庆市公共租赁住房简介

重庆市于2010年6月发布了《重庆市公共租赁住房管理暂行办法》，并于2011年初对首批公共租赁住房项目进行摇号。

重庆市主城区的21个公共租赁住房居住区，本着“小集中、大分散”和“均衡布局、交通方便、配套完善、环境宜居”的规划原则，全部处在一环和二环之间的地铁和城铁沿线。随着公共租赁住房的建设进度，轨道交通将随之全面建成，确保低收入家庭的出行方便。公共租赁住房的小区配套不仅非常齐全，周边学校、医院、商场等均配套完善，还有相应的运动健身场所等文化体育活动场地和设施设备。

从2010年开始，重庆市委、市政府开始大力推出公共租赁住房，重点解决夹心层等各类中等偏下收入群体的住房问题。过去的保障性住房都是零星分散的建设方式，公共租赁住房则彻底转化为大规模整体推进，通过迅速扩大保障性住房供应面积，缓解住房短缺、供需矛盾突出等一系列问题。公共租赁住房保障对象涵盖了廉租住房、经济适用住房，并延伸到既不能享受廉租住房和经济适用住房，又买不起商品住房的“夹心层”，实现公共租赁住房、廉租住房、经济适用住房三房合一。

2. 厦门市公共租赁住房简介

从2006年开始，为了有效解决“夹心阶层”的住房困难问题，厦门市在廉租住房、经济适用住房的基础上提出了社会保障性住房的概念，其中的重点和核心是公共租赁住房。具体来说，厦门市公共租赁住房是指由政府提供的，限定建设标准、供应对象和租金标准，通过分层租金补贴等方式，解决本市中低收入家庭和特定人群的住房困难问题，是具有保障性质的政策性住房。

按照对不同对象实行不同住房保障政策的原则，厦门市公共租赁住房体系主要由保障性租赁住房、公务人员租赁住房、人才租赁住房、单位周转住房、“金包银”工程和阳光公寓5个层次组成。在厦门市公共租赁住房政策体系中，保障性租赁房是其核心组成部分；公务人员租赁住房、人才租赁住房在管理上按保障性租赁房的管理规定执行；单位周转住房，由所在单位参照保障性租赁房的管理规定进行管理；“金包银”工程和阳光公寓由各区政府或投资人自行组织管理。

2009年6月，厦门市在全国率先出台了中国首部有关住房保障的地方性法规《厦门市社会保障性住房管理条例》，并及时地相应调整修订了保障性租赁住房、公务人员租赁住房、人才租赁住房等相关管理办法。为了建立有效的管理机制，厦门市陆续制定了《厦门市社会保障性住房物业管理和委托服务质量考核办法》《厦门市社会保障性住房住户档案建立标准和管理制度》《厦门市社会保障性住房入户调查制度》《厦门市社会保障性住房巡查和报告制度》《厦门市社会保障性住房非申请人临时居住管理制度》等各项规章制度，逐步形成了一套具有可操作性的管理制度体系。

（二）两城市公共租赁住房制度的设计及比较

1. 保障对象和范围

重庆公共租赁住房打破了城乡和内外差别，不设户籍限制。申请公共租赁住房的基本条件主要应符合以下条件：一是身份限制：申请人应年满18周岁，在重庆有稳定工作和收入来源，具有租金支付能力，符合政府规定收入限制的本市无住房或家庭人均住房建筑面积低于13平方米的住房困难家庭、大中专院校及职校毕业后就业和进城务工及外地来渝工作的无住房人员。二是收入限制：单身人士月收入不高于2000元；家庭月收入不高于3000元。政府将根据经济发展水平、人均可支配收入、物价指数等因素的变化定期调整，并向社会公布。但特殊群体则不受收入限制，如市、区政府引进的特殊专业人才；在重庆工作的全国、省部级劳模、全国英模、荣立二等功以上的复转军人住房困难家庭等情况，可以按属地申请公共租赁住房。同时还规定，符合廉租住房条件的家庭，未实行实物配租和领取租金补贴的，可申请公共租赁住房。

厦门市中低收入住房困难家庭申请保障性租赁住房主要包括以下准入条件：①具有本市户籍；②人均建筑面积不超过12平方米；③家庭年收入3人及以下户不高于5万元，4~5人户不高于6万元，6人以上户不高于7万元；④家庭资产不高于家庭年收入的4倍。可以看出，中低收入住房困难家庭申请保障性住房主要有四个条件：一是户籍条件。根据财政的承受能力，目前重要的是先考虑解决本市户籍家庭的住房困难问题，今后再扩大保障覆盖面。对非本市户籍人员的住房保障，目前主要通过提供土地等政策，由各区政府、镇、村等组织建设阳光公寓和“金包银”工程来妥善解决。二是收入条件。厦门保障性租赁住房的收入控制线是按照统计部门的人口五等分统计标准，以解决低收入、中等偏下收入这两组占40%人口的覆盖面进行测算的，根据中等偏低组的人均可支配收入上限测算出家庭年收入控制线标准。三是资产条件。厦门是国内第一个提出设定资产限制条件的城市。尽管在目前中国信用体系不太健全的情况下，真正做到包括存款、证券等资产的核实是比较困难的，但尽力利用现有条件依法对资产申报情况进行核实，不仅有助于社会诚信体系的建立健全，也有助于限制不属于保障对象的家庭来侵占政府住房保障这项公共资源。四是住房条件。在设定住房保障面积控制标准时，考虑到住房保障需要有一个逐步放宽保障范围的过程，厦门市经调研后提出按照先解决其中70%的原则，测算出12平方米的住房保障面积控制标准。

2. 租金标准

重庆市公共租赁住房的租金标准按照贷款利息、维护费并根据不同地段、不同房屋类别等因素，由市物价部门会同市财政、市住房保障机构等相关部门研究确定。租金由市公共租赁住房管理局委托的机构负责收取，租金收入实行专户管理，专款专用，不得挪作他用。公共租赁住房租金标准按三个原则确定：一是中低收入家庭收入的1/6；二是同类地段、同等品质商品住房租金的60%以内。三是贷款月利息和维护费用。租金实行动态调整，每2年向社会公布一次。

厦门市公共租赁住房实行市场租金计租和分类租金补助。租金标准按市场评估制定，对中低收入家庭按不同收入情况分别给予70～90%的补助。其中：

——保障性租赁住房：面向中低收入家庭的保障性租赁住房按市场租金标准计租，并由政府按不同家庭收入标准给予不同租金补助，其中，家庭年收入（3人户）在2.5万元至5万元的，补助房屋租金的70%；对家庭年收入（3人户）在2.5万元以下的，补助房屋租金的80%；对低保户，补助房屋租金的90%。

——公务人员租赁住房：给予最长三年的租金补助，补助标准为房屋市场租金的60%。

——人才租赁住房：补助标准为房屋市场租金的60%。

——单位周转住房：租金标准参照保障性租赁住房的有关标准执行（企业可以根据情况自定租金标准和补贴标准）。

——“金包银”工程和阳光公寓：租赁房租金标准由各投资人根据市场制定，目前均略低于市场租金标准。

3. 发展规划

重庆市规划在2015年前，总计建设4000万平方米的公共租赁住房，其中，2010—2012年，每年开工1000万平方米，主要分布在主城区（9个区）和6个郊区、2个卫星区县等人口聚集度高、住房矛盾突出、有产业园区的区域。除了这些区域外，其他区域的公共租赁住房由各区县自行负责，市政府不投入资金支持，但可享受同样的优惠条件。在主城区一、二环线之间的21个大型聚居区布点的公共租赁住房，建设用地占整个聚居点的4%~5%，居住人口占聚居区总人口的17%~27%。

《厦门市国民经济和社会发展第十二个五年规划纲要》明确提出在“十二五”期间“初步建立基本住房保障型城市”，在全国率先建立多层次、全覆盖的社会保障性住房体系。全面实施公共租赁住房政策，进一步完善保障性安居工程政策体系，基本建立外来务工人员住房保障制度，根据经济社会发展调整收入、住房面积等准入控制标准，扩大住房保障覆盖面。在“十二五”期间，厦门市规划新开工保障性住房17000套，竣工约15000套。至2015年底，厦门全市保障性住房的总量约4.4万套，竣工约3.5万套，基本达到供需平衡。

4. 建设模式

重庆市在其主城区一、二环线之间规划的21个公共租赁住房建设区域目前全部采用集中建设的方式。公共租赁住房的开发主体全部是其市属的八大投资公司（以下简称“八大投”）。2002年，重庆市政府整合了其市属国有开发公司资源，“八大投”，分别是重庆城投公司、高发公司、高投公司、地产集团、建投公司、开投公司、水务控股和水投公司。根据重庆市的相关规划，“八大投”主导重庆市全部的公共租赁住房开发建设，并作为重庆市公共租赁住房的业主代表政府享有住房的所有权。

厦门市保障性租赁房由市建设与管理局统一组织建设，由政府确定市住宅办、市土地开发总公司、区政府等单位部门作为业主负责开发，并由国有房地产开发企业作为代建单位，通过施工招投标确定施工、监理单位，建设竣工验收后由政府统筹安排，按规定移交管理部门分配使用。

5. 土地供应

重庆市公共租赁住房建设用地需求量约为3万亩，全部来自市政府划拨给“八大投”的土地。重庆市有两次大的建设用地调整机遇，第一次是成立直辖市，第二次是城乡统筹区域试点。这两次机遇，使重庆市扩展并筹集了大量建设用地。目前，这些土地都归属于全市“八大投”公司。

“八大投”不但承担政府土地一级开发的职能，同时还是重庆市各区的土地储备中心。因此，与其他城市不同的是，重庆市不存在保障性住房筹地难的问题。八大国有城投公司，完全可以在市政府的统一规划下供应土地，并且基本是熟地供应，可以确保工程进度。

厦门市保障性租赁房项目所需建设用地采用划拨土地供应方式，由国土资源部门根据总体规划优先办理用地指标等手续。按适宜居住、便捷出行和就近分配的原则，厦门市在全市 6 个行政区选择区位较好的地块，与商品住房同步规划建设社会保障性住房，提供给住房困难户。规划选址时还应充分考虑公交站点、生鲜超市、学校等配套设施建设，做到配套齐全，方便居民生活。同时，厦门市还结合公交停车场的改造，在妥善解决噪声、尾气、震动等问题的基础上，利用公交场站的上部空间建设社会保障性住房，既方便市民出行，又可以节约用地。

6. 资金筹集

重庆市大规模的公共租赁住房发展规划，不仅得到了国家的大力支持，地方政府也在资金安排上给予重点保证。从已开工的项目来看，资金来源以国家和地方政府的财政投入以及商业银行支持相结合的方式。根据《重庆市公共租赁住房管理暂行办法》规定，公共租赁住房的资金来源有：中央安排的专项资金，地方财政年度预算安排资金，土地出让收益的 5%，银行、非银行金融机构和公积金贷款，发行债券。公共租赁住房建设贷款的本金和利息由公共租赁住房租售收入和财政性资金等偿还。从目前大多数运行的项目来看，财政资金（包括中央和地方）和银行贷款所占比例的平均水平为 3：7。

厦门市明确市财政局是社会保障性住房建设资金的主管部门，负责社会保障性住房建设资金的筹集、拨付、使用、管理和预决算审核以及监督检查等工作。社会保障性住房建设资金的主要来源包括住房公积金增值收益、财政预算、土地出让净收益、银行贷款等，建设资金按建设进度和计划拨付。截至 2010 年 11 月厦门市财政已投入建设资金 60 多亿元。

7. 建设标准

重庆市公共租赁住房配租面积与申请人的家庭人数相对应，2 人以下（含 2 人）选择建筑面积 40 平方米以下住房，3 人以下（含 3 人）选择建筑面积60平方米以下住房，4人以上（含4人）可选择建筑面积80平方米以内的住房。公共租赁住房水电气表安装到户，入户采用防盗门，客厅和卧室地面采用玻化砖，墙面和天棚刷乳胶漆，卫生间和厨房地面铺装防滑地砖，天棚采用塑钢扣板，卫生间安装吸顶灯、排风扇、成品立柱盆、蹲便器，厨房安装吸顶灯、排油烟机、燃气灶、成品橱柜、淘菜单盆，承租人只要自己配上简单的家具、电器就可拎包入住。

厦门市保障性租赁住房严格控制建设的户型面积标准。根据厦门中低收入住房困难家庭的实际情况和承受能力，以满足住房困难家庭的基本生活需求为准则，户型面积严格控制在一房型45平方米，二房型60平方米，三房型70平方米。保障性住房按200元/平方米标准一次性装修到位，按家庭居住需求，除了门、地板、墙、天棚等装修外，厨房和卫生间墙面贴瓷砖，顶棚装吊顶，厨房还配备花岗岩灶台面板和橱柜，卫生间安装了坐便器和立式洗脸盆，阳台安装洗衣池等，老百姓只要搬入家具就可以居住。

8. 申请审核和配租

重庆市有关程序包括：（1）申请：申请主城区公共租赁住房，申请人限在主城区工作，由住房保障机构接受申请。申请主城区外的公共租赁住房，申请人限向工作所在地的住房保障机构提出申请。申请租赁公共租赁住房，应提交以下材料：①《公共租赁住房申请表》，②身份证或户口簿复印件，③工作单位提供的工作收入证明和社会保险经办机构提供的社会保险缴费证明，④住房情况证明，⑤其他需要提供的材料。申请人可登录重庆市公共租赁住房网站申请，并于申请后15个工作日内将纸质材料提交住房保障机构。申请人也可到住房保障机构公布的申请点申请。（2）审核：主城区由市住房保障机构委托的单位受理申请人的申请材料，并在20个工作日内完成初审工作；市住房保障机构应在7个工作日内完成对初审的复审工作。申请人提交的材料经审查合格后，申请人的资格将以适当的方式公示，经公示无异议的，申请人进入轮候库。主城区外的区县（自治县）可参照“两级审核，一次公示”的原则执行。（3）配租：对符合条件的申请人，按申请的时间段、选择的公共租赁住房地点和相对应的户型面积摇号配租，并向获得配租的申请人发放配租确认通知书。本次摇号未能获得配租的申请人，进入下一轮摇号配租。符合廉租住房条件的家庭，市、区政府引进的特殊专业人才，在重庆工作的全国、省部级劳模、全国英模、荣立二等功以上的复转军人符合公共租赁住房申请条件的，优先轮候配租。领取配租确认通知书的申请人应在收到市住房保障机构发出入住通知后的30日内，到市住房保障机构指定的地点签订《重庆市公共租赁住房租赁合同》，未按期签订合同的，将视为自动放弃，本次配租作废，但可重新申请。

厦门市按照下列程序办理：（1）申请：申请社会保障性住房的家庭，由申请人向户籍所在地社区居民委员会提出申请。申请社会保障性住房，应当如实申报家庭人口、户籍、收入（资产）、住房等相关信息，提交下列资料：①社会保障性住房申请表，②家庭住房状况的证明材料，③家庭成员身份证和户口簿，④市人民政府规定的其他证明材料。属低收入家庭的，还应当提交家庭收入（资产）情况的证明材料。申报材料符合规定的，社区居民委员会当场予以登记，发放轮候登记号；（2）审核：社区居民委员会受街道办事处（镇人民政府）的委托，对申请家庭的人口、户籍、收入（资产）、住房等情况进行调查核实并在社区内公示，公示期不少于7日。公示期满后户籍所在地的社区居民委员会应当将申请材料及公示情况报送街道办事处（镇人民政府）；街道办事处（镇人民政府）对申请材料及申请家庭收入（资产）、家庭住房状况是否符合规定条件进行审查。区人民政府有关部门对低收入家庭的资格进行认定，对申请承租社会保障性住房的租金补助比例予以确定，并报市住房保障行政管理部门；市住房保障行政管理部门对申请家庭进行审核，并将审核结果通过报纸、网站公示15日。对不符合条件的，取消轮候资格，书面通知申请人并说明理由。（3）轮候和配租：社会保障性住房实行轮候分配制度，按轮候号的先后顺序配租或者配售。社会保障性住房申请家庭在轮候期间，家庭人口、户籍、收入（资产）、住房等情况发生变化不再符合社会保障性住房申请条件的，应当如实向市住房保障行政管理部门申报，并退出轮候。

9. 运营管理

重庆市公共租赁住房采取社会化的物业管理模式。公共租赁住房小区实行“管人管房相结合”的社区化管理，社区居委会负责对承租人进行管理，房管机构负责对公共租赁住房进行管理，并成立由社区委员会、房管机构、派出所、住户代表共同组成的小区管理委员会，负责小区的社会管理工作，指导公开选聘的物业管理公司为小区提供专业物业服务。从房屋维修模式看，重庆市计划从租金中提取维修资金，例如，民心佳园的维修资金占房租的比例约为25%。房屋的维修工作由社会化的物业管理公司负责。

厦门市社会保障性住房小区采取封闭式物业管理，小区分配后的使用管理和监管工作由市国土房产局负责，厦门市成立了市公房管理中心承担具体工作。同时，由保障性住房所在区政府组建不营利的国有物业管理企业，负责保障性住房小区的物业管理，并受市公房管理中心委托，在日常的物业管理服务工作之外，还承担部分具体的监管工作，如建立住户入住和住房档案，及时了解保障性住房使用情况，发现违规行为情况及时报告等。保障性住房小区所在街道办组织居委会进驻保障性住房小区，采取定期巡查等方式，防止非申请家庭成员入住。

10. 退出机制

《重庆市公共租赁住房管理暂行办法》规定，承租人租赁合同期满，应退出公共租赁住房。需要续租的，应在合同期满3个月前重新申请，并进行严格的审查程序。同时，承租期间，承租人通过其他方式获得住房的，应当退出公共租赁住房。

《厦门市社会保障性住房管理条例》规定，承租社会保障性住房的，其家庭人口、户籍、收入（资产）、住房等情况发生变化时，应当主动申报。市住房保障行政管理部门对不符合承租条件的，收回社会保障性住房。承租社会保障性住房合同期满需继续承租的，应当提前3个月向市住房保障行政管理部门提出申请。经审核仍符合承租条件的，续签租赁合同，并按规定实行租金补助。租赁合同期满未再申请或者经审核不符合承租条件的，房屋由市住房保障行政管理部门收回。

11. 违规处罚机制

《重庆市公共租赁住房管理暂行办法》规定，承租人隐瞒或伪造住房、收入等情况，骗取公共租赁住房和查实社会单位为申请人出具虚假证明材料的，由有关部门对承租人和直接出具虚假证明材料的主管人员及直接责任人依法依纪追究责任。房地产中介机构为公共租赁住房接受委托代理转让、出租或者转租的，由相关部门对房地产中介机构依法处理。公共租赁住房的规划、计划、建设、分配、使用和管理工作接受社会的监督。有关部门接到检举和控告违法违纪行为的，应当依照各自职责及时核实并做出处理。有关行政管理部门的工作人员在公共租赁住房规划、计划、建设、分配、使用和管理过程中滥用职权、玩忽职守、徇私舞弊、索贿受贿的，要依法依纪追究责任。

《厦门市社会保障性住房管理条例》规定，申请社会保障性住房时或者在轮候期间，不如实申报家庭人口、户籍、收入（资产）、住房等情况及其变化的，责令改正，可处1000元以上5000元以下罚款；不符合申请条件的，取消其轮候资格；对弄虚作假、隐瞒家庭收入（资产）和住房条件骗取社会保障性住房的，收回房屋、没收违法所得，并处1万元以上3万元以下罚款；对出具虚假证明的，依法追究相关责任人的责任；出租、转租、转借、调换、经营、转让社会保障性住房，擅自装修和改变房屋用途，损毁、破坏和改变房屋结构和配套设施的，责令限期改正，没收违法所得；拒不改正的，收回房屋，并对相关责任人处2000元以上1万元以下罚款；社会保障性住房承租户在接到办理入住手续通知后2个月内未办理手续并入住的，取消其承租资格；承租的社会保障性住房无故连续空置超过6个月的，收回房屋；不按期缴纳租金的，责令补交，并加收每逾期一日应缴纳金额3‰的滞纳金；情节严重的，收回房屋；取消申请轮候资格或者收回房屋的，申请家庭5年内不得再申请社会保障性住房；应当退出社会保障性住房或者原政府优惠政策住房而未退出的，自应当收回之日起按市场租金标准缴纳租金，并可给予3个月的过渡期；过渡期满仍拒不退出的，按应交市场租金的一倍处以罚款，并由市住房保障行政管理部门依法申请强制执行。

（三）两城市公共租赁住房制度的特点

1. 重庆市公共租赁住房制度的特点

总的来看，重庆市的公共租赁住房在市委、市政府的高度重视下，发展规模较大，建设速度较快。其特点和值得借鉴之处体现在以下几个方面：

（1）在整体思路上将公共租赁住房放在重庆市经济整体发展中加以考虑。重庆市公共租赁住房的顺利开展，得益于公共租赁住房的收益平衡是站在城市发展角度来衡量的，公共租赁住房不仅成为保障民生的一种工具，还成了重庆经济发展和承接东部产业转移的重要保障措施。

（2）在开发模式上由市属国有开发公司具体实施。重庆市完全由市属八大国有开发公司来执行，土地由承担土地储备的八大国有开发公司提供。然而，重庆市的经验在一定程度上具有不可复制性。因为重庆市土地储备资源丰富，市属八大国有开发公司取得土地的成本很低，而且重庆市公共租赁住房建设也得到财政的大力支持，包括中央财政补贴、地方财政配套以及土地出让收益等。

（3）在机构设置上专门成立了公共租赁住房管理局。重庆市成立公共租赁住房管理局，作为国土房管局的二级局（副厅级事业单位），负责公共租赁住房的规划、政策、分配和监管工作。同时，负责主城区公共租赁住房申请对象的审核、建库、配租、租金收取和交易审核以及住房出售、回购管理等工作；此外，公共租赁住房管理局还负责指导区县的住房保障业务工作。

（4）在公共租赁住房信息化管理上形成完善的公共租赁住房信息平台和管理系统。重庆市已建立起包括外部公众网和内部管理网两大体系的公共租赁住房信息平台和管理系统，即重庆市公共租赁住房信息网和重庆市公共租赁住房管理信息系统。该管理信息系统已与公安部门的户籍管理系统、民政部门的低保户管理系统、房管部门的产权产籍管理信息系统和住房公积金管理系统联网。全市住房保障全部可以实现网络服务和管理。但当前的问题是，该网络仅限重庆市，如果外来人口在多个城市申请保障性住房就很难监控，因此，需要尽快建立全国联网的住房档案和住房保障管理系统。

2. 厦门市公共租赁住房制度的特点

厦门市作为最早探索公共租赁住房制度的城市之一，其建设、运营和管理有自身独到的特点：

（1）实行家庭成员全名制，建立诚信申报制度。政府规定一个家庭只能申请购买或承租一套社会保障性住房。申请社会保障性住房实行家庭成员全名制，申请人家庭成员的资产收入和住房面积必须合并计算。申请社会保障性住房以诚信申报为主，所有填报的资料都由申请人如实自主申报并承诺真实性。

（2）实行轮候制度，申请户可自主选房。符合条件的家庭或个人只要申请被受理和登记就当场发给轮候号进入轮候，按轮候号顺序组织审核、公示和分配。在轮候期间申请人家庭的收入、人口、资产、住房等情况发生较大变化的，应按规定提出变更登记，按规定程序重新审核，已不符合条件的应主动申请撤销轮候号，可在其符合条件时再重新申请和轮候。保障性租赁住房实行轮候、选房的配租制度。孤寡、残疾等特殊困难的家庭可以优先选房。为了更好地让老百姓住上自己满意的房子，主管部门按批次将拟分配的房源全部公布，由老百姓自行选房。

（3）实行市场租金计租和分类租金补助。一是保障性租赁住房的租金由“暗补”改为“明补”。租金标准按市场评估制定，对中低收入家庭按不同收入情况分别给予70% ~90%的补助。其中，对低保户给予90%的补助。当承租户收入发生变化时，租金补助随之调整。对不再符合承租条件但又暂时无法退出住房的住户，将取消租金补助，收取市场租金。二是实行租金和租金补助的“收补分离”，即租金由市公房管理中心统一收取，全额上缴财政；租金补助低收入家庭由区民政部门，公务人员由所在单位，引进人才由市人事局发放，方便退出方式的执行。此外，为了让低收入家庭能住得起保障性住房，厦门市政府对低保家庭和低收入家庭分别给予80%和40%的物业服务费补贴。

（4）成立国有物业服务企业负责公共租赁住房后期物业服务管理并承担部分具体的监管工作。在厦门市现已投入使用的8个保障性住房小区中，各相关区政府均按要求成立了国有物业服务企业负责辖区保障性住房小区的物业服务和使用管理以及协助监管等工作。同时，国有物业管理企业受市公房管理中心委托，在日常的物业管理服务工作之外，还承担部分具体的监管工作：一是在办理交房入住手续时向住户宣传保障性住房的法律法规，使住户在未入住前就能了解和掌握小区使用管理的规章制度；二是在入住后定期宣传，引导小区住户自觉遵守小区使用管理相关规定，对违法、违规使用保障性住房的行为充分发挥居委会、所在单位作用，进行耐心劝导，使住户能认识自己的错误行为并积极整改；三是加大巡查力度，派出秩序维护员定期巡查，对发现有违反规定使用保障性住房的住户，立即发出整改通知书责令限期整改。

（四）两城市公共租赁住房发展面临的问题

1. 发展公共租赁住房需要上位法支撑

由于国家层面还没有《住宅法》和《住房保障条例》，地方政府出台的地方性法规没有上位法的支撑，缺乏法律保障。因此，需要国家尽快根据住房保障形势的需要，出台住房保障法等相关法律法规。

2. 公共租赁住房保障对象还未将外来务工人员完全纳入

部分城市的公共租赁住房制度主要针对户籍人口，需进一步扩大覆盖面，将非户籍人口纳入。例如，厦门市公共租赁住房政策的难点在于非户籍人口。对非户籍人口来说，由于流动性较强、人群数量庞大等因素，单靠地方政府是难以解决的，而政府补贴也因为财力问题而难以实现。

3. 公共租赁住房建设资金筹集渠道相对有限

目前，大部分城市的公共租赁住房建设资金主要来源于政府资金和银行贷款，其他方式缺失。而这两类资金充裕度和供给期限等方面的因素也导致了公共租赁住房资金的长期缺乏。从贷款来看，公共租赁住房贷款审核部门在项目贷款期限、资本金比例、企业资质的限制等方面仍然沿用原有普通房地产开发项目贷款的模式，没有太多突破创新。从政府资金来看，来源尚不稳定。廉租住房有土地出让金的10%、公积金增值收益等等稳定的资金来源，但是公共租赁住房却没有法定的稳定资金来源，这种事权和财权不匹配的模式使公共租赁住房建设难以持久。

4. 缺乏支持企业参与公共租赁住房建设经营的配套激励措施

目前，国家鼓励积极引入社会资金和企业参与公共租赁住房建设和运营。但对企业来说，参与公共租赁住房的建设和经营单靠租金收益很难平衡项目盈亏，必须有贴租、贴息等相应优惠政策加以支持。另外，未来公共租赁住房的产权归属、管理责任、收购成本等很多问题也不明晰，也影响企业参与公共租赁住房建设和运营的积极性。

5. 公共租赁住房后续管理成本较高、难度较大

以重庆市为例，规划有21个百万平方米的大型公共租赁住房居住区，

居住人口复杂，所以，未来面临的管理工作将有很大难度，包括租金收缴率、退出机制的有效实施、小区后续维修基金的缺口等问题。这些都需要在前期的制度设计上充分考虑周全。此外，根据重庆市公共租赁住房制度设计，配套的商业地产销售是回收资金的重要来源。从实施效果来看，凡是出售商业营业用房的，政府就很难再调控业态分布，造成业态雷同，收益较差，商业地产甚至出现贬值现象。因此，由投资方或公共租赁住房管理局持有商业物业，统一规划商业布局和业态分布，既有利于小区配套的科学合理，也有利于商业地产的保值增值。

（五）发展前景和对策建议

重庆、厦门作为公共租赁住房开展相对完善系统的城市，都共同提出了以公共租赁住房为核心的保障性住房政策，并将住房保障的工作重点转向发展公共租赁住房。这与“十二五”时期中国住房保障制度以公共租赁住房为主，重点解决社会“夹心层”及进城务工人员的住房问题基本一致。

1. 加快住房保障和公共租赁住房立法

尽快出台《住宅法》或《住房保障条例》，为公共租赁住房发展提供法律制度保障。

2. 建立多元化的公共租赁住房资金渠道

一是进一步明确公共租赁住房的法定资金渠道；二是发展针对公共租赁住房的长期优惠贷款品种；三是通过金融创新，逐步探索公共租赁住房基金等社会化融资方式；四是中央加大财政支持和转移支付力度。

3. 积极引导社会资金和企业参与公共租赁住房建设和运营

由于目前公共租赁住房主要还是采取政府主导的投资建设模式，受城市政府财力的影响，公共租赁住房房源筹集有限，真正能提供的公共租赁住房较为短缺。应积极引导社会资金和企业参与公共租赁住房建设和运营，鼓励房地产开发商将“拿地—建房—卖房”模式逐步改变为“拿地—建房—出租”模式。

4. 落实土地、租金、贴息、税收等方面的公共租赁住房优惠政策

一是土地政策。例如，公共租赁住房可采取土地年租制，企业取得土

地产权，按年支付土地出让金。其优点是既降低了企业一次性支付土地出让金的资金压力，同时又拥有土地产权。

二是贴租政策。由政府对市场租金和公共租赁住房租金之差进行贴租。

三是贴息政策。除开发针对公共租赁住房的长期优惠贷款品种外，由政府对企业建设和运营公共租赁住房的贷款进行贴息。

四是税收政策，需进一步细化和落实《关于支持公共租赁住房建设和运营有关税收优惠政策的通知》中的具体措施。

第五章

中国共有产权住房发展模式和城市探索

一、共有产权住房的理论问题

（一）发展共有产权住房的必要性和意义

1. 共有产权住房是住房政策的一种具体形式

共有产权住房是国际上许多国家援助购买力不足的中等偏下收入群体，满足其住房需求的一种行之有效的政策形式。研究和探索这种政策形式，对完善中国住房供应体系和住房公共政策具有重要意义。

住房是一种特殊商品，其特点，一方面是人们消费能力和消费需求之间总是存在时差，例如，年轻人成家需要住房，但其收入与资产能力尚未累积充分；另一方面是具备消费能力的“门槛”较高，人人都需要住房，但却不是人人都具备拥有住房的资产能力。在市场经济条件下，人们的住房消费能力总是分为完全具备住房支付能力、完全不具备住房支付能力和住房支付能力不足三种类型的人群。这种分类状况不会因为社会经济发展而改变，即使在发达国家这三类人群也始终存在。

按照国际惯例，“有住房支付能力的人”，即具有较高收入的人群主要靠市场解决住房问题；“完全不具备住房支付能力的人”，即低收入人群要靠政策支援或支持才能解决住房问题，如中国的住房保障政策或各国的公共住房政策等；而住房支付能力不足的人群是指那些有工作、有收入、但收入偏低，或家庭资产积累程度偏低，或有一定的购房能力，但与跨过拥有住房的资产门槛尚有差距的人群，也称“夹心层”群体。

各国对这部分析“夹心层”群体提供的住房政策是多种多样的，如财政贴息贷款以及对购房支出减免个人所得税等支持购房。也有的国家，如英国等欧洲一些国家实行的是提供这种共有产权住房，或者“与支付力相匹配的产权房（affordable house）”等。这类住房支持的对象主要解决三类“夹心层”群体的购房问题，租住在公共住房（政府或非营利机构提供的住房 Social Housing 或者 Public Housing）中的人、关键岗位的人（Key Workers）和其他初次购买住房的人。产权由购房人与“住房协会”（housing association）共同持有，份额不一。

总之，援助购买力不足群体是住房保障政策（或称公共住房政策）中不可或缺的一环，而共有产权住房则是政策的一种具体形式。

2. 中国住房发展面临主要问决定了共有产权住房的必要性

经过 1998 年住房制度改革之后的近 20 年住房市场的发展，中国住房的主要矛盾已由过去的绝对短缺转变为当前不平衡问题突出，为此需要进一步完善城镇住房和保障供应体系。

在 1998 年之前，中国实行了较长时期的福利分房制度。到房改时，城镇人均住房建筑面积只有 18 平方米，户均住房面积只有 56 平方米，住房基础条件较差。伴随中国快速城镇化进程，城镇居民的住房改善需求和新增人口住房需求快速增加，住房供需矛盾主要体现为住房短缺和供应不足问题。通过住房制度改革，中国城镇居民住房水平已大幅提高。2012 年城镇居民人均住房建筑面积达到 32.9 平方米。另据统计局住户调查数据，2016 年城镇居民人均居住面积达到 36.6 平方米。在城镇住房绝对短缺问题已基本解决后，当前住房发展的主要矛盾已转变为住房消费的不平衡扩大的问题。主要表现在：一部分家庭拥有多套住房，另一部分家庭买不起房、租不起房；一部分城市住房供求关系紧张、部分人群始终面临购房压力较大的问题，另一部分城市供过于求，需要解决去库存问题；城市原有居民住房水平得到改善的同时，城市新市民住房问题突出等问题。因此，有必要通过共有产权住房政策，进一步完善住房供应体系，解决“夹心层”住房问题。

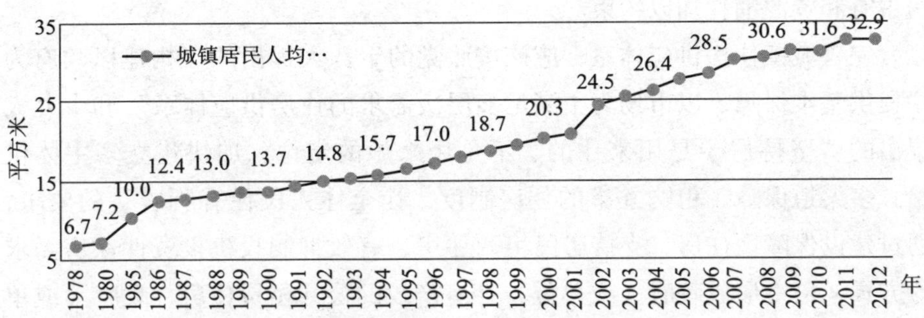

图 5－1 中国城镇居民人均住房面积增长情况

资料来源：国家统计局。

3. 现阶段发展共有产权住房有积极现实意义

在现阶段，中国城镇居民住房需求旺盛，特别是在一些人口流入集中的大城市、中心城市，供需关系紧张，房价较高。新毕业大学生、新就业职工等城市新市民买房愿望强，但支付能力不足；申请保障，很多人又不符合条件，即使符合条件，也需要长时间轮候。从政府的角度来看，如果把这些居民都纳入保障，保障性住房建设和管理压力进一步增大。这种情况下发展共有产权住房，有积极现实意义。

具体来说：第一，供应共有产权住房，既解决了部分居民的居住问题，也顺应了居民拥有产权住房的意愿，照顾了其支付能力。第二，共有产权住房明晰了政府的产权份额，为建立合理的收益分配机制打下了基础，进而防止政府的税收、土地、信贷等政策优惠流失，避免保障对象错位等问题。第三，共有产权住房供应有利于稳定居民预期，分流商品住房市场需求，缓解供需矛盾，稳定住房价格。第四，相对公共租赁住房，购买共有产权住房的居民，对住房资产更加爱惜，会更注重房屋维护，有利于延长房屋使用寿命。

（二）共有产权住房在住房供应体系中的定位

改革开放以来，特别是近 20 年来中国住房建设和近 10 年来住房保障事业快速发展，中国城镇居民居住水平和住房状况得到不断改善。完善城镇住房供应体系，应努力促使住房消费与经济发展、民生利益、资源承载力和谐相融，注重住房的民生属性，注重住房消费的公平性，并对过度住房占有和资源消耗加以约束。

完善城镇住房供应体系，应该按照党的十八大提出的“构建以政府为主提供基本保障、以市场为主满足多层次需求的住房供应体系”和十九大提出的“坚持房子是用来住的、不是用来炒的定位，加快建立多主体供给、多渠道保障、租购并举的住房制度，让全体人民住有所居”的要求，通过建设保障性住房、支持居民租购住房、有效抑制投机投资性住房需求等方式，最终形成政府（或单位）拥有产权的公共租赁住房、政府（或单位）和个人共同拥有产权的共有产权住房、个人拥有完全产权的商品住房组成的住房供应体系，实现“住有所居”的住房目标。

具体来说，城镇住房供应体系包括以下几个方面：第一，以公共租赁住房方式对低收入家庭提供租赁保障；第二，以共有产权住房方式支持“夹心层”群体对产权住房的需求；第三，以市场配置资源的方式提供商品住房满足多样化需求；第四，以货币补贴（如租金补贴）方式将住房保障与住房市场有机结合起来。

图5-2 依产权占有份额状况实现过渡和覆盖的住房供应体系设计

二、共有产权住房的提出——经济适用住房“共有产权”

（一）经济适用住房“共有产权”的含义和法律基础

1. 经济适用住房“共有产权”的含义

所谓经济适用住房“共有产权”，是指政府将用于经济适用住房建设的财政性支出（实际就是减免的土地出让收益和税费）转化为投资，政府按投资比例拥有房屋产权和相应权利。

其具体实现形式是，政府提供补贴建设的经济适用住房作为按份共有住房，由政府和受助购房人按出资比例共同拥有产权，政府和受助者按规定共同申请领取《房屋共有权证》，标明房屋所有人为政府和受助购房人以及两者的产权比例。政府拥有的产权可以授权住房保障机构持有并行使相关权利。

2. “共有产权”来源于经济适用住房的双重属性

2003 年国务院 18 号文件《关于促进房地产市场持续健康发展的通知》指出，经济适用住房是指具有保障性质的政策性商品住房。《经济适用住房管理办法》第 2 条规定，经济适用住房是指政府提供政策优惠，限定建设标准、供应对象和销售价格，具有保障性质的政策性商品住房。因此，商品性与保障性相统一的双重属性是经济适用住房的基本性质和内在本质。

这种双重属性决定了经济适用住房的产权形式不同于普通商品住房，能够形成、也应该成为共有产权。实际上，共有产权制度本质就是通过经济适用住房产权的动态组合，使经济适用住房作为“具有保障性质的政策性商品住房：在经济关系和产权性质上得到具体实现。

3. 经济适用住房“共有产权”具有法律基础

《民法通则》第 78 条规定：财产可以由两个以上的公民、法人共有。共有分为按份共有和共同共有。按份共有人按照各自的份额，对共有财产分享权利，分担义务。共同共有人对共有财产享有权利，承担义务。按份共有财产的每个共有人有权要求将自己的份额分出或者转让。但在出售时，其他共有人在同等条件下，有优先购买的权利。这条规定有 4 层含义，基本满足了共有产权制度的法律需求：一是政府作为法人可以成为经济适用住房的共有人；二是政府按投资额可以成为经济适用住房的按份共有人，并按自己的份额享有权利，分担义务；三是政府和受助购房人都可以根据具体情况对自己拥有的经济适用住房产权份额做出处分；四是处分经济适用住房时，政府和受助购房人都具有优先购买权。

中国城市房屋权属登记制度也为共有产权制度奠定了法律基础。《城市房屋权属登记管理办法》第 11 条规定，房屋权属登记由权利人（申请人）申请，“共有的房屋，由共有人共同申请”；第 32 条规定，共有的房屋，由权利人推举的持证人收执房屋所有权证书。其余共有人各执房屋共有权证书 1 份，房屋共有权证书与房屋所有权证书具有同等的法律效力。这些规定表明，政府作为法人成为房屋权利人，按投资额成为经济适用住房的按份共有人之一，领取《房屋共有权证》，是受法律保护的，操作上简便易行，没有任何障碍。

（二）经济适用住房“共有产权”的主要作用

“共有产权”制度可以有效地解决现行经济适用住房制度中被保障人的退出机制、增值收益分配和保障资金滚动、寻租谋利等问题。

1. 有利于建立完善经济适用住房的退出机制

现行经济适用住房制度中，由于政府放弃了经济适用住房应有的产权，受助家庭缺乏依法退出的机制，使经济适用住房丧失了多次循环用于住房保障的功能，基本上一套经济适用住房只能解决一户中低收入家庭的住房困难。即使被保障人经济条件和收入情况发生变化，脱离了保障群体，其拥有的经济适用住房也难以用来解决其他中低收入家庭的住房困难。由于现行经济适用住房制度无法发挥应有的循环效应，导致政府每年不断投入可观的财力物力建设经济适用住房，但始终无法满足社会住房保障的需要。

2. 有利于通过增值收益分配，积累保障资金

尽管现行法规中规定了经济适用住房在一定年限后上市转让时，政府要收回一定比例的差价收益，但收回多少，怎么收回差价收益，因缺乏房屋产权依据，难以操作。如果实施共有产权制度，政府可以根据所拥有产权比例参与经济适用住房转让时的增值收益分配，并不断积累投入的财政住房保障资金，实现滚动发展。

3. 有利于消除经济适用住房交易中的寻租谋利现象

经济适用住房是行政划拨土地，减半征收税费，因而升值空间巨大。尽管政府对经济适用住房申购条件进行严格限制，但在监管环节多、难度大、社会诚信体系缺失的情况下，利用经济适用住房与商品住房差价寻租

谋利的问题很难得到彻底解决，导致社会住房保障资源严重流失。实行共有产权有利于消除经济适用住房购买者的投资动机，屏蔽掉中高收入群体，从根本上解决经济适用住房保障对象错位问题。

（三）经济适用住房“共有产权”的制度需求

1. 建立与发放货币补贴相适应的共有产权制度

现行经济适用住房建设采取行政划拨方式供应土地，经济适用住房价格中未计入土地出让费和一半税费，导致房地产市场土地供应方式和定价机制的“双轨制”，不利于形成统一的房地产市场。从长远来看，经济适用住房制度应由新建为主逐步转向发放货币补贴。与此相适应，如果在发放补贴的同时引入“共有产权”概念，能够更好地解决享受补贴所购住房的流转及增值收益分配问题。

具体做法是，政府对应保障的对象发放补贴，帮助其在市场上购买新建商品住房或二手房；同时，将政府的补贴转化为政府投资，政府按投资比例拥有所购买的房屋产权及相应权利，政府和受助者按规定共同申请领取《房屋共有产权证》。这样，如果该住房转让或出租产生收益，则政府按比例收回投资和收益，收回的资金纳入低收入家庭住房保障基金继续用于新的低收入家庭的住房保障，如果该住房不转让和出租，低收入家庭可持续使用该住房。

2. 对新建经济适用住房明确共有产权制度

考虑到中国现阶段国情和不同城市的具体情况，部分城市在现阶段为满足低收入群体住房需求，还不可能在短期内全部实施住房保障货币化补贴，还有必要继续新建部分经济适用住房。这也是政策平稳过渡的客观要求。

为了避免现有经济适用住房的弊端，建议对新建经济适用住房同样要明确共有产权，即政府将建设经济适用住房减免的土地出让收益和税费折算为投资，政府按投资比例拥有房屋产权和相应收益权，并授权住房保障机构持有并行使相关权利。

需要注意的是，按照《民法通则》，按份共有人按照各自的份额在对共有财产分享权利的同时还须分担义务。因此，这就涉及被保障对象所购买住房的交易税费、公共维修基金和物业管理费的分摊问题。为此，可以将政府所持有的份额视为“特殊股”，即只参与收益分配，享有收益权，不享有其他权利（如使用权、处置权），与此相对应，也不必承担有关税费。

3. 现有经济适用住房与共有产权制度衔接

完善细化现有经济适用住房上市办法，明确应向政府交纳的收益。《经济适用住房管理办法》第26条规定，经济适用住房在取得房屋所有权证和土地使用证一定年限后，方可按市场价上市出售；出售时，应当按照届时同地段普通商品住房与经济适用住房差价的一定比例向政府交纳收益。这一规定实际上已经明确了经济适用住房上市时必须缴纳的是“收益”。这个“收益”既包含了政府减免的出让金和税费，也包含了由此产生的增值收益，而不能仅仅理解为划拨土地使用权的住房上市应补交的地价款。

另外，现有法规中对收益的具体比例并没有明确规定，而是由市、县人民政府确定。由于不同城市政府对这一收益内涵的理解不同，由此制定的计算方法和确定的比例也不一样。一般来说，均规定已购买经济适用住房的家庭住满5年的，可以按市场价格出售，按成交额的一定比例缴纳综合地价款。在地价占房价的比重较大且房价上涨较快时，政府减免的税费、出让金及增值收益显然远远高于需补交的综合地价款。其后果是导致政府应得收益的流失，同时也无法抑制经济适用住房购买者的投资投机动机。

因此，从维持政策的连续性角度出发，在无法对现有经济适用住房实施共有产权制度的前提下，应在现有法规制度框架内，完善细化经济适用住房上市办法，明确应向政府交纳的收益内涵，统一计算原则和方法。具体来说，收取收益的比例应与政府投入折算成共有产权投资时应获取的产权比例一致。

三、部分城市探索共有产权住房的主要模式

（一）因投资建设形成的共有产权住房

1. 经济适用住房共有产权

经济适用住房共有产权是在已有经济适用住房基础上，通过共有产权形式，显化政府土地、税费等投入和优惠，并以量化份额体现在经济适用住房产权中。

（1）淮安市共有产权经济适用住房

淮安市是国内最早探索经济适用住房共有产权的城市之一，其具体做法在发展过程中也经历了不断演变。按照2009年《淮安市市区共有产权拆迁安置住房管理办法》和2010年《淮安市共有产权经济适用住房管理办法（试行）》有关规定，共有产权经济适用住房，是指以出让方式取得经济适用住房用地，总价格参照普通住房执行政府指导价，购房人实际出资额与房价总的差价显化为政府出资，购房人和政府各自的出资比例构成共有产权，具有保障性质的政策性住房。

项目建设管理。建立保障性住房建设运营机构，专门从事共有产权住房建设和筹资。通过政府统筹建设、分散配建、社会收购等多种形式筹集共有产权住房。共有产权住房建设项目按照经济适用住房项目办理立项、规划设计、供地、建设等手续，享受经济适用住房相关规费减免政策。建设用地按国家和江苏省有关经济适用住房的规定办理征转用报批手续，并以限房价、定地价方式进行挂牌出让。单套建筑面积，家庭人口3人以内（含3人）的，控制在60平方米左右；家庭人口4人以上（含4人）的，可以适当放宽标准，但最高不得超过90平方米。符合条件的企业集资建房纳入共有产权经济适用住房管理。

供应对象。本市城镇中低收入住房困难家庭。供应对象的家庭收入标准和住房困难标准，由市住房保障工作领导小组根据本市经济适用住房供

应量和低收入线标准、居住水平等因素确定，实行动态管理，定期向社会公布。

分配管理。按照保障性住房分配管理的程序，采取"三审两公示"，即街道服务窗口一审一公示、民政部门组织相关部门对申请保障家庭的收入和财产联动审核，住房保障部门终审、媒体集中公示，公开、公平、公正配售共有产权住房。对通过"三审两公示"的保障对象采用摇号的方式供应共有产权经济适用住房。由于房源充裕，2012 年采取供应证方式，符合条件的申购家庭可在 2 年内持证到市住房保障中心服务部选房、购房。

定价机制。参照普通商品住房执行政府指导价（一般低于同期、同区段普通商品住房销售价格的 5% ~10%）。符合条件的家庭，可以到市住房保障中心购买一套与核准面积相对应的共有产权住房。购买面积在核准面积以内的，按核准的价格购买；超过核准面积的部分，由购房人按照完全产权价格购买。核准面积为共有产权住房保障面积，共有产权住房保障面积标准为建筑面积每人 20 平方米。

产权划分。购买共有产权住房，个人出资额与购买经济适用住房出资额相当。经济适用住房的平均价格占普通商品住房的平均价格的比例为个人拥有的产权比例，即相当于经济适用住房出资额的产权比例，也称为基本比例。目前市区共有产权住房产权基本比例执行 7∶3，即个人占 70% 产权，政府占 30% 产权。2013 年，通过创建试点，进一步优化共有产权比例调节机制，根据家庭承担能力，个人出资可在不低于 60% 的范围内自行选择，并在房屋产权证上注明产权份额。购买共有产权住房的家庭，可以分期购买国有产权部分住房，形成完全产权，也可以不购买，一直用于自住。在 5 年（以签订购房合同日期为准）内购买的，可享受原共有产权住房的价格，5 年以后 8 年以内购买的，按原供应价格加第 6 年起的银行同期贷款利息（市场价低于原价或此价时取低价）购买，8 年以后购买的，按届时市场评估价格（不含房屋装饰装修费用）购买。

上市或退出。购买共有产权住房满 5 年（以房屋权属登记日期为准）的，可以上市交易。未满 5 年的，不得直接上市交易，购房人因特殊原因确需转让共有产权住房的，经购房人户口所在街道办事处和区住房保障部门出具证明、市住房保障主管部门批准后方可上市。共有产权住房上市交易时，由出让人按市场评估价（不含房屋装饰装修费用，同时须经共有权人确认）向共有权人交纳政府产权部分的房屋价款，并纳入市保障性住房专项资金账户进行管理。当收入高于规定标准时，购房家庭应向共有产权人交纳政府产权市场租金；当出租或已购买其他房屋的购房家庭，应及时按市场价购买政府产权，退出共有产权住房保障。

物业维护管理。共有产权住房共用部位、共用设施设备专项维修资金、物业服务费用按照“谁使用，谁承担”的原则，由购房家庭承担，发生具体维修事项纳入小区的物业管理范畴。

（2）上海市共有产权保障房（经济适用住房）

土地和建设标准。土地以划拨方式供应，给予相应的税费减免，户型面积平均在60平方米左右，目前有45平方米、65平方米和85平方米左右三种户型。

供应对象。上海市户籍人口，家庭和单身均可申请，规定了住房困难标准、收入和财产标准。家庭人均住房建筑面积低于15平方米（含15平方米）。3人及以上家庭人均年可支配收入低于6万元（含6万元）、人均财产低于15万元（含15万元）；2人及以下家庭人均年可支配收入和人均财产标准按前述标准上浮20%，即人均年可支配收入低于7.2万元（含7.2万元）、人均财产低于18万元（含18万元）。

销售价格。周边房价×折扣系数。周边房价主要按销售时项目周边一定时期和区域内新建普通商品住房的市场平均成交价或市场评估价确定。折扣系数以项目开发建设成本为基础，综合考虑保障对象经济承受能力和周边普通商品住房市场成交价格等因素确定。

转让或退出。5年内购买其他住房，原共有产权保障房将被住房保障机构回购；5年内不得转让，因全体房地产权利人、同住人离沪或者出国定居，夫妻离婚需将住房变现后分割财产，家庭成员重大疾病、急需资金支付医疗费用等特殊原因需转让的，由住房保障机构回购；5年后可转让，但须先通知住房保障机构，住房保障机构可优先回购，如不回购，则由原购房人向原住房保障机构所在区（县）的财政部门缴纳相应比例的转让价款后，办理共有产权保障房房地产转移登记。回购价格为原销售价格加同期银行存款利息。

产权管理。一是允许继承。房地产权利人死亡的，其对共有产权保障房享有的权利按照《继承法》有关规定继承。其中，继承人不属于申请家庭成员的，不享有共有产权保障房居住使用权，仅享有在共有产权保障房按照规定发生回购或者转让后，主张分割所得价款的权利；共有产权保障房同住人死亡的，该共有产权保障房房地产权利不发生继承。二是不允许购房人将共有产权保障房擅自转让、出租、出借、赠予或者改变房屋使用性质，不得设定除共有产权保障房购房贷款担保以外的抵押权。

2. 自住型商品住房、安居型商品房共有产权

北京市自住型商品住房、深圳市安居型商品房等，虽然没有明确称共有产权住房，但共有产权特征明显。

（1）北京市自住型商品住房

①建设。采取集中建设或者配建等多种形式，土地由房地产开发企业通过“限房价、竞地价”等出让方式公开竞得。土地出让前，应明确住房套型的建筑面积、销售均价等要求，作为土地出让的依据载入招拍挂交易文件，并在土地成交后将其纳入出让合同。

②户型标准。户型面积以 90 平方米以下为主，最大套型建筑面积不得超过 140 平方米。

③供应对象。按照限购政策规定在本市具有购房资格的家庭，其中，本市户籍无房家庭（含夫妻双方及未成年子女），单身人士年满 25 周岁，以及经济适用住房、限价商品住房轮候家庭可以优先购买；符合条件的家庭只能购买一套自住型商品住房。

④出售价格。原则上按照土地出让时比同地段、同品质的商品住房价格低 30% 左右的水平确定。

⑤分配。在取得商品房预售许可证或办理现房销售备案后，由房地产开发企业组织向符合购房资格的申请人销售。选房顺序由房地产开发企业组织公开摇号确定。摇号进行全程公证，并接受所在区县建设房管部门的监督。

⑥转让和收益限制。购房人取得房屋所有权证后，原则上 5 年内不得转让。购房人取得房屋所有权证 5 年以后转让的，如有增值，应当按照届时同地段商品住房价格和该自住型商品住房购买时价格差价的 30% 交纳土地收益等价款。购房人将自住型商品住房转让后，不得再次购买这类住房。

（2）深圳市安居型商品房

2011 年、2012 年深圳市先后出台《深圳市安居型商品房建设和管理

暂行办法》《深圳市安居型商品房轮候与配售办法》，对安居型商品住房建设、供应对象、产权划分等做了安排：

①规划建设。安居房在土地出让上采取“限房价、竞地价”的市场化模式，在建设上采取完全通过市场主体（包括房地产开发商）来建设的市场化建设模式。将安居房用地单列年度计划，确保安居房用地供应，适度将交通等基础设施完善、公共服务配套设施健全的地块优先用于安居房建设。2014—2020 年，全市安居房供应规模不低于年度住房供应总量的 35%。

②户型标准。安居房以户型建筑面积 60 ~ 90 平方米、2 ~ 3 卧房为主要标准；考虑单身人群和代际家庭的需求，适度安排户型建筑面积 45 ~ 60 平方米、1 ~ 2 卧房，以及户型建筑面积 90 ~ 110 平方米、3 ~ 4 卧房住房的供应规模。

③供应对象。对本市入户籍 1 年以上、非户籍但连续缴纳社保 3 年以上，且无自有住房并符合中等收入标准以下条件的常住居民家庭（包括人才家庭），均可购买安居型商品住房。

④产权划分。在安居房产权设计上，明确政府与购房者对安居房产权共有的住房产权属性；同时期、同区域且同品质市场房价的折扣幅度（30% ~ 50%）为政府所拥有的产权份额，其余为购房者产权份额。

⑤上市交易。符合购房资格条件购买安居房的购房者，在签订购房合同 10 年内不得将安居房上市交易；购房不满 10 年需退出的，由政府主管部门利用安居房专项资金按届时同区域且同品质市场价格及个人份额回购，再行转让给其他符合条件的安居房申请轮候者，实现内部循环流转；安居房在签订购房合同 10 年后可以上市交易，原购房者可以按届时同区域且同品质市场房价及政府份额购买政府权益后，办理产权变更登记手续，获得完全商品住房产权后上市交易。

3. 廉租住房部分产权出售形成共有产权

部分地区结合当地实际情况和低收入家庭的意愿，把政府保障责任和居民自住其力相结合，探索实行廉租住房共有产权管理方式，加快廉租住房建设，如湖南、甘肃和青海等地。《湖南省推进廉租住房共有产权试点工作方案》提出：“廉租住房共有产权实行购房人和政府按份共有。保障对象的产权份额按照其出资额占住房开发成本的比例核定。保障对象可逐步提高出资比例，增加产权份额，当出资额达住房全部开发成本时取得全部产权。”《甘肃省人民政府办公厅批转省建设厅关于实施廉租住房共有产权管理指导意见的通知》，推行廉租住房共有产权管理模式，以成本价或略低于成本价向符合廉租住房保障条件且有自愿购买意向的低收入家庭出售，出售资金专项用于廉租住房建设，售后廉租住房参照经济适用住房管理办法规定进行上市交易。

（二）因住房购买形成的共有产权住房

1. 因非营利组织部分出资形成的共有产权住房

如徐州市棚户区改造中非营利组织与改造家庭共有产权。

徐州市出台的《棚户区拆迁改造工作中特殊困难群体救助措施》规定，由财政、慈善总会、棚改投资方共同出资建立慈善救助基金，凡持有《低保证》《特困证》《残疾人证》，只有一处住房且实际居住，拆迁补偿额不足6万的被拆迁人，将得到资金救助。

2010年1月，徐州市慈善总会、民政局、房管局、棚改办等单位共同组建“徐州市棚户区改造救助投诉中心”，并引入“共有产权”制度，即对受助者实行“共有产权”房屋安置，其旧房拆迁补偿额与所安置房屋的差额部分从救助基金中支付，被救助人只需交纳属于救助单位部分产权的房屋租金，并享受福利优惠；被救助人所安置房屋的产权按其出资比例与救助单位共有，5~10年内被救助人可按拆迁时确定的价格购买差价部分的产权。安置房源距被拆迁地不超过3~5公里，任拆迁户自由选择。

以棚户区某居民为例，原来居住的14平方米的“蜗居”拆迁后，得到5万元的补偿款。这5万元不够购买最小的棚改安置房，但是在“共有产权”制度下，他可以用自己14平方米房子的补偿款5万元购买一套价值20万元65平方米经济适用住房25%的产权，其余75%的产权归慈善总会所有，差额部分15万元从救助基金中支付。在以后居住时，只需要交纳75%产权那部分的房屋租金，而且租金也享受福利优惠。

2. 因政府部分出资形成的共有产权住房

如常州市、南通市、日照市政府补贴住户购房形成的按照经济适用住房政策管理的共有产权住房。

（1）日照市经济适用住房补贴

日照市是国内最早探索开展经济适用住房货币补贴的城市之一。自2003年推行经济适用住房货币直补改革以来，10年累计发放经济适用住房补贴3.9亿元，有6556户住房困难家庭受益。

①申请条件。申请人需具备同时具备以下条件：申请人具有市区常住户口5年以上；夫妻双方平均年龄30周岁以上；上年度家庭收入在低收入标准线35000元以下；市区内的无房户、危房户以及人均使用面积10平方米以下的住房困难户；申请人为企业职工、机关事业单位工作人员、失业人员、烈军属。其中，凡购买过房改房、经济适用住房、集资建房、商品房及个人拥有商业用房、宅基地、平房等私有房屋的，均不能认定为无房户；将私有房屋转让他人的，实属本人房屋而房产证在他人名下或未办房产证的，本人居住父母名下房屋并且父母有两处以上房屋的，也不享受经济适用住房货币补贴。

②补贴标准。日照市经济适用住房每户补贴标准根据每年房地产平均价格指数调整，当房地产平均价格指数上涨时，每户补贴标准同比例增长；当房地产平均价格指数下降时，每户补贴标准相应降低。2013年每户补贴标准为78000元。

③补贴方式和程序。实行先购后补，不购不补。经申请人申请，所在单位核实，市住房委员会办公室审核及公示，发放《购买经济适用住房补贴许可证》。申请人取得许可证后，可以在市区内的房地产市场上自主选择购买住房，所购房屋建筑面积上限为90平方米，下限为50平方米，房产证、土地证“两证”齐全（中号人不得购买集体土地上的房屋、村居安置房、夫妻双方父母名下的房屋，也不准中号父母购买子女名下的房屋）。许可证有效期为两年，申请人在有效期内未购买住房的，视为自动放弃。

④退出机制和上市交易。利用经济适用住房补贴购买的住房，5年内上市交易的，全额退回补贴；超过5年、不满6年上市交易的，按照补贴总额的90%退回购房补贴，每增加一年递减10%；15年以后（含15年）上市交易的，不需向政府退回购房补贴。利用经济适用住房补贴购买的住房不满15年的，按退款比例退回补贴款，可依据准予上市证明办理房屋产权交易手续。

（2）常州市经济适用住房货币补贴

《常州市市区经济适用住房货币补贴政策指南》规定，常州市市区（钟楼区、天宁区、戚区、新北区、武进区）符合申请经济适用住房条件的家庭，可申请购房补贴。

①申请条件。2014 年市区经济适用住房货币补贴申请条件（须同时符合）：具有本市市区城镇常住户口且实际居住 3 年以上；人均月可支配收入在 3080 元（含）以下；无房或家庭人均住房建筑面积低于 18 平方米；申请人与共同申请人之间有法定的赡养、抚养或者扶养关系（单身人士须年满 35 周岁）；依法应当具备的其他条件。申请家庭必须对家庭成员拥有的房产（含营业性用房）、汽车等重要财产主动如实申报，否则将取消其住房保障的申请资格。

②补贴标准。符合条件的家庭，每户只能享受一次经济适用住房货币补贴。补贴标准为每户 10 万元。

③补贴方式和程序。与日照市类似，常州市也实行“先申请，后发证；先买房，后补贴”。申请家庭登记并填写《常州市市区经济适用住房货币补贴申请审核表》，经初审、社区公示、复审、登报公示，由市保障性住房服务中心核发《常州市市区经济适用住房货币补贴资格认定书》。领取认定书的保障对象，应在发证之日起 3 个月内在市区（含武进、新北区）范围内自主选择购买新建成套普通商品住房一套；3 个月内未购买住房的，补贴资格认定书作废。购房后，由所购房屋的开发建设单位办理补贴发放手续，补贴资金拨付给开发建设单位。

④有限产权和上市交易。通过货币补贴购买的房屋，其产权性质为经济适用住房，购房人拥有有限产权，其房屋所有权证上应标注“经济适用住房”字样，并注明享受货币补贴金额。通过货币补贴购买的住房上市交易时，须全额退回政府发放的补贴款项。

（三）各地发展共有产权住房的启发和思考

从目前国内共有产权住房的实践看，各地都是结合自身特点，选择共有产权住房的实现方式。

1. 新建共有产权住房和实行货币补贴都可以实现共有产权

类似北京、深圳这样的一线城市，住房供需矛盾比较突出，房价较高，主要采取新建自住型商品住房、安居商品房的方式，并将政府投入量化为共有产权份额；而类似日照、淮安这样的三、四线城市，市场上商品住房供应比较充分，购房者选择余地较大，因此采取市场上购买商品住房、给予货币补贴的方式，各城市的差别仅在于各地居民收入、房价不同，货币补贴金额不一样。

2. 共有产权主体同样体现多样化特点

一般情况下，政府与保障对象形成共有产权关系，政府以土地出让金优惠、税收减免等取得共有产权份额。另外，其他主体如非营利组织，也可以作为共有产权的主体。例如，徐州市慈善总会通过救助基金参与棚户区改造，与被改造家庭共有产权。在一定条件下，开发企业与购房者也可以共有产权。

此外，在棚户区改造中，运用共有产权方式能解决被改造家庭支付能力不足、拆迁难度大等诸多问题。

四、完善共有产权住房制度的启发和思考

（一）需要坚持的原则

1. 坚持市场化、社会化方向

党的十八届三中全会强调，发挥市场的决定性作用，同时更好地发挥政府作用。目前，中国住房供应大的格局统一，即市场供应为主与政府保障相结合，但在政府保障和支持方面各地有不同探索，住房类型及供应方式种类较多。发展共有产权住房，应当在巩固住房制度改革和住房市场发展成果的基础上，坚持市场化方向，既不影响市场活力，又有利于政府履行住房保障和支持职能，在解决现实问题的同时，促进现行住房供应体系的完善，不给长远制度建设增加障碍。在中国住房领域现实状况下，通过发展共有产权住房方式解决“夹心层”住房问题是一种政策选择，同时辅以财政贴息、发放购房补贴等支持措施。

采取共有产权模式，通过市场机制建设住房，政府和居民按份额持有住房产权，体现了政府住房职能，相当于政府通过市场购买服务。省级人民政府要结合区域差异，加强对市县的分类指导和督促检查。城市人民政府是发展共有产权住房的直接责任主体，要加大资金投入，落实土地供应，确保完成共有产权住房供应任务，保证公平公正分配。另外，发展共有产权住房本质是通过政府分担，使部分居民买到与其支付能力匹配的产权住房。因此，还需要政府引导住户自我努力和社会积极参与。

政府要履行好共有产权住房产权人和管理者的双重责任。发展共有产权住房，政府持有这类住房的部分产权，应当有专门机构具体履行国有资产持有者的责任，使凝聚政府土地、税收、资金优惠政策的资产保值，并保持良好使用状态；同时，政府又是制度的设计者和管理者，应当完善政策性金融、准入、分配等相关制度，并尽到监督管理职责，使这一模式达到预期的目的。

2. 充分考虑地区差异，多种方式并举

解决中国城镇化过程中的“夹心层”住房问题是一个较长期的工作。习近平总书记在中共中央政治局就加快推进住房保障体系和供应体系建设进行第十次集体学习时指出，加快推进住房保障和供应体系建设，要处理好政府提供公共服务和市场化的关系、住房发展的经济功能和社会功能的关系、需要和可能的关系、住房保障和防止福利陷阱的关系。只有按照可持续原则，处理好需要和可能的关系，尽力而为和量力而行相结合，才能将这项工作做好。

从实施形势来看，各地在共有产权实践方面，有在经济适用住房上采用的，也有在限价商品住房上采用的。共有产权住房作为持有产权的形式，可以考虑在商品住房、保障性住房两个层面实行。这样，通过让居民拥有0%～100%产权的制度设计，对居民形成全产权、部分产权和无产权住房，实现居民支付能力与住房供应之间的匹配和平衡。因此，共有产权住房不一定是一种新的住房类型，更多的应是一种保障或支持形式，实现方式可以多样化。例如，在新建经济适用住房和限价商品住房、棚户区安置改造中，对政府给予的地价优惠、房价打折、购房补贴等部分，变“暗补”为“明补”，以共有产权形式体现出来；又如，除新建具有共有产权属性的政策性商品住房外，原有经济适用住房、限价商品住房也可以采用共有产权方式进行规范管理；此外，除政府与保障家庭共有产权外，也可探索非营利组织与保障家庭共有产权。

从实施地域来看，新建共有产权住房，应当因地制宜，重点放在大城市、中心城市。在大城市、中心城市，供应共有产权住房，不应当挤压商品住房供应，更不应当脱离困难群体的经济能力，减少必要的租赁型保障房供应。中小城市可自主选择，采用货币补贴等方式，多样化发展共有产权住房。

3. 保障基本需求，支持首套房

共有产权住房可以定位为政策性商品住房，介于完全市场属性的商品住房和保障属性的保障性住房之间。由于共有产权住房有政策支持，因此从广义上来看，也属于住房保障，同样应符合保障基本需求的原则，这就决定了共有产权的供应对象和户型标准。从对象来看，首先应限定为购买首套住房的家庭，包括住房困难的城镇中等及以下收入家庭、符合规定条件的进城落户农民和稳定就业的外来务工人员等。从户型标准来看，应以90平方米以下中小户型为主。

4. 共有权人收益共享，风险共担；合同约定，责任自负

为了避免共有产权住房制度实施过程中产生纠纷，需对共有产权住房涉及的有关权利义务，包括产权比例、收益分配、责任纠纷处理等，通过合同进行事前约定。

例如，在销售合同中约定各方产权比例、上市退出和收益分成等事项。对申请共有产权住房权属登记的，经登记机关登记确认，记载于不动产登记簿，在房屋所有权证上明确记载共有产权住房的产权份额。购买共有产权住房的家庭，可以分期购买政府产权，形成完全产权；也可以不购买，一直用于自住。对共有期间因房价变化带来的收益或亏损，双方按合同约定共享收益、共担风险。

又如，共有产权购房人作为共有产权住房的实际占有、使用者，承担缴纳住房公共维修资金、物业管理费等责任；政府在让渡自身产权份额相应租金的同时，不承担法律上赋予共有人的一般责任（如住户高空抛物砸伤路人时赔偿责任）。对这些权责关系，也需要通过合同事先约定。

（二）实施措施建议

在当前的情况下，可以通过发展共有产权住房方式解决“夹心层”住房问题，同时辅以财政贴息、发放购房补贴等支持措施。

1. 确定供应对象范围

共有产权住房的供应对象应以家庭为单位。包括：（1）本地稳定就业的城镇无房家庭，（2）棚户区改造中按政策规定，合理扩大住房面积又无力购买的家庭，（3）符合一定条件以上城镇单身居民等。确定以上供应对象的出发点，一是主要解决城镇家庭的住房问题，而不是个人；二是与新型城镇化规划相衔接，不应限定为本地户籍家庭，满足稳定就业条件即可。同时，通过以下措施过滤共有产权住房需求：一是建设标准为中小户型；二是用途限定为自住；三是上市收益调节，按产权比例分成；四是实行封闭运行。

2. 统筹供应方式和标准

共有产权住房供应需与公共租赁住房建设统筹考虑。建议采用分散建设和集中建设相结合，优先在商品住房项目中配建的方式。以集中方式建设的，可以结合棚户区改造项目，尽可能安排在交通便捷、配套设施齐全、功能完善的地段。以配建方式建设的，配建面积、套型结构等要求应当作为取得建设用地的前置条件，纳入建设用地使用权出让合同。按照市场化运作方式，通过土地、规划、税收等政策措施，引导房地产企业等主体建设供应共有产权住房。除新建共有产权住房外，也可采用收购、改造现有存量住房等方式筹集房源。

共有产权住房以90平方米以下中小户型为主。户型设计上要坚持户型小、功能齐、配套好、质量高、安全可靠的要求，合理布局，科学利用空间，有效满足各项基本居住功能。要贯彻省地、节能、绿色、环保的原则，积极采用产业化技术和工艺，鼓励提供简约、环保的原则，积极采用产业化技术和工艺，鼓励提供简约、环保的基本装修，满足入住条件。

共有产权住房建设规模由城市政府根据实际情况确定。共有产权住房实行按需定产，由城市人民政府根据需求，制定年度建设计划。住房供需矛盾突出、商品住房价格较高的城市，应增加供应，需求少的城市可以少建。省会以上城市，共有产权住房和公共租赁住房合计占当年新建商品住房比例，建议不低于30%。在建及待配售的经济适用住房、限价商品住房等政策性商品住房，应通过明晰定价原则及产权划分机制，纳入共有产权住房。

除政府提供外，鼓励其他非营利组织等参与提供共有产权住房。非营利组织参与共有产权住房建设，在市场准入和投资优惠等方面，享受同等待遇。对遇到的困难，地方政府积极协助解决。

对实施住房保障制度中其他形式的政府投入，如发放经济适用住房货币补贴等，可以参照新建共有产权住房管理。

3. 完善定价机制和产权设计

共有产权住房以出售方式供应，价格相比商品住房要低，购房人支付数量较少的价款就可以获得住房使用权和部分所有权，随房价上涨还可以得到增值收益。如果推行，对许多居民具有较强的吸引力。为保证公正，需要建立完善的定价和收益分配机制。建议严格实行按份共有的办法，在购买前就界定清楚政府和居民的产权份额，同时明确在满足一定年限上市交易时，政府应按产权份额收回。

不同地区和城市可以结合自身实际，灵活设定定价机制和产权设计，但须遵循以下相同的原则：（1）计价基数：以同地区同地段普通商品住房价格（或折让一定比例）作为计价基数；（2）产权比例：将政府投入（包括货币补贴、地价减免和税收优惠等）量化后作为政府应占有的产权份额。具体来说，可以有以下几个思路：

思路一：共有产权住房的销售价格，综合考虑本地区商品住房价格和不同购房者支付能力的差异等因素确定；共有产权份额应当根据配售价格与同地段、同类型商品住房价格的比例，参考政府土地出让价款减让、税收优惠等因素确定。一般应以同地段普通商品住房的市场价格（适当扣减开发利润等）为基础核定价格基数，购房人支付的价格占价格基数的比例作为购房人的产权份额，其余部分为政府产权份额。购房者与政府的产权份额应当在购房合同中明确，并作为将来上市交易时增值收益划分的依据。

思路二：共有产权住房的配售价格，充分考虑供应对象的支付能力，以低于同地段普通商品住房的价格为原则定价，价差部分主要体现政府让渡土地出让收益所得。原则上不实行税费减免政策。承购人的产权份额，为承购人实际出资额占配售价格测算的房款总额的比例，其余部分为政府的产权份额。政府的土地出让价款减让，应量化为政府的产权份额。配售时，应当确定承购人最低持有份额并提供不同的产权份额比例，供承购人选择。承购人与政府的产权份额，应当在购房合同和房屋产权证书中明确，并作为增购产权份额及划分上市交易时增值收益、损失的依据。

4. 规范准入和轮候制度

健全共有产权住房申请、审核、公示、轮候、配售和售后管理制度。要按照规定程序严格准入审批，加强对共有产权住房运营的监督管理，做到配售过程公开透明、配售结果公平公正。

规范准入审核。共有产权住房的具体准入条件、供应对象范围，由各市、县人民政府结合自身情况确定。申报人应当如实申报家庭住房状况，并申明同意审核机关核查。严禁向不符合条件的家庭供应共有产权住房。对存在滥用职权、玩忽职守、徇私舞弊等违法违规行为的，应依法依纪严肃追究相关单位和人员的责任。对以不正当手段骗购共有产权住房的，一经查实应解除购房合同，并由承购人承担相应的经济和法律责任，5 年内不受理其政策性住房和保障性住房申请。

健全轮候规则。各市、县人民政府结合需求和供应能力，合理确定配售共有产权住房的轮候期，并向社会公布。经审核符合条件的家庭，应当在合理的轮候期配售。按照新型城镇化发展规划中提出的对不同规模城市进行调控的精神，类似淮安这样的三、四线城市轮候时间原则上不超过 3 年，住房供需矛盾特别突出的城市，如特大城市，轮候时间可适当延长，建议最长不要超过 6 年。轮候对象的配售排序，可以根据申请人的住房困难以及家庭财产、居住年限、申请时间等因素综合评分确定，也可以通过随机选定方式确定。

5. 加强产权和上市管理

鼓励承购人增购共有产权住房产权份额，直至取得完全产权。

共有产权住房，购买 5 年内不允许上市交易；限制期满符合上市条件的，允许承购人出售自有的产权份额，同等条件下政府享有优先回购权。增购或出售价格，应随行就市，按同时期、同地段普通商品住房的价格确定。上市交易所得，应以承购人与政府的产权份额为依据公平分割。

承购人通过购置、受赠等方式取得其他住房（不包括继承），不再符合供应条件的，应当腾退共有产权住房，由政府回购其所有的产权份额，或承购人通过增购取得完全产权，实现退出。由于承购人在取得共有产权住房后，又通过购置、受赠等方式取得其他住房，在这种情况下，政府回购带有收回福利的性质，因此应按照原购房价格并考虑折旧和物价水平因素予以回购。

6. 明确权利义务关系

关于共有产权住房中涉及多种权利义务关系，根据有关法律法规和法理，包括：

（1）租赁权等。原则上，共有产权住房应当用于承购人自住，除了符合规定情形并报请有关部门同意的，不得擅自出租转借、长期闲置、改变用途。但在实践运作过程中，限制出租的行政管理成本很高，基本处于无法执行状态，因此建议在符合条件情况下允许出租。

（2）抵押权。不得设定除共有产权住房购房抵押贷款之外的抵押权。

（3）继承权。房地产权利人死亡的，其对共有产权住房享有的权利按照《继承法》有关规定继承。其中，继承人不属于申请家庭成员的，不享有共有产权住房居住使用权，仅享有在共有产权住房按照规定发生回购或者上市转让后，主张分割所得价款的权利；共有产权住房同住人死亡的，该共有产权住房房地产权利不发生继承。

（4）共有人的一般责任。共有产权购房人作为共有产权住房的实际占有、使用者承担缴纳住房公共维修资金、物业管理费等责任；政府在让渡自身产权份额相应租金的同时，不承担法律上赋予共有人的一般责任（如住户高空抛物砸伤路人时赔偿责任）。

（5）承购人与政府的权利义务应当在购房合同中明确。承购人要按有关规定和合同约定使用共有产权住房，不得改变房屋结构，影响房屋质量安全和使用功能。各地应建立共有产权住房档案，加强使用监管。共有产权住房小区应实行市场化的物业管理。

7. 给予政策支持

一是规划计划。各地统筹考虑城镇化发展态势、住房困难状况、房价水平及住房需求总量、结构等因素，组织对共有产权住房需求情况进行调查摸底。在编制城镇保障性安居工程年度建设计划时，结合房地产市场状况，统筹考虑社会需求与供给能力，合理安排共有产权住房套数和选址布局。

二是用地供应。共有产权住房建设用地（包括集中建设和与普通商品住房混建）应在年度土地利用计划中单列指标。在土地出让时，将销售价格、套型面积等控制性要求作为前置条件，并经招标拍卖挂牌方式竞地价，确定土地使用权人。各地及时向社会公开共有产权住房用地年度供应计划、供地时序、宗地情况和供地条件，接受社会监督。要做好共有产权住房项目储备并及早落实到具体地块，努力挖潜，充分利用存量建设用地。住房供求矛盾突出的城市要提高共有产权住房用地比重。

三是金融支持和税费优惠。共有产权住房享受与保障性住房相同的金融支持和税费优惠政策。

四是质量责任。共有产权住房建设，要严格履行法定的项目建设程序，规范招投标行为，落实项目法人责任制、合同管理制、工程监理制。全面推行质量责任终身制。严格执行抗震设防等强制性标准。推行工程质量责任标牌制，接受社会监督。

五、北京市和上海市共有产权住房试点的进展与比较

（一）试点的政策要求

2014 年 4 月，《住房城乡建设部关于做好 2014 年住房保障工作的通知》（建保〔2014〕57 号）提出，探索发展共有产权住房。确定北京、上海、深圳、成都、淮安、黄石为共有产权住房试点城市，试点城市要按照实施方案积极稳妥推进试点，相关省住房城乡建设部门要加强对试点工作的督促指导。其他省、自治区、直辖市也可以根据实际开展试点，在完善住房保障和供应体系、创新棚户区改造融资机制等方面进行有益的探索。

之后，北京市、上海市积极发展共有产权住房，取得了阶段性成效。2017年9月，《住房城乡建设部关于支持北京市、上海市开展共有产权住房试点的意见》（建保〔2017〕210号）决定在北京市、上海市开展共有产权住房试点。为支持两市开展共有产权住房试点工作，提出以下意见：(1）供应对象。面向符合规定条件的住房困难群体供应，优先供应无房家庭，具体供应对象范围由两市人民政府确定。(2）管理制度。要制定共有产权住房具体管理办法，核心是建立完善的共有产权住房管理机制，包括配售定价、产权划分、使用管理、产权转让等规则，确保共有产权住房是用来住的，不是用来炒的。同时，要明确相关主体在共有产权住房使用、维护等方面的权利和义务。(3）运营管理主体。要明确由国有机构代表政府持有共有产权住房政府份额，并承担与承购人签订配售合同、日常使用管理、回购及再上市交易等事项。(4）政策支持。要确保共有产权住房用地供应，并落实好现有的财政、金融、税费等优惠政策。(5）规划建设。共有产权住房应以中小套型为主，要优化规划布局、设施配套和户型设计，抓好工程质量。文件同时提出，要高度重视开展共有产权住房试点工作，在建设模式、产权划分、使用管理、产权转让等方面进行大胆的探索，力争形成可复制、可推广的试点经验。

（二）北京市共有产权住房试点的成效和内容

1. 试点成效

2017年9月，北京市颁布《共有产权住房管理暂行办法》，并明确了5年供应25万套共有产权住房的目标，着力满足城镇户籍无房家庭及符合条件新市民的基本住房需求。

2017年，北京市首次将共有产权住房用地列入年度计划，并顺利实现住宅用地供应总量及结构的“双完成”，全市商品住宅用地供应量达到721公顷，供应计划完成率111%，其中共有产权住房用地供应量达到207公顷，完成率104%。2017年共完成共有产权住房用地供应38宗，用地面积约207公顷，规划建筑规模约403万平方米。同时，北京市进一步完善企业利用自有用地建设共有产权住房工作机制，盘活存量用地、扩大供地渠道。

2.《北京市共有产权住房管理暂行办法》的主要内容

（1）供应对象：申请购买本市共有产权住房的家庭，应符合以下条件：①申请人应具有完全民事行为能力，申请家庭成员包括夫妻双方及未成年子女。单身家庭申请购买的，申请人应当年满30周岁。②申请家庭应符合本市住房限购条件且家庭成员在本市均无住房。一个家庭只能购买一套共有产权住房。

（2）土地供应：共有产权住房建设用地，在年度土地利用计划及土地供应计划中单独列出、优先供应。共有产权住房建设用地可采取"限房价、竞地价""综合招标"等多种出让方式。

（3）销售价格：共有产权住房项目的销售均价，应低于同地段、同品质普通商品住房的价格，以项目开发建设成本和适当利润为基础，并考虑家庭购房承受能力等因素综合确定。开发建设单位依据销售均价，结合房屋楼层、朝向、位置等因素，确定每套房屋的销售价格，价格浮动范围为±5%。

（4）产权划分：购房人产权份额，参照项目销售均价占同地段、同品质普通商品住房价格的比例确定；政府产权份额，原则上由项目所在地区级代持机构持有，也可由市级代持机构持有。例如，2017年12月，海淀区首套共有产权住房——中铁碧桂园共有产权住房开始申购登记，产权比例方面，业主占70%，政府占30%。

（5）产权性质：开发建设单位、购房人和代持机构应当按照国家和本市不动产登记的有关规定，向房屋所在地区不动产登记部门申请办理不动产登记，房屋产权性质为"共有产权住房"。

（6）回购：共有产权住房购房人取得不动产权证未满5年的，不允许转让房屋产权份额，因特殊原因确需转让的，可向原分配区住房城乡建设委（房管局）提交申请，由代持机构回购。回购价格按购买价格并考虑折旧和物价水平等因素确定。回购的房屋继续作为共有产权住房使用。

（7）转让：共有产权住房购房人取得不动产权证满5年的，可按市场价格转让所购房屋产权份额。①购房人向原分配区住房城乡建设委（房管局）提交转让申请，明确转让价格。同等价格条件下，代持机构可优先购买。②代持机构放弃优先购买权的，购房人可在代持机构建立的网络服务平台发布转让所购房屋产权份额信息，转让对象应为其他符合共有产权住房购买条件的家庭。新购房人获得房屋产权性质仍为“共有产权住房”，所占房屋产权份额比例不变。

（三）上海市共有产权住房试点的成效和内容

1. 试点成效

2016年2月29日，上海市出台《上海市共有产权保障住房管理办法》。截至2016年底，上海市已供应共有产权保障住房8.9万套，并明确了下一步发展目标，着力改善城镇中低收入住房困难家庭居住条件。

2. 《上海市共有产权保障住房管理办法》的主要内容

（1）供应对象：同时符合下列条件的本市城镇户籍家庭或者个人：①具有本市城镇常住户口达到规定年限，且户口在提出申请所在地达到规定年限；②住房面积低于规定限额；③可支配收入和财产低于规定限额；④在提出申请前的规定年限内，未发生过因住房转让而造成住房困难的行为；⑤市人民政府规定的其他条件。

（2）土地供应：共有产权保障住房建设用地纳入本市土地利用年度计划管理。市和区（县）规划国土行政管理部门应当在安排年度用地指标时，单独列出共有产权保障住房建设用地指标，并予以优先供应。

（3）价格管理：共有产权保障住房采用单独选址、集中建设和在商品住宅建设项目中配建的方式进行开发建设。单独选址、集中建设的共有产权保障住房建设项目结算价格以保本微利为原则，在综合考虑建设、财务、管理成本、税费和利润的基础上确定，并在建设项目协议书中予以约定。单独选址、集中建设的共有产权保障住房销售基准价格以建设项目结算价格为基础，并综合考虑本市保障对象的支付能力以及相近时期、相邻地段内共有产权保障住房项目价格平衡等因素确定。配建的共有产权保障住房销售基准价格，综合考虑本市保障对象的支付能力以及相近时期、相邻地段内共有产权保障住房项目价格平衡等因素确定。共有产权保障住房单套销售价格按照销售基准价格及其浮动幅度确定，应当明码标价，并向社会公布。

（4）产权份额：购房人产权份额，参照共有产权保障住房所在项目的销售基准价格占相邻地段、相近品质商品住房价格的比例，予以合理折让后确定；政府产权份额，由区（县）住房保障实施机构持有。

（5）产权性质：共有产权保障住房经审核准予登记的，房地产登记机构应当在预告登记证明和房地产权证上记载房地产权利人、产权份额，注明同住人姓名，并注记“共有产权保障住房”。

（6）回购：取得房地产权证未满5年，有下列情形之一的，应当腾退共有产权保障住房，并由房屋所在地区（县）住房保障实施机构或者区（县）人民政府指定的机构予以回购：①购房人或者同住人购买商品住房，不再符合住房困难标准的；②购房人和同住人的户口全部迁离本市或者全部出国定居的；③购房人和同住人均死亡的；④市人民政府规定的其他情形。回购价款为原销售价款加按照中国人民银行同期存款基准利率计算的利息。取得房地产权证未满5年，因离婚析产、无法偿还购房贷款等原因确需退出共有产权保障住房的，全部购房人、同住人之间应当达成一致意见，并向房屋所在地区（县）住房保障实施机构提出申请。经审核同意后，按照第一款、第二款的规定予以回购。

（7）转让和购买政府份额：取得房地产权证满5年后，共有产权保障住房可以上市转让或者由购房人、同住人购买政府产权份额，但购房人、同住人拒不履行区（县）住房保障行政管理部门做出的有关房屋管理的行政决定或者有违约行为未改正的除外。上市转让或者购买政府产权份额后，住房性质转变为商品住房。取得房地产权证满5年后，购房人、同住人购买商品住房且住房不再困难的，应当在办理商品住房转移登记前，先行上市转让共有产权保障住房或者购买政府产权份额，但符合确有必要购买商品住房情形的除外。具体例外情形由市住房保障行政管理部门规定。

（四）北京市与上海市共有产权住房试点政策比较

1. 管理办法发布主体不同

2017年9月20日，北京市住房和城乡建设委员会、北京市发展和改革委员会、北京市财政局、北京市规划局和国土资源管理委员会发布《北京市共有产权住房管理暂行办法》，发布主体是政府部门。2016年3月16日，上海市人民政府第39号令发布《上海市共有产权保障住房管理办法》，发布主体是城市人民政府。

2. 共有产权住房的定位性质不同

一是定位不同。北京市将共有产权住房定位为政策性商品住房，上海市将共有产权住房定位为保障性住房。北京市规定，共有产权住房是指政府提供政策支持，由建设单位开发建设，销售价格低于同地段、同品质商品住房价格水平，并限定使用和处分权利，实行政府与购房人按份共有产权的政策性商品住房。上海市规定，共有产权保障住房，是指符合国家住房保障有关规定，由政府提供政策优惠，按照有关标准建设，限定套型面积和销售价格，限制使用范围和处分权利，实行政府与购房人按份共有产权，面向本市符合规定条件的城镇中低收入住房困难家庭供应的保障性住房。

二是内涵不同。《北京市共有产权住房管理暂行办法》规定，办法施行前已销售的自住型商品住房项目出租、出售管理，按照原规定执行；办法施行后，未销售的自住型商品住房、限价商品住房、经济适用住房，以及政府收购的各类政策性住房再次销售的，均按本办法执行。因此，北京市实际是将自住型商品住房、限价商品住房、经济适用住房全部纳入共有产权住房。而上海市共有产权保障住房脱胎于原有的“共有产权保障房（经济适用住房）”，因此《上海市共有产权保障住房管理办法》发布后，2009 年发布的《上海市经济适用住房管理试行办法》同时废止。

三是不动产登记记载也不同。北京市规定，不动产登记时房屋产权性质为“共有产权住房”。上海市规定，登记时注记“共有产权保障住房”。

3. 供应对象不同

一是对户籍要求不同。北京市规定，“在本区工作的非本市户籍家庭住房需求的房源应不少于 30%”，因此可面向非本市户籍家庭销售。上海市规定，“具有本市城镇常住户口达到规定年限，且户口在提出申请所在地达到规定年限”，因此只针对拥有上海常住户口的人群。

二是针对人群不同。北京市共有产权住房主要用于保障“夹心层”，规定“各区人民政府根据共有产权住房需求等情况合理安排共有产权住房用地，用于满足本区符合条件的居民家庭及重点人才居住需求”，针对的是一定区域内的无房家庭，并不限定收入等条件。而上海市共有产权保障住房主要针对住房困难家庭，规定“住房面积低于规定限额；可支配收入和财产低于规定限额”，在住房面积和收入财产方面都有限制性要求。

4. 部分规定具体程度不同

一是关于单身人士年龄。北京市直接规定，单身家庭申请购买的，申请人应当年满30周岁。上海市规定，“个人是指具有完全民事行为能力且年龄符合规定标准的单身人士”，未直接规定年龄标准。

二是关于销售价格浮动幅度。北京市直接规定，销售价格浮动范围为±5%；上海市规定，“共有产权保障住房单套销售价格按照销售基准价格及其浮动幅度确定，应当明码标价，并向社会公布”，未直接规定浮动幅度。

5. 回购价格确定方式不同

北京市规定，回购价格按购买价格并考虑折旧和物价水平等因素确定。上海市规定，回购价款为原销售价款加按照中国人民银行同期存款基准利率计算的利息。

6. 是否允许出租不同

北京市共有产权住房允许出租，同时规定“已购共有产权住房用于出租的，购房人和代持机构按照所占房屋产权份额获得租金收益的相应部分，具体应在购房合同中约定”。上海市共有产权保障住房规定，在购房人取得完全产权之前不允许出租。

7. 能否取得完全产权不同

北京市规定，共有产权住房实际是封闭运行，无法转变为商品住房，新购房人获得房屋产权性质仍为“共有产权住房”，所占房屋产权份额比例不变。而上海市规定，共有产权保障住房上市转让或者购买政府产权份额后，住房性质转变为商品住房。

中国住房保障的金融支持和创新

一、研究背景和研究综述

（一）研究背景和意义

1. 研究背景

大力发展住房保障，保障机制与市场机制并行，目前已成为政府、理论界和社会共识。自2008年起，中央政府加大对保障性安居工程建设力度，建设规模连年攀升。2008年、2009年和2010年中央政府分别计划建设保障性住房63万套、330万套和580万套。根据“十二五”规划纲要，未来五年（2011—2015年），要建设城镇保障性安居工程3600万套，其中2011年、2012年两年各1000万套，后面三年1600万套，“十二五”末使保障性住房的覆盖率达到20%。

（1）筹集和合理、高效运用保障性住房建设资金成为当前亟待解决的关键问题。以2011年1000万套保障性住房所需资金而言，据住房和城乡建设部测算，1000万套保障性住房建设完成需要1.3万亿元左右，有8000多亿元是通过社会机构的投入和保障对象以及所在的企业筹集，剩余5000多亿的资金将由中央政府和省级人民政府以及市县政府通过各种渠道来筹集。实践过程中，目前国内部分城市已经根据自身特点创造和运用多种保障性住房资金筹集方式，有必要对在理论上对现有保障性住房建设资金渠道进行归纳总结，分析不同融资方式利弊及存在障碍，并通过完善有关制度，提出消除这些障碍的政策建议。

（2）有效吸引社会力量特别是民间资金投入保障性住房建设，是保障性住房建设资金筹集面临的新问题。伴随中国改革开放和社会主义市场经济的发展，经过三十年的积累，中国民间资本已经十分雄厚。如果能够通过房地产金融创新（如设立保障性住房建设基金），吸引社会和民间投资从住房需求端转向供应端，从投资购买住房转向投资保障性住房建设基金，既解决了保障性住房建设资金问题，增加了保障性住房供应，又提供了一条社会资金和民间资金投资渠道，有利于缓解社会住房的供需矛盾。因此，有必要通过本研究，提出完善保障性住房投融资政策和创新金融工具的具体措施，积极有效地将社会资金和民间资金导入保障性住房建设之中。此外，加强保障性住房建设资金的使用管理，提高资金利用效率，也是本课题题中应有之意。

2. 研究意义

（1）政府在保障建设资金方面负有天然的责任。保障性住房是政府为解决市场失灵而提供的一种准公共产品，获得适当的住房是公民的基本人权，但是由于垄断性、外部性以及信息不对称性，商品住房市场无法在资源配置过程中发挥有效作用，从而导致居民的基本权利难以完全通过市场机制得到保证，因此住房保障既是社会保障体系中的重要组成部分，也是政府维护社会公平的重要职能。

（2）保障性住房投资回报低，社会资金介入动力不足。由于保障性住房投资收益率低，投资回收周期长，经营管理相对复杂，因而对社会资金吸引力较弱。在这种情况下政府的主导作用尤为关键，社会资金能否顺利进入保障性住房领域，取决于政府提供的优惠政策、设计的利益激励、风险分担机制以及合作模式是否符合社会资金的投资意愿。

（3）现阶段保障性住房供应不足需要政府强力介入。在商品住房市场与保障性住房市场结构发展不均衡、商品住房市场过于膨胀的背景下，政府在保障性住房融资中的主导作用就显得更为重要。目前中国住房市场中商品住房和保障性住房的结构比例失衡严重，要想在短时间内改变这一局面，除了依赖市场自身的力量外，更需要政府的有力介入。

（二）国外研究综述

1. 对保障性住房资金来源的研究

Leon T. Kendall 等（1962）[①] 提到美国巴尔的摩市廉租住房公寓项目通过引入保险资、养老基金及信托资金，大大拓展了建设资金的渠道来源，取得了良好的建设效果。政府可利用土地支持、政策性贷款、税收优惠及减免等手段，引导私人部门积极参与公共住房的开发建设（G. Edward Deseve，1986）[②]。

Peter Werwath（2007）[③] 指出，美国在公共住房建设及营运过程中通过综合运用租金补贴、运营补贴、项目奖金、低息贷款、股权参与、延迟还贷、出租回购贷款和税收减免等多项鼓励措施，吸引了大量优质地产企业参与其中。

Neo，P. H 等（2003）[④] 指出，新加坡政府对"公共组屋"的财政补贴构成表现为土地成本、建设成本和融资成本等多个方面。新加坡政府不断加大对"公共组屋"的建设投入力度，年度投资总额占 GDP 的比重从 1987 年的 7% 上升到 1990 年的 9%（M. Ramesh，2004）[⑤]。

2. 对保障性住房供应效率的研究

B. Headey（1988）[⑥] 着重分析了政府和私人提供社会住房的成本效率和房屋产权问题。M. Bruce 等（1998）[⑦] 也重点探讨了社会住房持续的房屋产权问题。制定住房规划、控制住房租金、征收房产税以及对低收入住

---

① Leon T. Kendall，ChesterRapkin M.．earterMeFarland. New Directions for Real Estate Finace：Discussion［J］. The Joumal of Finanee，1962，17（2）：387 – 393.

② G. Edward Deseve. Financing Urban Development：The Joint Effort of Governments and the Private Sector. Annals of the American Academy of political and Social Science［J］. Revitalizing the Industrial City，1986，488（11）：58 – 76.

③ Peter Werwath. Financing Mechanisms for Affordable Housing［OL］. Enterprise Coummunity Partners，Inc.，2007，http//www. Enterprisecommunity. com.

④ Neo P. H.，N. J. Lee S. E. Ong. Government Policies and House hold Mobility Behaviour in Singapore［J］. Urban Studies，2003（13）：2643 – 2660.

⑤ M. Ramesh. Social Policy in East and Southeast Asia［J］. Routledge Curzon，2004：137.

⑥ B. Headey. Housing Policy in the Developed Economy［J］. Croom Helm. 1988，5（1）：25 – 33.

⑦ M. Bruce，J. Charles. Real Estate：An introduction to the Profession［J］. Prentice Hall Inc. 1998，6（2）：12 – 15.

房困难家庭发放住房补贴都是发展中国家发展进行社会住房保障的重要手段（R. Keivania 等，2003）①。W. Calomiris 等（1994）② 通过对少数民族和低收入群体进行研究，得出的结论是政府对住房需求方进行财政补贴的实际效果优于住房供给方。在欧洲，政府住房补贴的效果同样是住房需求者要好于住房供给者（H. Vandeng，1997）③。

（三）国内研究综述

1. 对保障性住房资金渠道的归纳

关于现有保障性住房资金渠道，住房和城乡建设部副部长齐冀（2011）归纳为：一是社会机构的投入和保障对象以及所在的企业筹集；二是中央政府和地方政府投入。其中，中央政府投入主要通过财政预算补助资金方式。地方政府采取的主要方式包括：财政预算、土地出让金收益、住房公积金净收益、公积金贷款、地方政府融资平台、金融机构的中长期贷款等。

中国房地产业协会、中国房地产研究会会长刘志峰（2012）提出，按照保障性住房资金来源，分为财政资金（中央和地方）和社会资金。财政资金包括专门用于公共租赁住房的财政资金和廉租住房资金中结余部分。社会资金包括企业参与、经济适用住房购买者和棚户区改造家庭等。按照融资方式分为直接融资和间接融资。直接融资如债券等，间接融资主要是银行贷款。

住房和城乡建设部政策研究中心周江（2011）将中国现有的保障性住房融资模式，按照其资金来源的不同进行分类，主要包括：①财政资金；②银行贷款（间接融资）；③直接融资。财政资金从具体使用方式看，包括直接投资、资本金注入、投资补助、贷款贴息等。银行贷款又可分为地

---

① R. Keivania，E. Werna. Modes of Housing Provision in Developing Countries［J］. Progress in Planning，2003，4（2）：65-118.

② W. Calomiris，C. M. Kahn，S. D. Longhofer. Housing Finance Intervention and Private Incentives：Helping Minorities and the Poor［J］. Journal of Money，Credit and Banking，1994，26（3）：634-674.

③ H. Van，D. Herjden. Social Rented Housingin Western Europe：Developments and Expectations［J］. Urban Studies，2003（2）：32-37.

方融资平台、优惠长期贷款、利用住房公积金贷款支持保障性住房建设等。直接融资包括中长期债券、房地产股权投资基金和房地产信托投资基金（REITs）等。

2. 对公共租赁住房融资问题的研究

自中国提出积极发展公共租赁住房制度以来，公共租赁住房受到了社会各界的广泛关注。公共租赁住房建设任务重、时间紧、难度大，首当其冲要解决的是建设资金的渠道来源问题。中国的许多专家、学者围绕完善公共租赁住房的投融资模式进行了深入研究。

吴海瑾（2009）① 指出，推进中国公共租赁住房建设的关键在于在政府的主导下，运用市场机制来实现政府和企业资源的有效结合。科学、合理运用公私合作机制，可以有效地提升公共租赁住房建设、运营和管理的效率（刘志林等，2010）②。

刘杰等（2010）③ 指出，建立起以政策性住房金融机构为主导、互助性住房金融机构为辅助的公共住房金融投融资体系，对推进中国公共租赁住房建设十分重要。要实行开放性原则，在加大政府资金投入的同时，充分发动社会资金参与到公共租赁住房建设中（曾国安等，2011）④。

田秋生等（2011）⑤ 指出，可综合运用商业贷款、公积金贷款、保险资金、股权信托基金、投资信托基金、发行建设债券、强制推行配建、采用 BOT 或 BT 融资模式等多种模式进行公共租赁住房投融资。

当前中国公共租赁住房市场融资面临的主要困难包括：银行信贷缺乏盈利模式、制度壁垒导致融资渠道有限、融资工具创新不足、地方政府投融资平台后劲不足等（付念，2011）⑥。

---

① 吴海瑾．城市化进程中流动人口的住房保障问题研究——兼谈推行公共租赁住房制度［J］．城市发展研究，2009，16（12）：82－85.

② 刘志林，李劼．公共租赁住房政策：基本模式、政策转型及其借鉴意义［J］．现代城市研究，2010（10）：21－26.

③ 陈杰，张鹏飞．韩国的公共租赁住房体系［J］．城市问题，2010（6）：96.

④ 曾国安，张倩．论发展公共租赁住房的必要性、当前定位及未来方向［J］．山东社会科学，2011（2）：79－85.

⑤ 田秋生，李嘉莉．解决公租房建设融资问题的一揽子方法［J］．南方金融，2011（5）：71－74.

⑥ 付念．我国公共租赁住房融资问题研究［J］．经济参考研究，2011（39）：67－72.

沈洁等（2011）[①] 指出，在国际上公共租赁住房投融资存在着地产证券化模式、REITs 模式、福利彩票模式、BOT 模式、PFI 模式、PPP 模式、联合租赁模式和项目融资模式等。公共租赁住房保值周期长，可以从多个渠道进行融资（黄奇帆，2011）[②]。

（四）保障性住房资金政策归纳

1. 国务院办公厅文件

2011 年，国务院办公厅发布《关于保障性安居工程建设和管理的指导意见》（国办发〔2011〕45 号），明确了保障性安居工程建设资金来源。

具体包括以下几个方面：

（1）增加政府投入。一是中央财政资金补助。二是地方政府预算。三是公积金增值收益。住房公积金增值收益在提取贷款风险准备金和管理费用后，全部用于廉租住房和公共租赁住房建设。四是土地出让收益，用于保障性住房建设和棚户区改造的比例不低于 10%。五是中央代发的地方政府债券资金要优先安排用于公共租赁住房等保障性安居工程建设。

（2）规范利用企业债券融资。符合规定的地方政府融资平台公司可发行企业债券或中期票据，专项用于公共租赁住房等保障性安居工程建设。地方政府融资平台公司发行企业债券，要优先满足保障性安居工程建设融资需要。承担保障性安居工程建设项目的其他企业，也可以在政府核定的保障性安居工程建设投资额度内，通过发行企业债券进行项目融资。对发行企业债券用于保障性安居工程建设的，优先办理核准手续。

（3）加大信贷支持。银行业金融机构可以向实行公司化运作并符合信贷条件的公共租赁住房项目直接发放贷款。对政府投资建设的公共租赁住房项目，银行业金融机构可向经过清理整顿符合条件的直辖市、计划单列市及省会城市政府融资平台公司发放贷款；银行业金融机构也可向经过清理整顿符合条件且经总行评估认可、自身能够确保偿还公共租赁住房项目贷款的地级城市政府融资平台公司发放贷款。其他市、县政府投资建设的公共租赁住房项目，可在省级政府对还款来源做出统筹安排后，由省级政

① 沈洁，谢嗣胜．公共租赁住房融资模式研究［J］．经济问题探索，2011（39）：67－72.

② 黄奇帆．政府如何平衡公租房的建设资金［J］．求是，2011（24）：35－36.

府指定一家省级融资平台公司按规定统一借款。公共租赁住房建设贷款利率下浮时其下限为基准利率的0.9倍，贷款期限原则上不超过15年。扩大利用住房公积金贷款支持保障性住房建设试点城市的范围，重点支持公共租赁住房建设。

（4）落实税费减免政策。对廉租住房、公共租赁住房、经济适用住房和棚户区改造安置住房，要切实落实现行建设、买卖、经营等环节税收优惠政策，免收城市基础设施配套费等各种行政事业性收费和政府性基金。

2. 各部门文件

（1）2010年9月，财政部、国家税务总局发布《关于支持公共租赁住房建设和运营有关税收优惠政策的通知》。主要内容包括：①对公共租赁住房建设期间用地及公共租赁住房建成后占地免征城镇土地使用税。②对公共租赁住房经营管理单位建造公共租赁住房涉及的印花税予以免征。③对公共租赁住房经营管理单位购买住房作为公共租赁住房，免征契税、印花税；对公共租赁住房租赁双方签订租赁协议涉及的印花税予以免征。④对企事业单位、社会团体以及其他组织转让旧房作为公共租赁住房房源，且增值额未超过扣除项目金额20%的，免征土地增值税。⑤企事业单位、社会团体以及其他组织捐赠住房作为公共租赁住房，符合税收法律法规规定的，捐赠支出在年度利润总额12%以内的部分，准予在计算应纳税所得额时扣除。⑥对经营公共租赁住房所取得的租金收入，免征营业税、房产税。公共租赁住房租金收入与其他住房经营收入应单独核算，未单独核算的，不得享受免征营业税、房产税等优惠政策。

（2）2010年10月，财政部等三部门发布《关于保障性安居工程资金使用管理有关问题的通知》。主要内容包括：①切实落实各类保障性安居工程资金，按照现行规定，保障性安居工程实行“省级负总责，市县抓落实”。②允许土地出让净收益用于发展公共租赁住房。③允许住房公积金增值收益中计提的廉租住房保障资金用于发展公共租赁住房。④提高中央财政廉租住房保障专项补助资金使用效率。在完成当年廉租住房保障任务的前提下，经同级财政部门批准，可以将中央财政廉租住房保障专项补助资金用于购买、新建、改建、租赁公共租赁住房。⑤利用贷款贴息引导社会发展公共租赁住房。各地可以采取贴息方式，支持市场主体和社会机构从商业银行融资用于发展公共租赁住房。各级人民政府安排的公共租赁住房资金，包括中央补助公共租赁住房资金，均可用于公共租赁住房项目贷款贴息。⑥加强政府投资建设的公共租赁住房租金“收支两条线”管理。

（3）2011 年 5 月，财政部、住房和城乡建设部发布《关于切实落实保障性安居工程资金加快预算执行进度的通知》。主要内容包括：①切实加大地方公共预算用于保障性安居工程资金规模。2011 年地方政府债券资金优先用于保障性安居工程，要进一步明确和细化地方政府债券资金安排用于公共租赁住房等保障性安居工程的具体资金数额，加大对保障性安居工程的投入力度。②确保住房公积金增值收益按规定用于保障性安居工程。③进一步明确土地出让收益用于保障性安居工程的具体口径。严格按照不低于净收益 10% 的比例安排资金，统筹用于廉租住房、公共租赁住房、城市和国有工矿棚户区改造等保障性安居工程。④全面落实保障性安居工程建设和运营涉及的各项税费优惠政策。⑤创新财政支持公共租赁住房建设和运营方式。要积极运用投资补助、贷款贴息、注入资本金、税费优惠等政策措施，鼓励相关企业参与公共租赁住房建设和运营试点。⑥加快各类保障性安居工程资金预算执行进度。⑦定期报送保障性安居工程工作进展情况。

（4）2011 年 6 月，国家发改委办公厅发布《关于利用债券融资支持保障性住房建设有关问题的通知》。主要内容包括：①地方政府投融资平台公司发行企业债券应优先用于保障性住房建设。只有在满足当地保障性住房建设融资需求后，投融资平台公司才能发行企业债券用于当地其他项目的建设。②支持符合条件的地方政府投融资平台公司和其他企业，通过发行企业债券进行保障性住房项目融资。③企业债券募集资金用于保障性住房建设的，优先办理核准手续。④强化中介机构服务，加强信息披露和募集资金用途监管，切实防范风险。

（5）2011 年 7 月，财政部、住房城乡建设部印发《关于多渠道筹措资金确保公共租赁住房项目资本金足额到位的通知》，主要内容包括：①尽快将公共租赁住房建设任务分解落实到具体项目，确定投资模式并测算项目资本金需求。保障性住房和普通商品住房项目的最低资本金比例为 20%。②按照公共租赁住房投资主体，分别由企业和政府解决项目资本金。③加大政府筹资力度，确保公共租赁住房项目资本金及时足额到位。④按照工程进度支付建设资金，保障建设资金专款专用。

（6）2012 年 2 月，财政部发布《关于切实做好 2012 年保障性安居工程财政资金安排等相关工作的通知》，主要内容包括：①切实落实资金来源，确保不留资金缺口。②拓宽资金来源渠道，加大保障性安居工程投入力度。一是 2012 年增加的地方政府债券收入要优先用于保障性安居工程，加大地方政府债券收入用于保障性安居工程的投入力度。二是个人住房房产税试点地区取得的房产税收入，要专项用于保障性安居工程。三是各地可从国有资本经营预算中适当安排部分资金用于支持国有企业棚户区改造。四是各地要从城市维护建设税、城镇公用事业附加费、城市基础设施配套费中安排资金，加大保障性安居工程小区外配套基础设施投入，完善配套功能。③创新财政支持方式，引导社会资金投资保障性安居工程。各地对商业银行发放的公共租赁住房建设贷款可以按规定予以贴息，贴息幅度可按 2% 左右掌握，贴息期限按贷款期限确定，原则上不超过 15 年，具体贴息政策由市、县人民政府确定。研究扩大住房公积金贷款支持保障性安居工程的试点范围和规模，重点支持公共租赁住房建设。④落实税费优惠政策，努力降低保障性安居工程成本。⑤保证资金及时到位，提高资金使用效益。⑥加强资金监督管理，确保资金专款专用。

二、住房保障与金融支持的国际借鉴

本部分重在分析和比较部分国家保障性住房建设过程中的资金来源渠道，包括具体做法和各自的特点，从而为中国提供借鉴。

（一）欧美部分发达国家

1. 美国：发达的住房金融

美国通过发达的住房金融如次级债为低收入者提供便利的住房消费金融服务，并且创立了多种形式的住房金融，例如，组团基金、住房信托基金、免税债券融资等为低租房的开发和运行提供了支持，此外还积极鼓励非营利性组织进行低租房的开发。

（1）组团基金。联邦政府曾经承担了美国住房政府几乎全部的责任，现在则越来越倾向于让州和地方政府来开发和资助他们自己的住房项目。这种转变不仅反映了联邦住房资助的不足，也反映了资助从以前的集中化分类别的方法到组团基金方法的转变。一是组团基金。1986 年《税务改革法》设立了低收入住房税收补贴，1987 年的紧急收容所基金项目，1990 年设立了艾滋病病人住房机会和住房投资合作项目，这些都属于组团基金的范畴。二是社区发展组团基金。1974 年通过的住房与社区发展法设立了社区发展组团基金，给予州和地方政府更多权力来决定如何使用联邦资金。虽然社区发展组团基金所替代的项目并没有特别着重住房，但是社区发展组团基金允许广泛的住房相关的支出。该项目在住房领域唯一的限制是禁止地方政府使用社区发展组团基金开发新住房。因此社区发展组团基金项目中的 28% 的资金用于住房，每年大约在 10 亿美元左右，其中大多数用于修缮住房。三是 HOME 投资合伙人项目。HOME 项目是最大的专为中低收入住户提供廉价住房的联邦组团基金项目，到 2004 年，HOME 项目已经为州和地方政府提供了超过 145 亿美元的资金，为 90 多万租房户和购房者提供了资助。HOME 资助的项目必须面对收入不高于地区平均水平的 80% 的住户。

（2）住房信托基金。美国全国由州、县、市设立的住房信托基金超过 350 个，这些基金每年提供超过 7.5 亿美元的资金来提供多种多样的住房资助。住房信托基金为解决地方住房需求提供了最灵活的资助形式。因为他们的资金来源由州和地方政府控制，住房信托基金在使用时通常比联邦住房项目面临更少的限制。住房信托基金一般由政府或半政府机构执行，运行由董事会指导，董事会的代表包括银行、地产经纪人、开发商、低收入者等。信托基金的资金通常来自房地产交易过程的税和费用。州级信托基金的最常见资金来源是房地产交易税。市级住房信托基金的资金主要来源对非住宅开发项目征收的不同类型的“联系费”。县级信托基金则主要是文件记录费。除了资助新项目开发和对现有的项目进行修缮之外，信托基金还提供以下服务：为无家可归者修建的临时性住房提供资助、为住房提供防寒和基金修补、为非营利性住房开发商提供贷款支付工程开发前期费用、面对租户的房租补贴等。

（3）免税债券融资。由州政府发起的第一个住房补助项目通常包括免税债券融资的抵押贷款，这主要是为首次购房者或多户出租房开发项目提供的。通过免除这些债券收益的个人所得税，政府机构可以把债券以低利率出售给投资者，随后用出售免税债券获得的收益来发行低息抵押贷款。联邦政府限制各州一年内所能发行的免税债券的数目，2003 财政年全国总数为每年 247 亿美元。私人活动债券的使用范围并不只是限于住房，还可以用于经济发展、排水设施、公共交通和学生贷款，包括抵押贷款收益债券、抵押贷款补贴凭证以及多户住房债券等。

2. 英国：发挥非营利性机构的主体作用

1980—1990 年英国进行房改后，把全国公房由政府所有逐渐转化为住房协会所有，并由住房协会出售公房和提租，并且通过贷款解决资金短缺问题，以筹措维修资金。由此，英国保障性住房融资逐步形成了以中央政府政策和投资支持、区域上平衡财政补贴流向、地方政府监督和指导、住房协会管理和建设、私人部门和金融机构多方参与的模式。

住房协会、建房社团等非营利性民间企业在英国公共住房建设与管理中起着举足轻重的作用。据 1974 年住房法给出的定义，住房协会是不以营利为目标，从事建设和管理住房的团体、公司或受委托管理的组织。早在 1866 年就有公共住房志愿团体向公共事业贷款局贷款营建公共住房。1960 年全国住房协会联合会有会员单位 638 个，到 1984 年已超过 4400 个，仅大伦敦地区就聚集了 40% 以上的住房协会。各住房协会虽然服务对象与方式不同，但都在为公共领域和市场领域之外的贫困居民提供公共租赁住房，填补了政府与市场的空缺，为改善城市边缘人口居住状况起了不可替代的作用。

3. 德国：住房合作社 + 住房储蓄

两德统一后，德国的住房政策逐步沿私有化路径发展，以“合作”为特点。

（1）公私合作。即政府和社会投资人（开发商、建筑企业或个人）合作建房。政府划出特定区域用于建设低收入人群住房，参与建设的社会投资人须首先与政府签订合作协议，在一定期限内按成本价将房屋出租给低收入群体，租金与市价的差额由政府补贴给投资人。联邦政府和各州按照一定比例通过住房政策性银行向投资者提供无息住房建设贷款，偿还期可达30~35年。偿还期结束后，合作协议约束解除，房屋所有人可以按市场价格出租、出售房屋。

（2）住房合作社。合作社建房的部分资金来自会员缴纳的会费，相当于首付款，一部分资金来自政府提供的长期低息贷款。此外，政府还对合作社的商业贷款提供偿付保证。政府提供的其他优惠政策包括：①提供价格合理的土地。这些地皮一般位于市郊，甚至是荒地或城市中的废旧住房。②减少税收。对所得税、财产税、土地转移税和交易税等，均以较低税率向合作社征收。③低收入家庭享受补贴租金。即低收入家庭缴付房租超过其收入1/3的部分享受政府补贴。

（3）住房储蓄。即激励低收入家庭参加住房储蓄。主要的激励方式有：①住房储蓄奖励。对年收入不超过5万马克的单身居民和年总收入不超过10万马克的夫妇，每年给予相当于储蓄额10%的奖励。②针对“雇员资金积累款”的储蓄奖励。企业除每月支付雇员工资外，还要付给雇员用于积累的资金，并存入长期账户，这笔资金每年最多可达936马克。

（二）亚洲主要国家和地区

1. 日本：住宅公团、公营住宅和金融公库构成三大支柱

日本结合本国国情，建立了较为完善的住房保障体系，形成了多渠道的住房供应体系。日本住房建设的资金主要有两大来源：国家投资和民间投资，并在此基础上形成了住房供应的两大体系：公共住宅和私营住宅。公共住宅是在国家的资助下由地方政府和公共团体建造的住宅。而私营住宅又称“私房”，是由私人或民间企业集资建造的住宅。具体来说，日本公共住宅（即保障性住房）包括三大类型：①公营住宅，由国家拨款补助地方政府兴建的住宅，用于向低收入家庭出租，约占住宅总量的7.6%。②公团住宅，由国家投资建立住宅公团，为城市中等收入者建造住宅，并给予租、售优惠。③公库住宅。即住宅金融公库为住宅供应提供资金支持（长期低息贷款），对老年人、残疾人提供更多的优惠，利率比普通贷款低5~6个百分点，贷款期为25~35年。

（1）住宅公团：住宅公团的资金运作主要采取向政府和民间机构贷款，建房后出售回收，然后归还贷款的方式。以1993年为例，除资本金

外，公团向政府贷款 139723 亿日元，向民间机构贷款 39151 亿日元，发行住宅都市整备债券 36331 亿日元，发行特别住宅债券和宅地开发债券 1389 亿日元。其中向政府贷款是公团最主要的建设资金来源，占公团贷款总额的 64.5%，占公团整个建设资金的 64.1%。不仅如此，政府对公团贷款实行利率优惠政策，年利率为 4%。除此之外，政府对公团的贷款实行利息补偿制度，在每年的年度预算中，对公团的经营事业进行财政补助（候晰珉，1995）。财政性贷款的资金来源主要是邮政储蓄、国民年金、简易人寿保险等，资金由大藏省资金运用部托管，以低息贷款形式提供给都市整备公团。

（2）公营住宅：公营住宅的资金主要包括获取和维护房源的成本（土地取得资金、建安工程费用、基础设施建设费）以及补助住户的公营住宅租金与市场租金之间的差额。《公营住宅法》明确指出公营住宅建设中的土地费用全部由地方政府负担；建安工程费用及基础设施建设费由国家财政补贴，其中地方政府直接建设或收购民宅的情况，国家补贴 1/2，地方政府出资 1/2；地方政府租用民宅的情况，建安工程费用由民间业主自行承担，基础设施建设费，国家、地方政府和业主各分担 1/3。租金补贴方面，对市场租金和公营住宅租金的差额，国家和地方政府各补贴一半。

（3）住宅金融公库：日本运用财政和金融手段，创造了独特的住宅金融公库模式，向普通居民提供长期低息的住宅资金，为解决日本国民的住房，特别是稳定金融市场的利率和资金，发挥了巨大作用。住宅金融公库设立于 1950 年。在日本，凡是居民建造或购买的住宅在国家规定的标准内，均可向住宅金融公库申请低息贷款，平均利率比商业银行贷款低 30%，贴息由财政部门承担。

公库的贷款对象主要包括以下 4 类：一是建造或购置私有住宅的个人，二是建造租赁用住宅的个人（或法人）以及地方住宅供给公社，三是建造出售用住宅的地方住宅供给公社或民间开发商，四是从事旧城改造的企业等。其中，以第一类为主要的业务内容，这一类贷款在贷款总额中约占 85%，在住宅套数中约占 75%。虽然相当一部分资金依靠地方政府，但大多数的资金来自国家“财政投融资”[①]，通过地方债、交付税等形式由国家补偿给地方。

2. 韩国：以国民住宅基金为主导的融资体系

韩国解决公营住宅筹资问题的主要措施是住宅金融，其按供给主体可分为公共金融和民间金融。公共金融是指根据《住宅建设促进法》设立的国民住宅基金，民间金融是指韩国住宅银行的民营住宅资金、期付金融公司的期付金融以及国民银行等国内银行和保险公司等所经营的住宅资金。影响较大的为国民住宅基金和民营住宅资金。1996 年期付金融制度引进以后，住宅期付金融也占一定比重。

国民住宅基金是指根据《住宅建设促进法》，为无房户百姓筹措和供给购置住房所需的资金，于 1981 年 7 月开始设置。基金的管理由建设交通部负责，委托韩国住宅银行管理。基金的来源有国民住宅债券（国债）、住宅预约储蓄[②]、政府财政、国债管理基金预收金、住宅彩票、国外贷款、利息等。

国民住宅基金主要用于事业者金融、土地开发金融以及消费者金融。事业者金融中有国民住宅建设资金、租赁用住宅建设资金、劳动者福利住宅资金、公司社员住宅建设资金、多户住宅建设资金等；土地开发金融包括为地方政府、大韩住宅公社、韩国土地公社等所筹措的资金；消费者金融包括国民住宅出让资金、劳动者福利住宅出让资金、再开发租赁资金、典当资金、居住环境改善资金等。

尽管国民住宅基金使用广泛，但其大部分主要是支援给住宅开发商。贷款给住宅开发商的资金为短期资金，按期偿还或出让住宅时转移给购房者。公共部门的国租房开发可从国民住宅基金得到 20 年期、固定 4% 利率的优惠贷款，私人部门进行的公共租赁住房建设可从国民住宅基金得到 15 年期、固定 4% ~5% 利率的优惠贷款。1995 年时国民住宅基金发放出售型

① 财政投融资：日本政府于 1953 年推出的计划，利用来自邮政储蓄、养老金等国家特别预算的“资金运用部资金”和来自简易生命保险等的“简保资金”对住宅、中小企业、农业渔业、产业技术、海外经济、社会配套等提供金融服务。

② 住房预约储蓄制度是指先将有关认购住房储蓄存入在指定银行，过了一定时期后就获得由公共部门或民间住宅事业者所建设的公共住房认购权的制度。住房储蓄制度的重要功能就是通过动员民间资本，筹措国民住宅基金以及住宅银行资金。

住宅贷款2.48万亿韩元，占国民住宅基金住房建设贷款发放总额的66%，而2002年时该比重下降至10%，同时公共租赁住房建设贷款占国民住宅基金住房建设贷款发放总额的比重却上升至90%。在1981年至2002年，国民住宅基金每年支援建设15万到20万套公共租赁住宅或公共出售住宅，这期间共支援建设了347万套住宅，占同期新建住宅总量的35.7%。例如，在卢武铉政府提出的在2003—2012年期间共建设100万户国民租赁住宅计划中，100万户国民租赁住宅建设资金筹措计划方案为总事业费56.1万亿韩元，其中政府财政支援20.2%，住宅基金支援40%，入住者29.8%，实施事业者10%，即政府支援占主导，达60.2%，见图6－1。

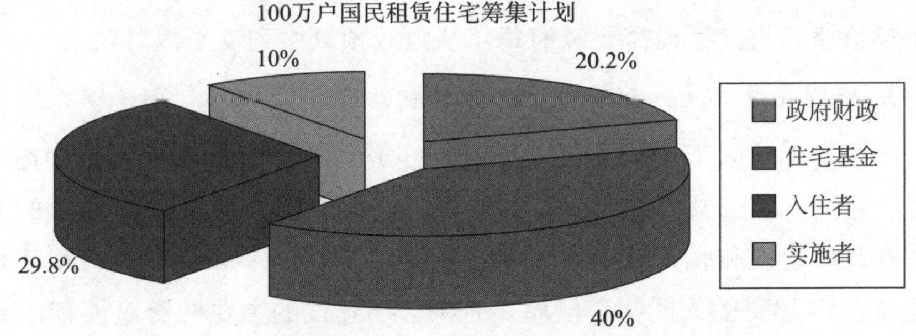

图6－1 韩国100万户国民租赁住宅建设资金筹措计划

2. *新加坡：政府主导的公积金制度*

新加坡政府十分明确自身在解决住房问题上的责任。1960年，根据《住宅发展法》成立住宅发展局（建屋发展局），代表政府行使权力，负责制定组屋发展规划及房屋管理，实现“居者有其屋”目标。目前，新加坡保障性住房的覆盖率高达85%，居世界首位。

新加坡解决保障性住房融资主要依靠公积金制度。新加坡从20世纪50年代开始强制推行公积金制度，每个在职新加坡公民需把40%～50%的个人收入放到由中央公积金局统一归集、管理和运营的“公积金池”中，其中近80%的资金被用于保障性住房的建设和消费。

公积金制度融通保障性住房资金的基本运作模式是：新加坡中央公积金局将约80%的公积金，通过购买政府债券的方式转移给中央政府，中央政府再以拨款和贷款的形式转移给专门负责保障性住房建设、配租、配售的政府机构——建屋发展局。拨款资金主要用于租房补贴，贷款则分为建房贷款和购房贷款两类。其中，建房贷款用于保障性住房的建设，购房贷款则以优惠组屋抵押贷款的形式发放给符合条件的购房者。1986 年以前，建房贷款利率为 7.75%，期限 60 年，购房贷款利率为 6%，期限 10 年；1986 年以后，两类贷款的期限统一为 20 年，建房贷款的利率比中央公积金存款利率高 2%，购房贷款利率与中央公积金存款利率相同。

资金使用包括：（1）建房贷款：公积金除留足会员提款外，其余全部用于购买国家债券，政府把这部分资金贷给建屋发展局作为发展贷款。（2）购房资金贷款：居民从建屋发展局购房后，由建屋发展局提供分期付款贷款，并垫付周转资金，政府需给建屋发展局提供购房贷款。（3）政府补贴：建屋发展局出租组屋的租金和出售组屋的价格由政府确定，远远低于市场价格，收支亏损需要政府每年从财政预算中列支予以补贴。

3. 中国香港地区：政府主导与市场相结合

中国香港地区于 1954 年开始实施公共房屋计划，此后在实践中逐渐形成了一套完善的公共房屋制度，并取得了巨大成功。目前，约 50% 的人口居住在政府建设和私人机构参建的公屋中，其中，约 30% 的人口租住在公共租屋，约 18% 的人购买了居屋。香港公屋建设的主要融资途径有：

（1）专项基金。自 20 世纪 50 年代以来，香港特区政府利用财政盈余建立了一系列基金用以满足政府公共开支需要。其中，用于支持公务建设的基金除了发展贷款基金外还有“居者有其屋计划基金”“租者置其屋计划基金”和“夹心阶层住屋计划”等。

（2）政府资助与投资。一是通过免费拨地、拨款提供资助。二是提供贷款。例如，政府在 20 世纪 70 年代初至 80 年代中期，将部分发展贷款基金以借款的形式借给香港房屋委员会（房委会），期限 40 年。三是股本投资。1988 年，房屋委员会改组后，由政府资助部门转变为财务上自负盈亏的独立机构，政府将居者有其屋计划基金和发展贷款基金注入作为普通资本，同时注入 100 亿港元作为永久债权，年息 5%。1994 年，政府又将房委会尚未偿还的 135 亿贷款转为普通股份。

（3）房委会进行市场运作。即房委会出租公屋及其附属商业楼宇和出租居屋等，具体做法有：一是公屋以低于市场价格的租金出租给符合条件的租户，租金收入虽不能弥补开发建设成本，但满足房委会的日常运营支出。二是按市值租出公共房屋附属的商业设施和非住宅设施，如商场、街市铺位和停车场。房委会下辖的公屋小区附属设施齐全，不仅方便了居民生活，还使房委会成为香港最大的商场及停车场设施业主，其市场占有率分别约为11%和16%，每年通过出租商业楼宇可获得十几亿港元盈利。三是出售居屋。房委会通过居者有其屋计划、私人机构参建居屋计划和混合发展计划和租者置其屋计划等各项计划，将部分居屋资源出售给符合购买资格的居民，也获得大量的收入回报。20世纪90年代，房委会出售居屋所得在其收入中占比达50%。2000年后，因政府专注于公屋计划，取消了居屋计划，房委会财政一度陷入困境。四是活化资产，分拆商业资产上市。房委会通过分拆名下的零售和停车场设施，成立房地产投资信托基金。典型代表是房委会于2003年分拆出售旗下大部分商场及停车场给一家新成立的基金公司即领汇房地产信托基金，由此获得338亿港元，房委会据此表示“只要加以善用，20年内不需政府注资”。

（三）对中国保障性住房建设资金筹集的借鉴

1. 成立专业的保障性住房融资和建设管理机构

美国先后成立了住房管理署、联邦住宅管理局、退伍军人管理局等多个住房管理机构。新加坡成立了专门的住宅发展局（建屋发展局），负责全国所有公共住房的规划、建造和管理。这些保障性住房融资和建设管理机构，为国家保障性住房政策目标的实现提供了强有力的机构支持。

2. 引入非营利机构提高保障性住房建设和管理效率

从上述城市的经验来看，充分发挥非营利性或者低营利性社会住房机构在公共租赁住房的建设和管理主体的作用，有利于减小政府的财政负担，提高管理效率。例如，东京是都市整备公团具体实施公共租赁住房建设计划，纽约是由私营开发商或住房协会等各类非营利组织进行管理，伦敦的住房协会和建房社团等非营利性民间企业在公共租赁住房建设和管理中起着举足轻重的作用，香港的房屋协会负责策划、兴建和出租一些特定类别的公营住房。

3. 以土地和财政投入作为筹集住房保障资金的基础

保障性住房建设资金很大程度上依赖政府的财政拨款和公共资产管理收入。此外，土地也被视作保障性住房融资的一条重要的途径。许多地方政府利用土地市场支持保障性住房建设。在美国和欧洲，将地方政府拥有的土地捐赠、租赁或出售给保障性住房开发商和管理机构是一种常见的做法。

4. 政府通过各种制度安排为多元化融资主体提供激励

由于保障性住房建设资金需求量大，除财政资金外，保障性住房资金来源逐步从单一政府供给模式向以政府为主导的多元融资模式转变。各国政府积极运用财政补贴、税收优惠和贷款支持政策加大对社会机构和私人参与保障性住房建设的支持力度，以增加保障性住房的供应量。如韩国政府给予大韩住宅公社建设各种优惠政策，包括取得国民住宅基金低息贷款的优先权，土地价格仅为市场价的60%～80%，税收优惠以及津贴援助，这都极大地降低了公共租赁住房的建造和运营成本。美国政府通过税收优惠政策吸引社会资本参与保障性住房建设。英国政府采取的住房私人主动融资模式（PFI）目的也在于吸引私营企业参与。

5. 财政支出在补贴住房供给的同时，加强对需求方的补贴已成为重要趋势

低收入群体的住房消费补贴主要来自政府财政。政府通过加大对中低收入者的补贴，帮助他们租用或购买合适的住房。由于保障性住房使用主体的信用存在一定缺陷，政府还通过对中低收入者提供贷款支持，帮助他们提升购房能力，例如，德国设立政策性银行给予低息贷款，美国设立FHA、VA提供担保，对低收入家庭购房贷款提供贴息。

6. 重视住房金融创新，运用金融产品和工具为保障性住房融资

随着资本市场的日趋完善，通过资本市场吸收社会资金投资保障性住房已成为发达国家解决保障性住房建设资金问题的重要手段。为此，发达国家通过进行积极的住房金融创新，开发多种金融产品和工具，吸收了大量社会资金参与保障性住房的建设。例如，美国创立多种形式的住房金融工具，如组团基金、住房信托基金、免税债券融资等，为低收入者提供便利的住房消费金融服务；新加坡通过实施“住房公积金资助计划”，对公积金缴纳者购买住房提供长期、低息贷款支持；日本建立住房金融公库，在为向银行或者其他金融机构在投资建设住房方面提供融资支持的同时，向低收入家庭发放长期、低息的住房贷款；韩国实施要约住房储蓄制度并建立了国民住宅基金。

三、中国保障性住房建设资金渠道的比较分析

（一）政府投入是保障性住房建设资金的基础

1. 财政资金

2011年9月，国务院办公厅颁发的《关于保障性安居工程建设和管理的指导意见》（国办发〔2011〕45号）指出，“中央继续加大保障性安居工程资金补助力度，各级地方政府将障性安居工程放在财政预算的优先位置，不断加大财政性资金投入力度”。财政资金是中国各地保障性住房建设筹资渠道的重要组成部分。从具体使用方式来看，财政资金在保障性住房建设中主要用于：直接投资、资本金注入、投资补助、贷款贴息等。其中，财政资金多数作为本金注入保障性住房建设项目。以公共租赁住房为例，政府投入是其重要的项目资本金来源（见表6－1）。

另外，在部分城市的实践中，承担公共租赁住房建设的国有房地产开发企业垫支了部分资金，这部分资金往往最终仍由财政资金偿还。

表6－1　公共租赁住房投资模式与项目资本金来源

公共租赁住房投资模式	相应项目资本金解决方案
政府直接投资建设	由政府注入项目资本金，其项目资本金资金来源可从中央补助资金、省级补助资金、市县政府公共预算安排的资金、土地出让收益安排的资金、住房公积金增值收益安排的资金，以及地方政府债券资金等渠道筹集
政府组建专门投资公司或利用已有国有房地产开发企业投资建设	
政府通过优惠政策引导企业投资建设	项目资本金由企业按照国家现行政策规定由相关企业自行解决，政府可以通过投资补助、贷款贴息等优惠政策予以支持
在房地产开发项目中配建	

从中央数据来看，2012年，中央住房保障支出安排2117.55亿元，增长23.1%。加强保障性安居工程建设，适当扩大农村危房改造范围并提高中央财政补助标准，扎实推进游牧民定居工程建设，安排资金1787.46亿元，增长24.8%。

从地方数据来看，2007 年至 2012 年，北京市各级财政累计用于保障性安居工程的资金近 400 亿元。2011 年，上海市级财政向各区县下达公共租赁住房专项补助资金 31.3 亿元，其中包括中央财政补助资金 5.8 亿元，用于公共租赁住房运营机构及其投资项目的资本金。区级财政按照两倍的比例提供配套资金。

2. 土地出让金净收益

2007 年 11 月建设部出台的《廉租住房保障办法》就规定土地出让净收益用于廉租住房建设的计提比例不得低于 10%。2011 年 9 月，国务院办公厅在颁发的《关于保障性安居工程建设和管理的指导意见》（国办发〔2011〕45 号）中进一步明确要求土地出让收益用于保障性安居工程建设的比例不得低于 10%。中国保障性住房建设总体上实行“省级政府负总责、市县政府抓落实”的运行机制，因此，土地出让金净收益是地方政府进行保障性住房建设的重要投资资金来源。

然而实际实施情况并不理想。2010 年 11 月，国家审计署公布“19 个省市 2007—2009 年政府投资保障性住房审计调查结果”，指出在重点调查的 32 个地级以上城市中北京、上海、重庆、成都等 22 个城市从土地出让净收益中提取廉租住房保障资金的比例未达到 10% 的要求；3 年里，这 22 个城市少提取的土地出让净收益共计 146.23 亿元。

3. 住房公积金增值收益

住房公积金是指在职职工及其所在单位按国家《住房公积金管理条例》等有关规定缴存的长期住房储蓄。实行住房公积金制度对加快中国城镇住房制度改革，完善住房供应体系，改善中低收入家庭居住条件等发挥了十分重要的作用。2011 年 9 月，国务院办公厅颁发的《关于保障性安居工程建设和管理的指导意见》（国办发〔2011〕45 号）明确要求住房公积金增值收益在提取贷款风险准备金和管理费用后，全部用于公共租赁住房和廉租住房的建设。关于住房公积金增值收益用于保障性住房建设的问题，在目前《住房公积金管理条例》的法律框架下，理论和学术界一直争议很大，在此处仍视为一种政府投入形式。

（二）银行贷款是主要筹资渠道

银行贷款是目前保障性住房建设的主要融资渠道。按贷款对象可分为对保障性住房建设企业贷款和对融资平台贷款。按照资金性质，分为商业银行贷款、政策性银行贷款、住房公积金贷款和外资银行贷款等。

1. 商业银行贷款

银行贷款既是房地产开发过程中最为常用的融资模式，也是目前中国房地产开发领域最为主要的资金来源。同样，商业银行贷款也是目前保障性住房建设融资的主要渠道。各地方政府的下属开发公司在进行公共租赁住房建设时，除财政拨款作为资本金外，其他建设资金大多数来自银行贷款，据不完全统计，目前银行贷款占全部公共租赁住房建设资金的比重应该超过70%。

按照国家有关文件的规定，对保障性住房建设贷款应给予政策优惠。例如，公共租赁住房建设贷款利率下浮时其下限为基准利率的0.9倍，贷款期限原则上不超过15年。另外，各地对商业银行发放的公共租赁住房建设贷款可以按规定予以贴息，贴息幅度可按2个百分点左右掌握，贴息期限按贷款期限确定，原则上不超过15年，具体贴息政策由市、县人民政府确定。

例如，2010年11月北京建委与建设银行签订200亿元的战略贷款，利率比商业贷款利率下调10%，贷款期长达30年。根据协议，建行北京分行将通过金融产品创新为北京市各类保障性住房、旧城保护性改造和修缮等项目提供金融服务。

2. 政策性银行贷款

从中央部门来看，2011年，住房和城乡建设部与国开行在北京签署《开发性金融支持保障性安居工程建设合作协议》，双方在住房保障投融资机制创新、住房保障体系建设、资金筹措方案研究与实施等方面加强全面合作，加快解决中低收入家庭住房困难问题。根据协议，住房和城乡建设部与国开行将坚持“规划先行、政府主导、市场化运作”，合作开展保障性安居工程的发展战略、中长期规划、专项规划以及相关政策的研究，共同支持各地选择、整合、培育保障性安居工程投融资机构，为保障性安居工程建设提供资金支持和其他综合金融服务，共同推动各地建立健全符合地方实际的住房保障体系和住房保障制度。国开行2011年计划新增1000亿元贷款规模，专项用于保障性安居工程项目建设，积极支持各地完成今年建设1000万套的任务。

从地方上来看，北京市与国开行签署了500亿元额度的战略合作协议支持保障性住房建设，对公共租赁住房等项目给予贷款利率、贷款年限以及放款条件等方面的优惠。天津市由国家开发银行天津市分行牵头组成银团，负责为“十二五”期间的公共租赁住房建设提供330亿元专项贷款支持。贷款期限为15年。前5年只还息不还本，中间8年租赁期偿还利息和1%本金，后2年销售期偿还剩余本息。广州市住房保障办与国家开发银行广东省分行签署《开发性金融合作协议》。2012年至2016年，双方在保障性住房建设领域的合作融资总量不低于200亿元。

3. 住房公积金贷款

为加大住房公积金对保障性住房的支持力度，2009年10月，住房城乡建设部等7个部门联合发出《关于利用住房公积金贷款支持保障性住房建设试点工作的实施意见》（建金〔2009〕160号）指出，可将住房公积金部分结余资金通过贷款的形式支持保障性住房建设。2010年8月，住房和城乡建设部等7个部门联合确定了北京等28个城市[①]中的133个公共租赁住房等保障性安居工程建设项目成为住房公积金贷款支持保障性住房建设的试点项目，总贷款额度约493亿元。随着公共租赁住房建设的大规模推进，资金需求越来越大。2009年，住房和城乡建设部等部门印发了《关于做好利用住房公积金贷款支持保障性住房建设试点工作的通知》，同时在全国确定了28个城市、133个保障性住房项目进行试点，贷款额度约为493亿元。

2010年，北京市作为首批试点的城市之一，进行了公积金支持保障性住房的建设，有15个项目获得了公积金贷款支持，贷款总额度为150.41亿元。上海为住房公积金贷款支持保障性住房建设的试点城市，首批投放贷款资金约10亿元。天津市确定秋丽家园、秋怡家园、民盛园、天欣花园、满江东道5个项目、6000套公共租赁住房为申请利用住房公积金贷款支持保障性住房建设试点项目，贷款额度19.75亿元，贷款期限5年。

---

① 28个城市指北京、天津、重庆、唐山、运城、包头、大连、长春、哈尔滨、无锡、杭州、宁波、淮南、青岛、济南、福州、厦门、洛阳、武汉、长沙、儋州、攀枝花、昆明、西安、兰州、西宁、银川和乌鲁木齐。

2010年至2015年，贷款本息共计22.88亿元，其中，本金19.75亿元，利息3.13亿元。贷款本息由租金收入和住房公积金增值收益偿还。为解决建设和运营期内的偿还问题，由政府垫息50%，计1.67亿元。

4. 外资银行贷款

针对公共租赁住房“项目贷款资金需求量大、资本金需求量大、资本金占压时间长、贷款期限长”的“两大两长”融资难点，天津与中德住房储蓄银行合作，结合该行提供专业化保障性住房金融服务的特点，对选择中德银行项目贷款的公共租赁房开发企业，给予三项融资政策优惠：一是在划拨土地、减免大配套费等政策优惠基础上，通过配建30%商品住房解决先期资本金筹集问题；二是由财政垫息50%，解决租赁期还款能力不足问题；三是贷款10年期间只还息不还本，10年后销售公共租赁住房收回投资，偿还银行贷款本金。截至2010年，已使用中德银行贷款新建3个项目，约4000套22万平方米。

5. 对融资平台贷款

对政府投资建设的公共租赁住房项目，银行业金融机构可向符合条件的直辖市、计划单列市及省会城市政府融资平台公司发放贷款，融资平台公司贷款偿付能力不足的，由本级政府统筹安排还款；银行业金融机构也可向符合条件且经总行评估认可、自身能够确保偿还公共租赁住房项目贷款的地级城市政府融资平台公司发放贷款。其他市县政府投资建设的公共租赁住房项目，可在省级政府对还款来源做出统筹安排后，由省级政府指定一家省级融资平台公司按规定统一借款。借款人和当地政府要确保按期还贷，防范金融风险和债务风险。

（三）探索创新其他融资渠道作为补充

除财政资金投入和银行贷款外，各地在实践过程中积极探索其他多种融资渠道，弥补保障性住房建设资金方面的不足。

1. 债券融资

北京市2011年共安排500亿元私募债券额度支持保障性住房建设。先期完成的5家发行企业完成私募债券注册发行，总计金额达149亿元，为17个保障性住房项目提供了资金支持。上海市上海地产集团、城开集团、农工商房地产公司、南房集团等四家保障性住房建设单位申报发行企业债券合计约62亿元。浙江湖州市城市建设投资集团公司于2010年发行15亿元7年期企业债券，票面年利率为7.02%，募集资金全部用于旧城区改造、城市基础设施建设和经济适用住房建设等项目。杭州市萧山区国有资产经营总公司于2011年发行20亿元5年期企业债券，票面年利率为6.90%，其中16亿元用于建设总建筑面积为60万平方米的保障性住房项目。

2. 房地产信托

北京市与北京国际信托投资公司、民生平安信托合作，以政府持有的廉租住房、公共租赁住房资产和房租收益委托设立房地产信托，在银行间债券市场发行受益券的方式进行融资，融资规模能达到40亿~50亿元。

3. 债权投资计划

上海市探索利用债权投资计划为保障性住房建设融资。一是2011年太平洋保险公司会同其他保险公司，以投资十年期债权计划的方式，向上海市地产集团提供融资40亿元用于公共租赁住房建设，利率在商业银行长期贷款利率的基础上下浮约12%，按年调整。二是平安保险公司与上海市城投总公司签订了7年期债权投资计划，募集约30亿元资金用于保障性住房建设，50%按固定利率6.453%计息，50%在商业银行同期贷款利率基础上下浮5.1%计息。三是探索试点利用企业年金投资公共租赁住房债权融资产品，管理上海市企业年金的长江养老保险公司就购买公共租赁住房债权计划产品制定方案。

4. 保险资金、社保基金等长期资金

北京市金融局与北京市相关部门就保险资金投资保障性住房建设的技术要求、项目情况等进行细致研究。据初步估算，目前可投资于北京保障性住房建设的保险资金规模在300亿~500亿元（方家喜，2011）。

天津积极争取全国社保基金参与公共租赁住房建设，加快推动保障性住房投资信托基金设立工作。此外，南京市也计划通过社保基金等其他渠道筹集资金。

（四）组建保障性住房建设融资平台作为融资主体

保障性住房建设融资平台包括两种模式：一种是仅有融资功能的单一型平台模式；另一种是包括投融资、建设收购和运营管理的综合型平台模式。

1. 单一型平台模式

部分省市建立了保障性住房融资平台，专门负责保障性住房建设资金的筹措和拨付，其筹资渠道主要为财政资金和银行贷款，其中，财政资金作为本金注入融资平台，融资平台再以项目抵押、担保等方式获得商业银行的授信。其特点在于，政府信用的介入使得平台能够获得银行较高的授信额度，同时也便于企业债券、公积金贷款、商业贷款、承接保险资金、社保资金等多种融资渠道的创新实践。

例如，陕西省政府与省属大型企业延长石油集团共同出资40亿元成立了陕西保障性住房建设工程有限公司，向社会融资支持市、县保障性住房建设。同时明确指出，公司作为项目建设的出资主体，主要负责项目建设资金筹措、拨付及回笼；市、县政府作为项目建设主体，负责项目建设的实施、管理和项目建成后的回购。

该融资平台在银行贷款融资方面具体操作方法如下：一是按照商业银行的要求，将公司拟出资项目中的项目手续办至公司名下，以项目作抵押并由延长石油集团担保的方式，向商业银行进行项目融资。二是国家开发银行陕西省分行同意将公司拟出资项目中的项目手续可不办至公司名下，而是由公司将拟出资项目进行打包抵押，并由延长石油集团担保的方式，统一向国开行陕西省分行申请融资。三是公司采用提供项目启动资金的方式，支持各地保障性住房项目建设。部分商业银行向公司的保障性住房项目融资总计101.7亿元。其中包括北京银行、交通银行、浦发银行、中信银行、长安银行、中国银行、成都银行和建设银行等。向国开行陕西分行融资80亿元。

2. 综合型平台模式

对保障性住房投融资建设和运营管理综合型平台来说，除承担资金筹措任务外，还负责保障性住房项目的建设和运营管理。这一类平台由政府财政注资成立，负责保障性住房的投融资、收购建设和运营管理，通过银行贷款和发行企业债券等多种方式进行资金筹措，通过保障性住房出售收益、出租收益和配套商业出售收益回笼资金。其优势在于，能够更好地解决目前保障性住房建设过程中面临的资金困境问题：一是能够充分发挥政府信用优势、整合资源扩大融资规模；二是统一融资、投资，为财政困难的县（市、区）解决保障性住房建设资金问题。

（1）北京市保障性住房建设投资中心。作为北京市全市保障性住房投融资、建设收购和运营管理的平台，市财政直接以货币形式注资 100 亿元，且每年将增资，通过银行贷款、公积金贷款、企业债券融资、保险资金和社保资金参与、信托等方式筹集资金，并由市国资委代表市政府作为出资人，形成保障性住房投融资、建设收购和运营管理“三位一体”的工作模式。

北京市保障性住房建设投资中心的具体运作以“两个建设”和“两个机制”为核心。两个建设：以公共租赁住房为重点的保障性住房建设和为首都功能核心区人口疏解而进行的棚户区改造安置房建设。两个机制：以实现良性的、可持续发展为目标的投融资管理机制和公共租赁住房运营管理机制。截至 2011 年底，已到位融资资金 80 亿元并实现投资 90 亿元用于保障性住房建设和收购。同时与 5 家银行签署了 750 亿元的综合授信协议。

（2）安徽省芜湖市的宜居投资集团公司。其注册资金为 80 亿元，作为保障性住房项目融资、建设、运营的实施主体，实行全市保障性住房项目的统借统还、持有和运营保障性住房产权资产及其配套经营性资产。以产业新城规划建设 1000 万平方米保障性住房为例，项目总投资约 332 亿元，其中，工程投资 264 亿元，项目配套工程投资 37 亿元，建设期利息 31 亿元。

从资金来源上来看，中央财政补助约 52 亿元，县（市、区）财政预算约 51 亿元，总计 103 亿元作为项目资本金，占项目总投资的 31%，融资约 150 亿元，主要通过银行抵押贷款方式，其中，保障性住房专项贷款 100 亿元，以政府优质存量房融资抵押、发行企业债券、地方商业银行短期融资等方式筹集 50 亿元。

从还款来源上来看，主要包括保障性住房出售收益、租金收益和配套商业出售收益。芜湖市保障性住房项目到“十二五”期末总量约为 1350

万平方米，按保障性住房覆盖面20%持有、超出部分出售计算，约有350万平方米可出售，回笼资金约为78.75亿元；持有的1000万平方米部分，按建后前5年出租，5年后再出售200万平方米、出租800万平方米计算，5年的租金收益约为60亿元，5年后出售收益约为87.5亿元；配套商业按5%比例计算约为54万平方米，按8000元/平方米均价计算，收益约为35.8亿元。上述合计的资产出售收益约为202.05亿元，项目建成5年后，每年约可取得14亿元的租金收入。

综合来看，100亿元的中长期贷款、50亿元的短期贷款及其每年约8亿元的资金利息，可以用项目本身的资产出售收益202.05亿元和每年的租金收入偿本付息。宜居集团长期持有、出租运营的保障性住房资产达800平方米。

与此类似的还有2012年广州市政府批准组建的保障性住房投融资公司，通过市场化运作方式，统一组织实施市本级主导保障性住房的投资、融资和建设。

四、中国保障性住房建设融资存在的主要问题及思考

（一）中国保障性住房建设融资存在的主要问题

1. 财政资金的投融资杠杆作用发挥不够充分

综合来看，尽管目前投入保障性住房建设的财政资金来源比较多，如中央财政资金、地方财政资金、土地出让净收益等，但资金规模仍然偏小。同时，土地出让净收益受土地出让数量和众多成本变化的影响，不具有稳定性。另外，财政资金的介入形式多是以资本金形式注入项目或企业，而用于扩大融资功能的如增信和贴息的部分不多，对发挥财政资金的融资杠杆作用不够充分。

2. 商业银行贷款与公共租赁住房建设融资需求难以匹配

商业银行贷款虽然是目前公共租赁住房建设的主要的融资渠道，但仍

有许多深层次的矛盾无法解决，如商业银行承担了一定的政策性功能、贷款期限短与公共租赁住房的投资回收期长的矛盾等。由于缺乏风险补偿机制和激励机制，难以调动商业银行参与公共租赁住房融资的积极性。

一是保障性住房贷款参照商品房贷款条件严格。多数商业银行将保障性住房项目视同房地产开发项目，采取同样的贷款标准，且贷款额度一般不得高于 15 亿元，无法满足大规模公共租赁住房建设的资金需求。

二是缺少对公共租赁住房建设和运营的长期贷款支持。公共租赁住房的投资回收期长，而目前银行贷款多为短期资金，例如，开发贷款通常要求在 3 年内还清，这对需要长期持有运营的公共租赁住房项目来说显然难以满足其需求。因此，保障性住房建设的长期资金需求与银行短期贷款的矛盾比较突出。

三是利率优惠和贴息政策难落实。按照国家有关文件规定，对保障性住房建设贷款应给予政策优惠，例如，各地对商业银行发放的公共租赁住房建设贷款可以按规定予以贴息，贴息幅度可按 2 个百分点左右掌握，贴息期限按贷款期限确定，原则上不超过 15 年，具体贴息政策由市、县人民政府确定。而实际调研过程中，企业反映很难享受到政府贴息。2012 年 7 月，国家审计署发布 66 个市县 2011 年城镇保证性安居工程审计结果公告，2011 年 18 个省区市保障性安居工程中存在 6.75 亿元银行贷款未按规定享受优惠利率的情况。

四是公共租赁住房项目在申请抵押贷款实际操作时存在一定障碍。从政策角度来看，只要企业以出让方式获得了土地使用权，就可以申请抵押贷款，但公共租赁住房土地供给制度尚不明确，而公共租赁住房又具有一定的政策性意义，其土地价格的估值也必然偏低，势必要影响信贷额度。对代建类的参与模式，因企业未取得土地使用权，无法申请抵押贷款。

3. 住房公积金支持保障性住房建设存在不平衡的问题

目前住房公积金用于保障性住房建设主要有两种渠道，一是住房公积金闲置资金，二是住房公积金增值收益。根据《住房公积金管理条例》，由于住房公积金的产权归缴存人所有，其使用方面与银行存款还不完全相同，因此住房公积金增值收益用于住房保障在理论上曾经存在一定争议。

同时，中国住房公积金还存在地区不平衡的问题，即东部发达地区住房公积金闲置资金很少，甚至几乎没有，而这些可能正是最需要建设公共租赁住房的地区；但中西部欠发达地区住房公积金富余量很大，在目前住房公积金不能跨地区使用的情况下，这部分资金也不能用于东部资金紧缺地区的住房建设贷款。

4. 保障性住房建设直接融资仍处于探索萌芽状态

在债券融资方面，国家从政策上鼓励和支持发行债券用于保障性住房建设，实践中存在的问题主要有：一是保障性住房项目投资收益率相对较低、回报期长，能否被投资者接受还有待市场检验；二是保障性住房项目运作链条中很多环节管理还不是很完善，部分优惠政策（如贴息、贴租等）还不到位，收益状况特别是如何保证偿本付息并不明确，如果债券收益没有得到明确保障，市场主体投资此类债券的积极性也不会很高；三是以保障性住房建设项目名义融资后，所融资金是否能真正用到保障性住房项目本身还缺乏完善监管，投资者担心会有一定的风险。

在信托融资方面，从已发行的保障性住房信托产品来看，存在的问题主要有：一是尽管各地也进行了一些尝试，总规模仍较小；二是受信托公司青睐的多数保障性住房项目是与商品房、商业地产开发捆绑的棚户区改造和安居工程，而作为保障性住房供应主体的公共租赁住房项目则较少。

总的来看，保障性住房建设融资渠道以银行贷款为主，债券和信托等直接融资方式所占比例仍然较低，处于探索阶段。本章第五部分将专题研究保障性住房建设直接融资问题。

5. 长期资金尚未成为保障性住房资金来源的主渠道

公共租赁住房建设和长期运营需要相匹配的长期资金渠道，从这点来看，有必要引入社保基金、保险资金等机构投资。

社保基金方面。截至2017年底，全国五项社会保险基金累积结余已达6.6万亿元。如此庞大一笔资金，必须有一个稳定而且相对可观的收益渠道。公共租赁住房不论从经济效益还是社会效益出发，符合社保基金投资的要求，而社保基金用于支持公共租赁住房建设，也能在很大程度上解决其融资问题。

保险资金方面。2010年9月，中国保监会印发的《保险资金投资不动产暂行办法》（保监发〔2010〕80号）对保险资金投资不动产的行为进行了规范，明确指出，“保险资金投资的不动产，是指土地、建筑物及其他附着于土地上的定着物”。从投资条件来看，保障性住房符合保险资金的投资要求。虽然保障性住房投资回收期长、汇报利率低，投资回报率低于普通商品住房和商业用房，但是投资回报率总体上高于银行3～5年期的存款利率，加之有政府信用担保，投资风相对险低。因此，对保险资金来说，保障性住房投资还是具有一定吸引力的。

6. 吸引企业参与公共租赁住房建设困难较大

企业参与公共租赁住房建设，相比政府融资平台的运作项目，由于公共租赁住房投资回收期长、投资回报率低，商业银行认为风险较大，同时，在银行进行风险评估时，企业信用又远低于政府信用，因此面临更为严峻的融资困境，企业资金投入难以实现平衡。因此，从吸引企业参与出发，必须加大政府相关的补贴和加快支持性政策的出台，如政府的贴租、贴息，或者允许出租配套商业，以及允许一定年限后公共租赁住房向承租人出售等。然而，这些支持性政策和相关补助至今不到位，严重降低了公共租赁住房项目的收益能力，也在很大程度上丧失了对社会投资者的吸引力。

从地方实践来看，在企业参与保障性住房建设方面，地方政府给企业创造了土地取得、可租可售等一系列的条件，帮助其实现资金平衡，但在实际操作中，多数企业仍面临许多实际困难，导致其参与保障性住房建设的积极性不高。

一是企业贷款困难。银行认为保障性住房运营的风险相对较大，不愿意给企业运作的保障性住房项目贷款，即使能够取得银行贷款的企业，拿到的贷款往往也期限较短，利率较高。

二是资金难以平衡。目前，由于大多数城市房价上涨过快导致拆迁成本增幅巨大，再加上土建和装修成本涨价较快等因素，涨幅明显较低的市场租金相对房屋成本的收益率已降至很低水平，部分地区仅高于银行定期存款年利率的水平。而在这种情况下，大多数城市公共租赁住房的租金水平都确定为市场租金的60%～70%，显然公共租赁住房的投资回收能力将显著下降。部分城市公共租赁住房项目仅靠租金收益甚至不足以支付每年的银行贷款利息。以广州市万科万汇楼项目为例，包括土地价款1166万元在内的总投资为4624万元，其中1500万元是万科的专项费用，剩余的3124万元由万科自有资金投资。万汇楼项目被称为“民间廉租房样本”，是企业运营廉租住房的一次尝试。但仅就项目收益来看，按照万汇楼当时租金水平，在出租率为100%，且不计利息的前提下，也需要57年才能收回投资成本。

三是支持性政策不到位。一些相关的鼓励政策未形成长期稳定的政策预期，例如，在《关于支持公共租赁住房建设和运营有关税收优惠政策的通知》中规定了经营公共租赁住房所取得的收入免征营业税、房产税等，但规定该政策的执行期暂定3年。总体来看，企业参与保障性住房建设尚存在一定的障碍。

（二）完善保障性住房建设融资渠道的思考

1. 建立稳定的政府资金投入机制

从发达国家的经验来看，各国在公共财政支出中都有社会保障住房一项，为住房保障提供稳定的资金来源。例如，英国中央财政预算中的住房保障资金，大约占预算支出总额的6%左右。德国虽然规定由州政府负责解决居民的住房问题，但中央政府财政预算中也有相当一部分的住房保障资金，例如，1999年度，德国联邦交通和住房部掌握的州际道路交通及住房资金为500亿马克（仅次于社会保障部），用于住房的资金占100亿马克；其中，住房储蓄奖励全部由中央财政负担。

财政资金在住房保障中具备增加供给和增强消费能力的双重作用：一方面，从促进保障性住房供给角度来看，通过税收优惠、财政贴息贷款、发行债券、融资担保等措施，发挥财政资金杠杆作用，调动社会资金投入保障性住房建设，鼓励社会提供低租金的租赁房，解决保障性住房房源难题；另一方面，从增强低收入家庭住房消费需求与支付能力的角度来看，通过发放货币化补贴、购房贴息、税收优惠等措施，运用财政资金提高低收入家庭的支付能力，解决住房困难问题。

保障性住房由于其社会保障属性，决定了政府要承担建设、管理和运行的主导职能。在中国目前的保障性住房建设中，政府（包括中央住房和地方政府）在保障性住房建设中居于主导地位，政府投资是主要的建设资金来源。因此，解决保障性住房建设融资问题，首先应建立稳定的政府资金投入机制。具体来说，一是进一步健全土地出让金收益、住房公积金增值收益用于保障性住房建设计提比例和运行机制；二是将住房保障资金需求纳入公共财政预算支出之中，合理安排保障性住房项目的支出结构，确保在年度财政预算中保障性住房项目支出的比例，实现住房保障资金需求“应保尽保”；三是可从城市维护建设税、城镇公用事业附加费、城市基础设施配套费中安排专项资金，加大保障性住房配套基础设施投入力度。

2. 继续发挥商业银行的支持作用

继续发挥商业银行对保障性住房建设融资的支持作用，创新住房保障信贷业务。

一是由政府支持提高公共租赁住房项目还贷能力。公共租赁住房融资困难主要原因就在于较长的投资回收期与银行短期借贷资金不匹配，因此，提高公共租赁住房项目还贷能力是争取银行贷款的一个重要方面。以上海市为例，由区、县公共租赁住房运营机构按照公司化方式直接申请贷款融资，依靠项目自身租售收益偿还本息；政府提供政策支持提高运营机构偿还本息的能力，主要包括允许公共租赁住房划拨土地使用权抵押，允许有条件的项目适当增加商业配套设施比例，允许按照偿本还息需要分期出售部分公共租赁住房和商业用房。

二是“存贷联动”调动商业银行投放保障性住房贷款的积极性。上海市采取国库现金商业银行存款招标的办法，存款资金规模 100 亿元，中标企业需按照接受国库现金存款金额的两倍投放保障性住房建设贷款，可解决保障性住房建设资金 200 亿元。

三是金融机构探索保障性住房建设融资模式，积极创新业务品种。创新采用土地使用权抵押、在建工程抵押、股权质押、应收账款质押和第三方连带责任担保等组合型担保方式，加大对保障性住房建设的支持力度。对保障性住房在贷款资产质量认定、不良贷款核销等方面实行区别于商业性房地产的信贷政策。

3. 适时加快发展政策性住房金融

从国际经验来看，政策性住房金融机构在落实国家公共住房目标中发挥了十分重要的作用。例如，美国建有面向全国的联邦住宅贷款银行、联邦储蓄贷款保险公司、房利美公司、房地美公司等多个政策性金融中介机构，为公共住房建设提供贷款支持、抵押贷款保险与资金；新加坡建立了中央公积金局，大力推行住房公积金资助计划；日本建有住房金融公库，为公共住房提供贷款支持。

为落实住房保障目标，可以组建专业化的政策性住房金融机构，以财政资金为杠杆，以市场化运行为支撑，一方面为参与公共住房建设的市场金融机构、社会机构和企业提供贷款等贷款、抵押担保和保险方面的支持，降低建设主体的融资成本，加大保障性住房建设的投融资力度；另一方面为中低收入者解决住房问题提供贷款和补贴支持。

4. 规范和发展保障性住房债券融资

保障性住房建设公益性强、投入大、利润低，保障性住房债券融资的债权人相对要承担更大的风险，需要有关部门建立保障性住房债券融资的长效机制。

逐步加大政府债对保障性住房建设支持力度。从短期来看，可以增加中央代发的地方债中保障性住房资金比例，并且保证地方债券融资得到的资金切实优先用于保障性住房建设，或者考虑增加中央政府债专项用于保障性住房建设。从长期来看，要将住房保障支出列入政府经常性预算，由财政资金承担相应的保障职能。

规范企业债运作，增加保障性住房债券吸引力。一方面，完善政府对保障性住房债券融资的优惠支持政策，通过财政、税收补贴适度提高对保障性住房债券持有人的经济回报，增加保障性住房债券吸引力；另一方面，加强对募集资金投向和用途的监管。保障性住房债券募集的资金应专款、专户、专账使用，不允许以保障性住房项目为名连带募集资金用于其他用途。

5. 探索利用保障性住房基金融资

发展保障性住房基金是从金融工具创新的角度出发，从资本市场拓展保障性住房投融资的重要渠道。因此，需要立足国情，在积极借鉴和国际成熟经验的基础上，从国家层面制定、完善管理制度，利用保障性住房信托投资基金（REITs）和保障性住房股权投资基金（PE）进行融资。

一是完善法规。在现有法律基础上出台和完善有关保障性住房基金（包括保障性住房股权投资基金和保障性住房信托投资基金）的法律法规。

二是政策支持。在保障性住房基金运营过程中，为保证基金回报率，需要政府相关部门在土地出让、信贷支持以及财税政策等方面给予相应的优惠和扶持，例如，土地价格或租金优惠、对保障性住房基金给予银行信贷支持、允许社保基金以及保险资金等长期资金参投保障性住房基金、对保障性租赁房运作给予贴租或贴息、承诺回购、允许“先租后买”、保持稳定的税收优惠等。

三是风险防范。建立配套管理措施，明确保障性住房基金设立、组织结构、交易流程和收入分配等事项，有效地做好具体运行中道德风险、市场风险、税费风险和管理风险的监控和防范。

6. 引入社保基金、保险资金等长期资金

通过制度和模式创新，吸收长期资金参与保障性住房的投融资，将大大缓解保障性住房目前严峻的资金缺口压力，同时也能为社保基金和保险资金带来长期稳定的收益。

在现有的条件下，可以通过两种途径吸引长期资金参与保障性住房项目投资：第一种是直接引入长期资金，具体可以通过采取公私合作关系（PPP）模式，如建设移交（BT）模式、建设运营转让（BOT）等模式进行；第二种是间接引入长期资金，具体可以通过采取资产收益证券化（ABS）模式进行。其中，关键在于解决社保基金、保险资金等投资保障性住房后的市场流动性问题，建立长期资金投资的有效退出机制。

7. 鼓励社会资本参与保障性住房建设运营

从国际经验来看，没有一个经济发达国家能单独依靠政府的力量满足居民的基本住房需求，都是在政府的主导下，通过实施积极的财政支持政策大力吸引社会力量参与公共住房的建设、运营和管理。从公共住房的建设模式来看，有的国家主要由政府直接投资兴建公共住房，如新加坡；有的国家则主要通过财政和住房金融政策支持鼓励地产商建设公共住房，如美国；有的国家通过支持住房合作社建设鼓励民众合作建设住房，如瑞典。从发展历程来看，经济发达国家公共住房政策都经历了“砖头政策”向“人头政策”的转变。

当前中国保障性住房正处于大规模的建设期，建设资金需求量大。另外，投资开发模式单一，主要由地方政府直接投资开发，社会机构和房地产企业参与十分有限。因此，政府可综合运用财政拨款、政策性贷款、财政补贴和税收优惠等多种政策工具来发动社会力量参与到保障性住房的建设中。要加大已出台的包括《关于鼓励民间资本参与保障性安居工程建设有关问题的通知》等在内的有关政策的落实力度。具体来说，进一步完善和细化土地划拨或出让优惠、投资补助、贷款贴息、租金贴租、税收减免、专项奖励等激励方式；继续在地方实践基础上探索“反配建”（即在保障性住房小区中配建一定比例商品房，出售后回笼资金帮助整体资金平衡）、适当增加商业配套比例、允许一定年限后公共租赁住房向承租人出售等方式，支持社会机构和企业参与保障性住房的建设、运营和管理。

五、保障性住房建设直接融资创新

本部分主要提出通过金融创新，为保障性住房建设开拓直接融资渠道：一是在当前信贷紧缩的情况下，减少对银行贷款的依赖；二是发挥国内民间资金充裕优势，通过直接融资将社会资金和民间资金引入保障性住房建设。直接融资主要包括债券融资和保障性住房基金融资两大类型。以下分别进行研究。

（一）发行保障性住房债券

1. 债券融资支持保障性住房建设的必要性和可行性

总体来看，债券融资具有期限长、利率低的优势，是保障性住房项目市场融资的较好工具。

（1）中长期债券融资与保障性住房建设和资金回收期长的特点相适应。保障性住房的建设周期一般在 2 ~ 3 年。特别是租赁型保障性住房（廉租住房和公共租赁住房）不能通过一次性出售回收资金，每月收取的租金相对有限，本金回收需要较长时间，因此发行中长期债券能够与保障性住房的建设和资金回收周期相匹配。

（2）固定利率债券能够锁定保障性住房融资成本。在货币政策不断紧缩的背景下，发行固定利率债券能使保障性住房融资主体锁定成本，降低未来利率大幅上升导致的还款压力，避免借款人违约现象的频繁发生。

（3）保障性住房债券满足投资者的风险收益偏好。如果目前发行保障性住房的相关债券，并实行严格监管，同时提供不低于同期国债收益的担保，则既满足了投资者的风险收益偏好，又解决了保障性住房融资难问题。

2. 债券融资的主要方式

债券融资包括政府债券和企业债券。政府债券又包括中央债券和地方债券。企业债券又包括公司债券和项目债券。

（1）政府债券。中国目前除法律和国务院另有规定以外，地方政府不得作为融资主体发行地方政府债券，因此，政府债券主要是中央代发的地方政府债券资金，按有关文件规定优先安排用于公共租赁住房等保障性安居工程建设。

《财政部关于做好发行2011年地方政府债券有关工作的通知》（财预〔2011〕29号）要求地方各级财政部门要将2011年地方政府债券资金优先用于保障性安居工程，要进一步明确和细化地方政府债券资金用于公共租赁住房等保障性安居工程的具体资金数额，加大对保障性安居工程的投入力度。要全面落实保障性安居工程建设和运营涉及的各项税费优惠政策。要继续落实廉租住房、经济适用住房、公共租赁住房以及棚户区改造涉及的营业税、房产税、城镇土地使用税、土地增值税、印花税、契税等税收优惠政策。由于地方政府债具有准国债性质，而且信用高、融资成本低，以地方政府债形式筹集保障性住房建设资金，有利于降低保障性住房融资成本，缓解资金“瓶颈”，加快保障性住房建设进程。

（2）企业债券。企业可以通过两种发行债券的模式来扩充保障性住房建设资金。一是公司债券，即主要解决公司流动资金的债券；二是项目债券，即针对固定的保障性住房项目发行的债券。

2011年6月，国家发改委制定了《关于利用债券融资支持保障性住房建设有关问题的通知》，为企业债券支持保障性住房建设扫清了制度障碍。该通知允许投融资平台公司与其他企业申请发行企业债券，筹措保障性住房建设资金。按照发行债券的主体可分为两类：一是地方政府融资平台。符合规定的地方政府融资平台公司可发行企业债券或中期票据，专项用于公共租赁住房等保障性安居工程建设。二是承担保障性安居工程建设项目的企业。也可以在政府核定的保障性安居工程建设投资额度内，通过发行企业债券进行项目融资。

3. 债券融资在支持保障性住房建设中存在的问题

（1）中央代发的地方政府债难以适应保障性住房建设需求。目前利用发行政府债券为保障性住房建设融资主要是指中央政府代发的地方政府债券。地方债券以政府信用作担保，信用级别比较高，仅次于国债，销售相对乐观。从规模上来看，每年的地方政府债总规模虽然并不低，但由于地方政府债本身也处于供不应求状态，实际用于保障性住房建设的并不多。

（2）地方投融资平台发行的企业债券担保问题和违约风险值得注意。国家发改委 2010 年 11 月下发通知明确指出，各级政府及其所属部门、机构和主要依靠财政拨款的经费补助事业单位，均不得以财政性资金、行政事业单位等的国有资产，或以其他任何直接、间接方式，为投融资平台公司发行的债券提供担保或增信。但是，地方投融资平台一般是地方政府牵头设立的，在融资平台成立初期，地方政府会投入一定比例的财政资金作为融资平台的自有资本金，且通常会对未来的财政投入有承诺，并以此为基础吸引其他主体投资和获得银行的认可和支持。因此，投融资平台公司发行的债券在一定程度上又具有政府担保的性质。保障性住房项目是一项长期工程，保障性住房建成后的维修、运营和物业管理等还需要额外的后续资金的投入，因此，对利用发行债券方式融资，在未来如何支付债券利息和本金必须有明确的安排。如果不能确保保障性住房债券融资按时还本付息，保障性住房债券融资就可能出现违约风险。

（3）企业债券因对发债主体要求较高实际较难筹集。一般要求企业连续 3 年盈利，3 年平均可分配利润足以支付债券 1 年利息，发行债的额度不超过企业净资产的 40%，不超过项目投资总额的 30%，不低于 10 亿元。因此，实际能符合发债条件的企业往往很少。从目前市场上来看，企业债利率应比银行贷款利率高，倘若企业债券利率过低，市场资金认可度不会太高；另外，利率如果过高，保障性住房建设成本将增加，项目运作风险会增大。因此，对公共租赁住房项目，如果不能确保稳定的债券收益，实际上较难通过企业债形式筹集资金。由于企业债券没有政府信用担保，偿付要求更高，如果现金流状态不明确，同样可能出现违约风险。

（4）债券资金管理和使用情况决定融资实际效果。尽管在国家发改委文件中已经明确要求严格监管保障性住房资金用途，防止挪用，但在2010年调控以来货币政策趋紧、社会资金紧张的情况下，不排除一些企业将保障性住房建设资金用于商品房开发，对地方投融资平台来说，由于前期累计的地方政府债务规模日益庞大，也会有“借新还旧”挪用保障性住房资金还本付息的诉求和冲动。因此，对保障性住房资金使用的监管能否到位，直接决定融资的实际效果。

4. 债券融资支持保障性住房建设的建议

（1）规范地方政府投融资平台发债行为。一是规范发行主体。管理记录良好的地方融资平台企业可以率先在企业债市场进行服务于保障性住房建设的发债融资。二是妥善统筹偿付安排。为解决保障性住房资金难题而发行企业债，应注意在利用融资平台企业性质发债的同时，利用融资平台来统筹营利项目和非营利项目的偿付安排。三是增加政府融资平台债务和收益情况的透明度。有必要建立政府融资平台的资产负债表，增加现阶段政府融资平台债务和收益情况的透明度，进行必要的平衡资产和债务的管理。

（2）加强对保障性住房债券融资及融资后使用监管。一是尽快制定关于保障性住房债券融资管理的具体规定。例如，制定《保障性住房企业债券融资管理办法》《保障性住房企业债券融资审核指引》等部门规章、规范性文件，尽快落实相关债券发行的操作规则和监管规则，加大违法处罚力度。二是明确政府监管职责。对政府监管部门来说，除了在保障性住房企业债券发行申请材料的转报、核准过程中提供政策方便和高效率的流程服务外，对地方投融资平台及企业的发债行为应做好前期的尽职调查和后期的监管督促工作。三是加强对募集资金投向和用途的监管。保障性住房债券募集的资金应专款、专户、专账使用，不允许以某些保障性住房项目为名连带多募集资金用于其他用途。具体来说，应当把保障性住房资金跟融资平台的其他项目隔离，防止这些资金转移到其他项目中去，确保保障性住房资金运作的独立、透明、高效。建议引入第三方支付制度，即筹集的资金并不直接进入发债主体的账户，而是由银行等第三方支付机构代为保管，按保障性住房建设进度分批打入相关设计、建筑、公用事业配套部门的账户中，保障募集资金的专款专用，避免保障性住房资金被挪用。

（3）建立保障性住房债券融资长效机制。保障性住房建设公益性强、投入大、利润低，保障性住房债券融资的债权人相对要承担更大的风险，需要有关部门建立保障性住房债券融资的长效机制。

对政府债券来说，一是增加中央代发的地方债券中用于保障性住房的资金比例，并且保证地方债券融资得到的资金切实优先用于保障性住房建设；二是建议增加发行中央政府债券专项用于保障性住房建设，为保障性住房建设和长期持有运营进行融资。长期来看，要推动政府投资和融资向社会性项目大规模倾斜，由政府财政来承担相应的社会职能。

对企业债券来说，应在完善政府各项保障性住房债券融资优惠支持政策的同时，加大中央财政对地方的资金支持力度，通过财政、税收补贴适度提高对保障性住房债券持有人的经济回报。

（二）发展保障性住房基金

在实践过程中，保障性住房基金包括两大类：一类是保障性住房股权投资基金（PE）；另一类是保障性住房信托投资基金（REITs）。

1. 发展背景

（1）发展保障性住房基金有利于解决保障性住房建设的资金难题。在“十二五”期间新建保障性住房 3600 万套。为了保障这一目标任务的完成，据估算年度投资大概在 1.3 万亿到 1.4 万亿之间。除中央财政补贴专项资金外，地方政府也要配套剩余大部分资金，保障性住房建设面临巨大的资金缺口。

另外，中国现有民间资本规模已经巨大。截至 2010 年底，全国城乡居民储蓄存款余额已超过 30 万亿元，加上手持现金、股票、债券、保险以及金融机构理财产品等，金融资产总规模超过 48 万亿元。2010 年，全社会固定资产投资为 28.7 万亿元，而以非“国有及国有控股企业”投资为代表的民间投资在固定资产投资中比重超过一半，达 57.7%。民间投资同比增长 29.4%，远高于国有投资同期 18% 的增速。

在以上背景下，发展保障性住房基金，吸引社会和民间投资，既有利于打破长期困扰保障性住房建设的最大障碍——资金“瓶颈”，又提供了一条社会资金和民间资金投资渠道，有利于缓解社会资金投资压力。

（2）设立保障性住房基金的政策环境已初步形成。国家有关政策的陆续出台和积极鼓励使得设立保障基金成为可能。

2010年5月，国务院出台的《关于鼓励和引导民间投资健康发展的若干意见》（新36条），明确鼓励民间资本参与政策性住房建设。《国务院办公厅关于鼓励和引导民间投资健康发展重点工作分工的通知》（国办函〔2010〕120号）中进一步明确，鼓励民间资本参与政策性住房建设（住房城乡建设部、发展改革委负责）。

2012年6月28日，住房和城乡建设部会同国家发展和改革委员会、财政部、国土资源部、中国人民银行、国家税务总局、中国银行业监督管理委员会联合发布了《关于鼓励民间资本参与保障性安居工程建设有关问题的通知》，要求各地有关部门以多种方式引导民间资本参与保障性安居工程建设，落实民间资本参与保障性安居工程建设的支持政策，为民间资本参与保障性安居工程建设营造良好环境。

2. 探索保障性住房股权投资基金

（1）目前已开展的实践探索。全国工商联房地产商会2010年曾发起“建银精瑞公共租赁住房建设投资基金”。根据设计方案，该基金由房地产企业、银行保险等金融机构及民间资本联合出资组成，成立专门的管理公司进行管理，并设定托管银行、承销商等多方角色。发起公司具有多重身份，除了作为基础投资人以外（合计将认购基金总份额的10%～20%），还有可能是未来基金有限公司下属公共租赁住房项目的合作方、承建方，也可以作为公共租赁住房资产的管理运营者。

从规模上看，该基金规模第一期拟筹集100亿元，此后可以继续扩大到300亿元。其中，第一期建银国际将出资70亿元，剩下的由地产公司出资。预期收益在5%～12%之间。运营周期为7年：3年开发建设、3年培育运营、最后1年择机退出。

从基金使用上来看，拟投建约1000万平方米的公共租赁住房，城市首先选择“夹心层”矛盾突出的、房价涨幅较高的城市，如北京、上海、广州、杭州等。

（2）设立模式设计。目前国内房地产基金设立主要有三种模式：

一是以开发商主导成立的房地产基金。以复地集团和金地集团为代表，如金地集团2009年成立的稳盛投资，已成为公司开展房地产金融业务的重要平台，而复地集团也在2009年成立了上海复地景业股权投资合伙企业，目前旗下有景业和景盈两只房地产基金，景业已经募资 5.5 亿元。开发商独立发起并管理基金，其好处在于拥有资源优势和地产专业优势，但要求开发商有丰富的金融行业经验。

二是由金融机构主导的房地产基金。以高和投资、河山资本等为代表。金融机构主导发起并管理基金，是国外采用最多的模式，优势在于独立性和金融专业优势。

三是由开发商和金融机构合作成立的房地产基金，如“建银精瑞公共租赁住房建设投资基金”实质是建银国际和房地产开发商相结合共同发起。金融机构和开发商共同发起房地产基金，能够结合两者优势，是适合现阶段中国特色的一种模式。

综上所述，建议保障性住房股权投资基金采用“金融机构 + 开发商”模式，吸引大型房地产开发企业（特别是国有大型房地产开发企业）参与，同时联合经过选择的金融机构共同发起。具体来说，其设立架构如图 6 – 2 所示。

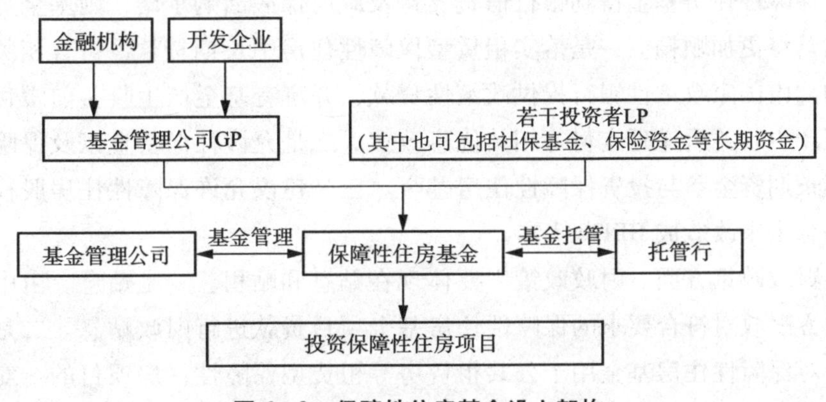

图 6 – 2　保障性住房基金设立架构

（3）基金使用和退出。

从基金使用方向来看，可以选择“夹心层”矛盾突出的、房价涨幅较高的城市，同时也可与有意愿合作的城市进行谈判。既可以用于集中建设保障性住房，也可以在商品房开发中配建保障性住房。除新建保障性住房外，还可以允许基金以收购、改造二手房、闲置厂房、办公用房的方式获得保障性住房房源。保障性住房的建设模式可以从 BT（建设—模式）变为 BOT（建设—经营—转让）模式，以延缓政府回购款支付时间，减轻政府资金压力。

从基金退出来看，可采用以下方式：一是 REITs。即在基金封闭期满后，与 REITs 衔接完成退出。二是政府回购。由政府回购本基金投资并稳定运营的保障性住房资产。三是出售。在政策允许前提下，以市场优惠价出售给当时的租户持有；或者以市场价出售给机构持有。

（4）设立保障基金需要的配套政策支持。在保障性住房基金运营过程中，为保障基金投资者的回报率，需要政府相关部门在土地出让、信贷支持以及财税政策等方面给予相应的优惠和扶持。

土地政策方面。保障性住房用地属于社会公共事业用地。不同方式取得土地给予不同优惠：一是租赁方式获得土地。以土地长期租赁方式提供保障性住房用地时，开发建设期阶段无须缴纳土地租赁款，土地租赁款递延至基金产生租金收入阶段予以缴付；二是出让方式获得土地。以土地出让方式提供保障性住房用地时，可对出让价格给予一定优惠。

金融政策方面。从目前来看，金融政策的支持是最为关键的突破口。如果保障性住房基金得到银行信贷支持及政府保底回购承诺，则基金募集与运营将更加顺畅。一是落实租赁型保障性住房中长期贷款，符合相关条件的，由国家政策性银行提供政策性贷款，并享有基金产生收益前缓付利息至产生收益后递延支付等相关优惠政策。二是允许社保基金以及保险资金等长期资金参与投资保障性住房基金。三是建议允许保障性住房股权投资基金未来改造成 REITs 上市。

财政政策方面。财政政策主要体现在贴息和贴租。一是贴息。由中央和地方财政对符合要求的保障性住房基金项目贷款进行财政贴息。二是贴租。对保障性住房基金用于公共租赁房等租赁型保障性住房项目的，对优惠租金和市场租金之差进行贴租。

税收政策方面。2010 年 9 月 27 日，财政部、国家税务总局出台的《关于支持公共租赁住房建设和运营有关税收优惠政策的通知》对公共租赁住房建设与经营相关税收的减免与优惠已有规定。建议现行的税收优惠政策能够保持长期稳定，至少要长于保障性住房基金周期，这样有利于减小基金回报率压力，便于开展资金流设计和退出安排。

3. 探索保障性住房信托投资基金

房地产信托投资基金（REITs）是指凭借房地产物业未来经营收益进

行融资的一种金融产品，能解决房地产行业发展的长期资金问题，是房地产行业所特有的直接融资产品。REITs 起源于 20 世纪 60 年代的美国，90 年代后逐步扩展到英国、日本、中国香港地区、中国台湾地区等国家和地区。具体来说，REITs 实际是指一种通过发行股票或者单位受益凭证来募集大众投资者的资金形成基金，由专业投资机构投资经营房地产及法定相关业务，并将绝大部分的投资收益定期分配给投资者的特殊集合投资制度。建立保障性住房信托投资基金，运用 REIT 支持保障性住房建设和运营，在很大程度上有利于解决目前保障性住房资金来源问题。

（1）目前已开展的实践探索。天津市率先在中国开展保障性住房 REITs 项目试点。为促进 REITs 的顺利进行，天津市委、市政府专门成立了 REITs 项目小组，由相关副市长亲自主抓，市金融办具体协调，市财政局、税务局、国土房管局等相关部门，以及信托、证券、银行等金融机构参与，使这项工作得到迅速推进。原计划发行 11 亿元规模，之后规模扩大到 37 亿元。从具体方案来看，天津 REITs 项目是利用天房集团、房信集团现有的公有住房为基础设定的，以银行间债券市场为交易的信托计划。为解决保障性住房建设资金，设定了华学公司、房信集团作为委托人，天津信托作为受托人，天房集团作为总租人的项目结构。

（2）方案设计和实施中遇到的问题和困难。主要有以下几个方面：

一是 REITS 的设立需要有基础资产。天津 REITS 项目启动时是用既有的廉租住房作为基础资产。发行规模是 37 亿元，如果要再扩大规模，那么就需要等新建的保障性住房建成并运营成熟后才可实行。

二是基础资产能够产生足够的收益。天津 REITs 项目用的是老廉租住房，这些房子在企业获得的时候是以无偿方式取得的，相当于政府提供了隐性补贴，因此，在 REITs 方案中，企业将这些隐性补贴显性化，从而能够满足 REITs 产品对收益率的要求。而对未来发行的第二期、第三期 REITs，则需要再去寻找合适的资产。对公共租赁房来说，关键是租金水平的确定要能够与企业投入的建设成本形成联动机制，从而保证发行 REITs 所募集的资金能够覆盖先期投入。

三是 REITS 退出问题。公共租赁住房如果能够再出租一定期限后销售，那么就可以用销售资金来归还 REITs 本金，当然这里还需要保证在 REITs 到期前销售。

（3）对利用 REITs 用于保障性住房建设的思考和建议。早在 2007 年，中国就开始从金融创新的角度，开始着手研究制定 REITs 的相关政策，但一直处于理论探讨阶段。REITs 作为金融创新产品一直受到关注，建议尽快完善 REITs 相关的法律、制度，积极推出 REITs 产品。

一是在完善当前《公司法》《信托法》的基础上出台有关 REITs 的法律法规。

二是健全相关税收体系。规范个人投资者、机构投资者，以及证券公司、基金公司等重要参与者的收益。建议初期减免 REITs 模式涉及的有关税收，在保证 REITs 收益率的情况下，尽量提高开发企业运营公共租赁住房项目的盈利能力。

三是建立配套管理措施，明确公共租赁住房 REITs 设立、组织结构、交易流程和收入分配等事项。

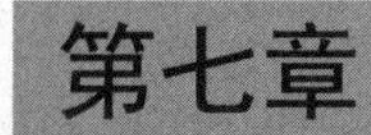

中国住房保障与PPP模式应用

一、住房保障领域发展 PPP 模式的必要性和可行性

（一）PPP 的含义和主要特征

从广义上来看，PPP（Public—Private—Partnership），即公私合作关系或公私伙伴关系，涵盖了社会资本参与市政公用基础设施提供的各种方式。

不同国家和组织对 PPP 模式有不同的定义，下表列举了几种具有代表性的说法。

表 7－1　不同国家和机构对 PPP 的定义

国家/机构	PPP 定义
英国财政部	在国有行业中引入私人部门所有制；鼓励私人投资行动，公共部门通过合同长期购买商品或服务，利用私人部门的管理技术优势，同时受益于私人的财力支持以巩固公共项目；扩大政府服务的出售范围，从而利用私人部门的专业技术和财力开发政府资产的商业潜能
加拿大 PPP 国家委员会	PPP 是公共部门和私人部门之间的一种合作经营关系，它建立在双方各自经验的基础上，通过适当的资源分配、风险分担和利益共享机制，最好地满足事先清晰界定的公共需求
联合国发展计划署（1998）	是指政府、营利性企业和非营利性组织基于某个项目而形成的相互合作关系的形式。通过这种合作形式，合作各方可以达到比预期单独行动更有利的结果。合作各方参与某个项目时，政府并不是把项目的责任全部转移给私营部门，而是由参与合作的各方共同承担责任和融资风险
世界银行（2014）	由私营部门同政府部门之间达成长期合同，提供公共资产和服务，由私营部门承担主要风险并管理责任，私营部门根据绩效情况得到酬劳

虽然各国和组织对PPP有不同的定义，但总体而言，PPP具有以下的共同特征：第一是公共部门与社会资本建立起的一种长期合作伙伴关系；第二是把提供公共产品或服务包括提供基础设施，作为合作的目标；第三是强调利益共享，即在合作过程中，社会资本与公共部门实现共赢，在不排除并适当满足社会资本的投资营利目标的同时，为社会更有效率地提供公共产品和服务；第四是风险共担。这四个特征反映政府和社会资本合作关系的核心要素。

（二）住房保障领域发展PPP的必要性

1. 有利于解决保障房建设和棚户区改造的资金来源问题

“十二五”规划提出，建设城镇保障性住房和棚户区改造住房3600万套（户），保障性住房覆盖面达20%左右。2013年国务院《关于加快棚户区改造工作的意见》提出，2013年至2017年改造各类棚户区1000万户的目标。2014年《政府工作报告》提出，今后一个时期，改造约1亿人居住的城镇棚户区和城中村。因此，“十三五”期间住房保障特别是棚户区任务仍然十分艰巨。

要实现“十三五”规划目标，解决资金来源问题是关键。目前保障性住房的建设主要依靠政府财政拨款和银行贷款。2014年国务院《关于加强地方政府性债务管理的意见》（国发〔2014〕43号）建立规范的地方政府举债融资机制，政府债务只能通过政府及其部门举借，不得通过企事业单位等举借。由于地方财力有限，投融资平台融资功能受政策限制，政府资金投入缺口的问题会日益严重。

通过PPP模式中，私营机构可以为保障性项目提供资本金，解决政府的资金瓶颈。民营资本除了利用自有资金进行建设外，还可通过资本市场为公共租赁房建设融资，从而进一步扩大公共租赁房建设的融资渠道。

2. 有利于政府更有效率地提供住房保障服务

政府和社会资本合作模式是指政府与社会资本在公共服务领域建立的一种长期合作关系，通过这种合作和管理过程，可以更有效率地为社会提供公共服务。

私营部门参与保障性住房的运营管理，而不再由政府公共部门自身运营，由于私营部门在融资、管理、技术等方面具有丰富的经验、先进的技术和管理方法，既有利于提高经营管理的效率，也有利于让政府公共部门从烦琐的事务中摆脱出来，将工作重点移向对保障性住房的整体监管。

3. 有利于分散保障性住房建设运营的风险

PPP 模式在改造初期就可以实现风险的分配。参与各方重新整合，组成战略联盟，对保障性住房建设运行的整个周期负责，在合作中共担风险和责任。政府在保障性住房建设的过程中分担一部分风险，降低了投资商的风险，从而提高了项目融资成功的可能性。另外，私人企业的参与分担了原先由政府承担的风险，从而也减轻了政府的负担。

综上所述，住房保障领域发展 PPP 模式，推进公共租赁住房投资建设和运营管理和棚户区改造，有利于转变政府职能，提升保障性住房资源配置效率，有利于消化库存商品住房，促进房地产市场平稳健康发展，有利于提升政府治理能力，改善住房保障服务，对稳增长、调结构、惠民生具有十分重要的意义。

（三）住房保障领域发展 PPP 的可行性

1. 资本市场和私营经济发展为其奠定了社会、物质和技术基础

一是资本市场和机构投资者逐步成熟。随着中国经济快速发展，中国国内资本的积累稳定增长，资本市场融资力量迅速扩大，保险、信托等各类机构投资者也快速成长，这些为私人资本投资基础设施行业也奠定了基础。

二是中国私营经济近年来的迅速发展为其参与公共事业奠定了物质和技术基础。城市交通等典型的资本密集型产业和技术密集型产业是 PPP 合作模式的重点领域，其运作往往需要进行结构融资，涉及比较复杂的法律、金融和财务等方面的知识。经过 20 多年的发展，中国私营经济的实力大大增强，在参与公共事业建设中逐步具备了资金、技术和管理能力。

2. PPP 模式在中国发展已积累一定经验并在住房保障领域得到运营

PPP 模式作为一种公私合作、实现“双赢”或“多赢”的运营机制，早在 20 世纪 80 年代就在世界范围内得到了快速发展并积累了诸多经验。

PPP 模式在国外许多国家已经有了很大的发展，可以为中国引入 PPP 模式进行公共事业建设提供经验。20 世纪 90 年代至今，中国应用 PPP 模式的领域也在逐渐扩大，主要应用于高速公路、地铁、水务等基础设施和公用事业，并且有很多成功的案例。在住房保障领域，也有了应用 PPP 模式的试点和先例，例如，部分地区企业通过 BT、配建方式参与保障性住房建设和棚户区改造。

3. 住房保障领域发展 PPP 模式具备一定的经济可行性

PPP 模式能否成功关键在于政府与社会资本的合理搭配组合是否能够找到可持续性的盈利模式，使社会资本在提供公共服务的同时，也能获得合理的投资回报。

PPP 项目的盈利能力主要取决于以下两个方面：一是项目需求量，可以产生稳定的现金流。随着新型城镇化的推进和户籍制度的改革，未来每年将会有大量的农村人口涌入城市，每年也都有大量新入职大学毕业生，他们的住房需求主要通过保障性住房来解决。二是项目有合理的收益率。保障性住房特别是公共租赁住房，其主要现金流入就是租金收入，如果再加上政府提供的租金补贴，能够形成稳定的现金流。另外，部分保障性住房建设和棚户区改造项目能够通过商业配套运营回收部分资金。因此，社会资本参与保障性住房建设，是可以获得相当稳定的投资回报的，这使 PPP 应用于保障性住房项目具备经济上的可行性。

二、部分国家和地区住房保障领域 PPP 模式的运用与借鉴

（一）主要做法

1. 英国

1999 年英国将 PPP 模式应用于宜居住房（decent homes）项目中。研究表明，在项目经济性上，PPP 模式能够以合理的支付水平和有效的方式

实现公共部门的社会住房投资目的，通过合理分担风险提高资金价值。

在住房保障供给方面，英国强调政府对住房供给的主导作用同时鼓励私人机构参与。英国政府的公共住房基本模式是：由中央政府提供补贴，地方政府负责规划、投资和运营公共租赁住房，由私营建筑企业参与公共住房建设。其中，“规划得益”和“共有产权”政策是吸引私人机构积极参与英国保障性住房建设的重要原因。在项目建设的效率上，英国财政部调查显示88%的项目能够按时或提前完成，没有项目出现预算超支情况。其主要特点是：

（1）建立社会住房基金（SHG）。SHG从各类住房公司获得资金，然后将资金分配给非营利性机构。向非营利机构提供资金的同时，SHG还会审核住户的资格、所有权形式以及退出机制等。

（2）规划得益。英国要求实行配建制，即开发商为获得相应地块的规划许可证，必须建设一定比例的保障性住房，并且在建成后，必须保证房屋一直符合SHG的要求，以实现这些保障性住房具有持久的“可支付”特性。根据英国政府“Circular22/83”中的规定，规划得益是地方规划部门在授予规划许可的过程中，从规划申请人（通常是开发商）身上寻求的规划条款中规定义务以外的利益，规划申请人付出这一利益的方式可以是实物的、现金的（支付）或是某种权益。该政策认为，土地被规划使用之后产生的增值不应全部属于开发商，而需要部分返回给公众，以平衡社会、经济与环境等方面。开发商支付规划得益是其获取规划许可的必要条件。1990年《城乡规划法》第106条款规定，开发商获得地方规划管理部门的规划许可证，就必须配建一定比例廉价住房，这些住房在一定时间段只能提供给当地低收入群体，其他人群不得购买。

（3）共有产权政策。在高房价地区，政府鼓励采用共有产权开辟新的PPP合作模式。“共有产权”则允许开发商持有一部分的保障性住房的产权，通常不高于30%，作为长期租金收入和房屋长期溢价之后的补偿，以达到永久性保持住房“可支付”特性。

2. 美国

（1）利用金融政策鼓励社会资本积极参与保障性住房项目。20世纪60年代，为减少政府建房财政资金重负，联邦政府逐渐引导私营企业部门为低收入群体融资参与保障性住房建设。从1960年至1980年，美国实施了一系列开发贷款利率补贴计划，为开发商和私人投资者提供优惠政策，鼓励他们为低收入家庭开发廉价。在1974年的《住房与城市发展法案》中，美国联邦政府取消了专门的利率补贴计划，转而由联邦政府对私营保障性住房进行直接补贴，即补贴市场正常租金与房客支付的实际租金之间的差额。地方政府从地区发展所得和出售资产所得中抽出一定的部分，并与住房信托基金（HTF）结合，用于住房保障资金。资金来源包括并容用地住宅、土地增值基金（TIF）、房产转移税（RETT）等，这些资金还可以通过联邦政府、州政府的基金项目（如CDBG、LIGTC等）进行扩充。公共机构还可以通过项目接力的形式融资，并且通过自己的资产带动私人或者非营利性投资。

（2）包容性区划。越来越多的美国地方政府通过使用包容性区划法要求或鼓励私人开发商将其开发的部分住房服务于中低收入住户以提高廉价住房的供给，其优点是在增加保障性住房供给的同时，促进富裕社区的经济多样性，使得低收入住户居住在只有少量廉价住房的社区中。到2004年为止，大约600个郊区社区制定了某种形式的包容性区划，这些地区绝大多数位于新泽西州、加利福尼亚州和马萨诸塞州。包容性区划包括以下几个关键要素：

一是预留要求。对开发项目中必须为中低收入住户保留的单元的比例要求，不同地方政府间的差别很大，该比例从5%～35%。最常见的比例在10%～20%。

二是对开发商的奖励。通常这些补偿以密度奖励的方式实现。密度奖励使开发商可以在现有区划法的规定之外增加一定数量的市场价住房单元。一般来说，开发商能获得20%的密度奖励。其他办法还包括：免除开发与建设费用、减少停车用地面积要求、放宽设计标准以及加速施工申请和规划变更的处理过程等。

三是强度要求。包容性区划在要求为中低收入住户预留一定比例住房单元时，同时提供相应的密度奖励和其他方式的补偿。少数住房市场特别旺盛的社区强制要求包容性区划，但是不提供任何形式的补偿来弥补提供廉价住房的花费。

四是另选场地开发或支付替代费用。在密度奖励不适用的情况下，一些包容性区划项目允许开发商选择在当地行政区域内的其他地方建设廉价住房，或者捐钱给其他组织以帮助开发低价住房。

（3）私人企业以商品形式向社会提供保障住房的 PPP 模式。主要特点有：

一是政府给予资金支持。由于保障性住房租金现金流非常有限，甚至不足以偿还建造成本，前期需要投入大量无成本资金。美国保障性住房项目中，除了大约 10% 的银行贷款外，均为不需要归还的资金。在牛津项目中包括 33.8% 的地方政府软性贷款，47.9% 的私人权益资本，以及 1.5% 的基金会捐款。政府大量无成本资金的投入，使项目现金流实现平衡和长期可持续运营成为可能。附加条件是，联邦税收抵扣政策要求保障性住房项目至少服务 15 年，加州地方政府通过软性贷款这一形式将服务延长到了 55 年。

二是依赖以投资商为主的特殊功能公司。在美国保障性住房项目 PPP 中，包含了一个投资商与开发商各分担 99.99% 和 0.01% 的“有限责任伙伴关系”，它在很大程度上保证了项目的成功。1986 年，联邦政府实施低收入住房税收抵扣政策。投资商向开发商购买政府通过竞争方式分配到后者手上的税收抵扣额度，一方面，资金通过保障性住房项目变成权益资本（约占项目的 50 ~ 70%）；另一方面，投资商分 10 年向联邦政府抵扣联邦所得税。通过这一政策，投资商实现了大约 15% 的投资回报率。投入资金可以获得相当于联邦长期和中期贷款利率的平均值，而且通常能以低于一美元的价格购买 1 美元的税收抵扣额。与此同时，政府获得了项目成功的保证和 15 年的保障性住房服务，而且根据美国税法规定，一旦项目失败，不但之前抵扣的税额都要“吐出来”，还要遭受很严重的惩罚。这导致投资商对项目严格监管，将其商业技能充分运用进来。审计发现，此类项目最后抵押贷款出问题的情况不足 1%，而当年联邦低于市场利率抵押贷款资助私人建房的失败率是 25%。从这种角度讲，PPP 不仅仅是融资工具，更是一个帮助实现保障性住房可持续性的管理工具。

三是发挥非营利组织作用。这也是美国保障性住房 PPP 模式的另一个重要特点。项目进行保障性住房服务至少 15 年，服务期满后“特殊功能公司”自动解体，投资商自动退出，不动产完全归开发商所有。如果开发商是非营利组织，只要补贴足够，这些房子将永远是保障性住房。所以虽然在美国，非营利组织、私企和政府（改革后的住房管理局）都可以提供保障性住房，但是非营利组织仍是首选。

3. 德国

（1）住房合作社。住房合作社在德国保障住房的发展过程中有重要作用。目前，德国有2000个住房合作社，属下拥有200万套住房、300万个会员。统计显示，合作社建造的住宅占德国新建住宅总数的30.9%。在柏林就有80个合作社，18万套住房，占到所有住房的10%。住房合作社属于非营利机构，最少需要7人以上组成，以集体力量来经营。社员入社必须缴纳部分资金，国家根据合作社获取的这些资金拨发等量资金，并且银行可以提供低息贷款。合作社在房屋建成后，将住房分配给社员，依靠社员的租金偿还银行贷款，每一个社员即是房屋的租户也是合作社的股东，如果之后有了盈利，社员可以得到分红。

由于合作社的目的是解决社员的住房问题，因此充分体现了住房问题由国家、集体、个人三者共同负担的原则。在德国，政府对合作社建房给予多方面的政策帮助：第一，提供长期低息贷款和给予借款保证；第二，提供价格合理的土地，这些地皮一般位于市郊，甚至是荒地，还有一些城市中的废旧住房；第三，减少税收，对所得税、财产税、土地转移税和交易税等，均以较低税率向合作社征收；第四，补贴租金，合作社住宅如用于向社员出租，政府在必要时可补贴部分租金，使房租降低到社员能够负担的水平。

（2）政府有限度的参与保障性住房建设。德国政府并不是全权负责保障性住房建设，对建设实行“大包大揽”，其对住房保障的参与是有限的。在德国，社会保障房在租赁市场的比例只有8%。德国政府通过金融财税等方式鼓励各市场主体参与建设、运营、管理保障性住房，鼓励地产商、住房合作社、私人投资建设房屋或者购置房屋进行出租。政府明确规定房地产开发必须配套建设一定的保障性住房。这种方式可以使低收入家庭分散居住，有效地避免由于低收入居民过度聚集带来的社会问题。

4. 中国香港地区

1972年，香港首次公布一项长达十年的房屋计划。该年，政府打算加快建设公共租住房屋，目标为每年33000个单位，以满足150万人的需要。到了1976年，政府基于市民自用居所的需求高涨，便推出了居者有其屋计划和私人机构参建居屋计划。私人机构参建居屋计划的主要目的是加快建设公共房屋，方法是让私人发展商参与及投资公共房屋。私人参建居屋可视为 PPP 模式①的具体应用，即政府将原本由政府负责的项目通过吸收私人资本，引导房屋委员会与私人机构共同完成，实现公共、中间、私人三个部门之间互相补充，互相竞争与相互监督。

（1）基本运作方式。香港特区政府邀请私人开发商投标建屋计划。私人参建居屋计划的投标是由私人参建居屋计划投标小组委员会负责审议，其成员来自各个政府部门，包括房屋署居者有其屋小组委员会、建筑小组委员会、财务小组委员会的主席。小组委员会接到标书后，就投标的地价、规划准则、建筑物条例、管理建议、投标者技术能力和经济能力等因素进行评估，然后决定将合约批给哪个投标者。中标的发展商须依照约定的规格兴建楼宇。总体来说，其运作方式是政府拨地，以招标承投方式售与私人地产商发展，同时招标章程会管制发展商的楼宇设计、水准及售价，并加强建屋进度和物业市场的监察，拟定措施，防止过度投机炒卖。

（2）评价与监察标准。从 1993 年 3 月起，所有参与投标公屋工程项目的承建商，必须先取得 15090 品质保证系统资格证书才可获投标机会，同时房委采用“表现评估计分系统”（PASS）对承建商进行综合评价。其次，聘请专业的屋宇测量师或者工料测量师，负责监察发展商兴建的居屋情况。确保实际的发展已按投标书的设计和建筑计划和工程明细表的规定付诸实施，须提交发展计划的进展情况和发展商的表现，所提意见转交各个有关部门处理。建筑工程完工后，监察工程的测量师将检查所有楼宇，确保符合工程明细表的规定。

（3）楼宇管理与利润分配。为确保执行私人参建居屋计划的发展商在修缮房屋和管理有关计划时能履行责任，开发商必须预先缴纳一笔保证

---

① PPP 模式即公共部门与私人企业的合作模式，该模式起源于英国，受西方发达国家的强烈欢迎。此模式在国外大受欢迎，原因是：随着经济的高速发展，对公共基础设施建设投资的需求与日俱增，单单依靠国家财政拨款建设公共基础设施已远不能满足社会的巨大需求。显然，即 PPP 模式为项目生命周期中的组织机构设置提出的一种新的模型，是政府与私人企业基于某个项目而形成以“双赢”或“多赢”为理念的合作形式。即模式在公共基础设施领域，如道路、医院、监狱、保护区、军事基地等公共项目的建设中应用得最广，随着社会的不断发展，其应用领域也不断扩大，同时也产生了很多不同但类似的具体操作模式。PPP 模式在一些国家和地区逐渐在公共住房领域得到应用，提高公共住房的效率，降低政府财政负担。

金，保证在1年保养期内修缮楼宇损毁之处，并提交一份银行保证书，作为在10年期间妥善管理和维修有关屋苑的保证。同时，开发商聘请管理公司负责有关屋苑的日常管理工作。

私人参建居屋计划地盘投标所得的地价归政府所有。私人发展商在该项计划中能得到的主要利益，是以比一般市场价较低的价钱，从房委会购入土地建设居屋并出售。由于政府保证开发商能按指定价格（低于市场价）出售住宅单位，所以开发商承担的风险很小。从以往多年售卖私营部门参建居屋计划的经验来看，绝大部分居屋单位都被超额认购。1988年4月1号房委会改组后，承担了出售私人参建居屋单位的责任，负责挑选购楼者，但如果在指定时间内仍未找到符合条件的购房者，房委会必须将居屋单位购入。如果居屋的实际售价高于保证价格，则获得的盈利归房委会所有。反之，房委会支付差价与开发商。

（二）部分案例

1. 英国环保信托基金投资建设英国保障性住房项目

环保信托基金是1979年建立于英国东部的一项社区发展信托基金。该基金是一个非营利性组织，各种收益均用于社区开发，Bethnal Green项目就是其中之一。

Bethnal Green项目是该基金与一个非营利性住房组织Circle 33合作开发的。这一公顷土地在第二次世界大战期间曾遭受过轰炸，原本属于政府。为了这一开发项目得以顺利实施，政府以优惠的价格出售了该土地。此后，环保信托基金又将部分土地卖给了Circle 33住房协会，由Circle 33住房协会将其开发成13套住宅并出租给了该协会的客户。环保信托基金则开发了剩余29套绿色住宅。该基金建设的所有住宅项目都符合绿色建筑相关标准，Woolwich建设协会以项目本身为担保为其提供了贷款。该基金将建成的住宅以70%的市价卖给经政府审核并提名的家庭，并保留剩余30%的产权。该基金享有所占有部分的房屋所有权和抵押权，而住户拥有长期的使用权。该基金保有的30%产权既可以转让，也可以抵押用于后续房产的开发。

2. 加拿大Bob Ward住宅项目

（1）项目简介。Bob Ward住宅项目是三层公寓建筑，为精神病患者、脑部受伤者、身体残疾者以及生活在贫困线下的人提供保障性住房。该项目的整体预估成本为490万加元。经历了多年的策划、筹款和政治游说之后，项目于2003年10月正式开始运营，这比原计划提前了6个月，而且没有按揭贷款，节省了50万加元的预算。租户都是年龄在35~64岁的低收入人士、精神分裂症患者、抑郁症或情感障碍人士。

（2）项目的合作关系与财务结构。加拿大联邦、省、市三级政府部门都给项目提供了支持。其中，卡尔加里市政府捐献了价值93.5万加元的土地，并承担了道路拓宽等工作；阿尔伯塔省政府提供了15万加元支持。项目主要的私营部门合作者是三个非营利组织：一是卡尔加里住房建设者基金会。作为住房建设产业中的慈善力量，该基金会在项目的设计、建设和筹资方面发挥了主要作用，确保了项目有效和低成本的建设。二是房屋水平线协会。该协会为减轻大量关于社区成员问题的公共咨询会议负担提供了重要帮助，也在提供成员名单、教育租户和提供信息方面功不可没。作为房产管理专家，该协会也在建筑的资产购置和管理方面承担了主要责任。三是卡尔加里无家可归基金会。因与社区中的私人部门志愿者有良善捐助。此外，还帮助增强了社区能力，带来关键的筹资技巧，游说当地政府提供授权许可，确保了满足法律的需要。

（3）项目结果。Bob Ward住宅项目开始运营时，没有任何债务。迄今为止，该项目满足了本地区有精神、身体伤残人士和低收入人群的住房需要。房屋租金设定在每月270~330加元间，所有租户在每月房租上的花费都没有超过其月收入的30%。该项目的租金收入足够维持日常运营开支，并且据估计在未来也不需要政府的资助。

3. 加拿大卑诗省住房部门温哥华城东区项目案例

2007年，卑诗省住房部门在温哥华城东区购买了24栋单间住房（SRO）旅馆用作保障性住房。2011年10月，针对其中待修缮的13栋单间住房，卑诗省住房部门将其列示为单间住房改造项目。2012年12月，该部门与社会资本合作方Habitat Housing Initiative（HHI）达成了固定价格、基于绩效的项目协议。HHI在18年的特许经营期内（包含大约3年的建设期），负责该项目的设计、建造、部分融资和维护工作。该项目总成本为1.433亿美元，包含了建造、设备、临时安置、竞争性选择等全部成本，资金来源方为加拿大联邦政府和卑诗省政府。

（1）采购方案比较。完善的采购流程和科学的采购方案比较是PPP模式得以采用的必要步骤。如果采用传统的政府采购方案，卑诗省住房部门需要雇佣设计师并招标建筑商，承担设计责任，负责日常运营和维修工作。卑诗省住房部门负责协调设计、建造和维修团队之家的沟通，并保留了关键设计和建造等风险。而采用PPP模式，则会涉及两个阶段竞争性采购过程。PPP模式下，社会资本方承担了较多责任：为项目建设和特许经营期的维修工作安排项目融资；设计并建造项目；在项目协议期间维护项目资产，在特许经营期结束时，以约定的条件移交给政府部门。通过定量和定性分析，政府采购团队认为应用PPP模式的效益更高。从定量来看，从财务角度考虑，与传统政府采购相比，最终的PPP项目协议可以为纳税人带来的价值是520万美元的成本节约。

（2）竞争性采购。本项目采用的是两阶段的竞争性采购流程。在资格预审（RFQ）阶段，要求意向单位提交资格文件，有6家单位响应，政府方从中选出了3家单位进入第二阶段（RFP）招标谈判。在第二阶段，举行了多场主题会议，每个投标单位都有机会讨论有关商务、法律、设计、建造和设备管理等事务，最终形成项目协议草案，成为项目建议书的共同基础。

（3）绩效支付机制。通过基于绩效、设备可得性和服务质量的支付机制将对社会资本方HHI产生激励。在每栋建筑完成之后，HHI每月都会收到包含设施维护服务费在内的政府付费。不过，为了激励HHI认真履约，每栋楼只获得合同中约定的95%的成本费用，只有在13栋楼全部建造完毕后才会获得剩余的5%。此外，年度服务费按月支付，而且主要基于房屋和设施维护服务的质量。因此，社会资本方HHI的绩效受到基于关键绩效指标的持续监管。如果没有达到合同约定的标准，卑诗省住房部门就会对支付金额进行扣除。例如，如果一栋有120个房间的建筑电梯坏了且超过一天没有修好，那每坏一天，HHI就会扣除8000美金。

（4）全过程政府监管。为确保项目交付质量，项目协议中专门列出监管条款，涵盖项目融资、设计、建造和运营维护的每个阶段。在设计和建造阶段，项目协议规定，政府和社会资本方都必须委派设计和建设的代表，负责项目现场检查等工作；在运营和维护阶段，政府和社会资本方也必须委派一名代表，在15年的合同运营周期里，担任运行期联合委员会成员。在15年经营期结束时，政府和社会资本方将在项目期结束之前共同委托一个独立团队对建筑物的状况进行检查和调查，以确保项目符合移交的要求。

（三）国外住房保障领域 PPP 对中国的借鉴

基于上述分析，国外应用 PPP 模式实施住房保障对中国有以下借鉴：

1. PPP 模式需要明确清晰的权责关系

首先，政府给予政策支持。一是土地政策，一般可通过无偿获得、折价获得和延期支付方式做出不同程度的利益让步。二是金融政策，提供长期低息贷款或担保。三是税收优惠，如所得税抵扣。四是租金补贴，如美国补贴市场正常租金与房客支付的实际租金之间的差额。五是规划支持，如英国的规划得益、美国的包容性区划等。

其次。开发商让步短期收益。除土地以外的建设成本均由开发商承担，且多数开发商的收益被平均分配到较长的运营期，以租金等形式获得。

最后，共有产权吸引社会资本参与。住户所占的产权从 60% 到 75% 不等，剩余部分由私营机构持有，私营机构持有的产权保证了私营方能够享受到房屋的升值受益，可以弥补因租金较少而出现的项目亏损。

2. 不能仅将 PPP 视为融资工具

美国保障住房 PPP 的宗旨是政府—私人投资商—非营利组织各取所长，从而实现保障性住房提供的可持续发展。2007 年抽样调查发现，美国城市管理者实施 PPP 的两个主要原因是降低费用（86.7%）和减轻财政压力（50.3%）（其他原因没有超过 16%）。但是金融危机之后的 2012 年，调查发现，提供动机转变为：更好的过程（69%），关系培养（77%），更好的结果（81%），撬动资源（84%），合作式服务提供是“正确的事”（86%）。

3. 非营利组织作用不可忽视

在 PPP 模式下，第二个 P 指的是社会资本，其中包括了非营利社会组织。在提供保障性住房这一具有福利性质的准公共产品时，英国、加拿大等发达国家十分重视社会组织的力量，因为其非营利机构比较发达，对基层无房人群的接触和了解也更加深入。同时，这些机构也拥有较强的筹集捐款和雇佣专业建造管理团队的能力。非营利机构的加入，大大地降低了保障性住房项目的需求风险、项目建设风险和运营风险，减轻了政府的压力。

4. 住房保障领域 PPP 模式需要激励和监管机制

一是运用竞争性采购获取最大市场价值。只有通过竞争性采购，才能推动社会资本部门为了成功中标而努力创新，提出更佳的解决方案，最大化地满足公众利益。在中国住房保障领域采用 PPP 模式过程中，同样需要公开的竞争性招标，让社会资本方创新方案，才能发挥 PPP 模式中政府、社会资本和居民三方共赢优势。

二是设计激励机制提高绩效。通过良好的制度安排，如定价和支付机制，促进社会资本方积极创新，提升工作绩效，从而改善公共服务质量。例如，在加拿大卑诗省案例中，政府方和社会资本方签订了一份固定价格的基于绩效的项目协议。社会资本方 HHI 只有履行协议要求，完成绩效指标，才能获得全额支付；如果质量无法达标，它将承担所有损失和惩罚。

三是通过政府监管维护公众利益。PPP 项目是政府方和社会资本方的全过程、全生命周期的合作，而且多是社会公益项目，因此离不开必要的政府监管。在推行 PPP 过程中，政府的责任并没有减少，而是要加强政府监管，从“运动员”向“裁判员”转变，努力维护公众利益。

三、目前国内住房保障领域发展 PPP 模式的现状和问题

（一）中国 PPP 模式发展及主要政策

1. PPP 模式在中国的发展和转变

PPP 模式在中国发展大致经历了四个阶段：

一是探索试点阶段（2002 年之前）：这期间 PPP 模式以外资参与的 BOT 模式为主，主要应用在有收益的市政设施项目上。从 1995 年开始，在原国家计委的主导之下，广西来宾 B 电厂、成都自来水六厂及长沙电厂

等几个 BOT 试点项目相继开展。其中法国电力公司及阿尔斯通公司联合体获得广西来宾 B 电厂 18 年的特许经营权，成为国家批准的首个 BOT 试点项目。

二是快速发展阶段（2003—2008 年）：这一期间外资和其他社会资本以特许经营的模式较大规模的参与市政公共用基础设施的投资中。2002 年发布的《关于加快市政公用行业市场化进程的意见》以及 2005 年“非公经济 36 条”在很大程度上推动了各地市政公用领域 PPP 模式的推进。在这一阶段，PPP 项目最多的是污水处理项目。当时正值全国各地建设污水处理厂的高峰，此外，在自来水、地铁、燃气、垃圾处理、交通、新城等领域也采用了较多的 PPP 模式。比较著名的 PPP 项目有合肥王小郢污水 TOT 项目、兰州自来水股权转让项目、北京地铁四号线项目、北京亦庄燃气 BOT 项目等。

三是调整阶段（2009—2013 年）：受金融危机影响，全球和国内经济增速下滑，中国中央政府推行积极的财政政策和刺激经济增长计划。由于该经济刺激计划的投资由政府主导，因此各地政府都充分利用政府所属融资平台进行投融资。城市基础设施等公共产品和服务的投融资职能主要由各地的融资平台公司承担，项目的运作方式以政府委托代建、BT 模式为主。期间社会资本在公共产品和服务领域的参与度有所下降，PPP 模式的发展处于调整阶段。

四是重新定位阶段（2014 年以后）：党的十八届三中全会提出“允许社会资本通过特许经营等方式参与城市基础设施投资和运营”的改革方向之后，财政部和国家发改委于 2014 年相继发力推动相关工作。在本轮的 PPP 推进过程中，更强调“建立政府与市场合理分工的城市基础设施投融资体制”，明确政府在项目合作中与私营部门的责任划分，建立政府与私营部门的长期合作关系，充分发挥各自优势，将政府可以提供的资源，包括财政资金、政策等，和私人的资本、技术对接，双方共享收益、共担风险和社会责任，从而实现经济效益和社会效益的共赢。

归纳来看，PPP 模式在中国的运用经历了从以融资为目的向注重建立政府与私营部门合作关系的转变。自 20 世纪 90 年代以来，中国公用事业行业在引进社会资本、发挥市场机制方面取得了非常显著的成绩。但在 PPP 初起之时，出于地方政府对资金的较强需求，更多的将 PPP 作为融资的形式。当前，PPP 模式了开始更多注重政府和私营部门之间良性“合作机制”的建立。

2. 国内住房保障领域发展 PPP 的政策依据

（1）《中共中央关于全面深化改革若干重大问题的决定》

党的十八届三中全会做出的《中共中央关于全面深化改革若干重大问题的决定》指出，要加强地方政府公共服务、市场监管、社会管理、环境保护等职责。推广政府购买服务，凡属事务性管理服务，原则上都要引入竞争机制，通过合同、委托等方式向社会购买。

（2）《关于创新重点领域投融资机制鼓励社会投资的指导意见》

2014 年 11 月 16 日，国务院发布的《关于创新重点领域投融资机制鼓励社会投资的指导意见》（国发〔2014〕60 号）提出，推广政府和社会资本合作（PPP）模式。认真总结经验，加强政策引导，在公共服务、资源环境、生态保护、基础设施等领域，积极推广 PPP 模式，规范选择项目合作伙伴，引入社会资本，增强公共产品供给能力。政府有关部门要严格按照预算管理的有关法律法规，完善财政补贴制度，切实控制和防范财政风险。

（3）《关于开展政府和社会资本合作的指导意见》

2014 年 12 月 2 日，国家发展改革委印发《关于开展政府和社会资本合作的指导意见》（发改投资〔2014〕2724 号）。

明确政府和社会资本合作（PPP）模式是指政府为增强公共产品和服务供给能力、提高供给效率，通过特许经营、购买服务、股权合作等方式，与社会资本建立的利益共享、风险分担及长期合作关系。

规定项目的适用范围。PPP 模式主要适用于政府负有提供责任又适宜市场化运作的公共服务、基础设施类项目。燃气、供电、供水、供热、污水及垃圾处理等市政设施，公路、铁路、机场、城市轨道交通等交通设施，医疗、旅游、教育培训、健康养老等公共服务项目，以及水利、资源环境和生态保护等项目均可推行 PPP 模式。各地的新建市政工程以及新型城镇化试点项目，应优先考虑采用 PPP 模式建设。

（4）《关于推广运用政府和社会资本合作模式有关问题的通知》

2014 年 9 月 23 日，财政部印发《关于推广运用政府和社会资本合作模式有关问题的通知》（财金〔2014〕76 号）。

明确政府和社会资本合作模式是在基础设施及公共服务领域建立的一种长期合作关系。通常模式是由社会资本承担设计、建设、运营、维护基础设施的大部分工作，并通过“使用者付费”及必要的“政府付费”获得合理投资回报；政府部门负责基础设施及公共服务价格和质量监管，以保证公共利益最大化。

明确政府和社会资本合作模式的实质是政府购买服务，要求从以往单一年度的预算收支管理，逐步转向强化中长期财政规划。

规定推广运用政府和社会资本合作模式，要确定好示范项目范围。适宜采用政府和社会资本合作模式的项目，具有价格调整机制相对灵活、市场化程度相对较高、投资规模相对较大、需求长期稳定等特点。各级财政部门要重点关注城市基础设施及公共服务领域，如城市供水、供暖、供气、污水和垃圾处理、保障性安居工程、地下综合管廊、轨道交通、医疗和养老服务设施等，优先选择收费定价机制透明、有稳定现金流的项目。

（5）《政府购买服务管理办法（暂行）》

2014 年 12 月 15 日，财政部印发关于《政府购买服务管理办法（暂行）》的通知（财综〔2014〕96 号）。

明确“政府购买服务”是指通过发挥市场机制作用，把政府直接提供的一部分公共服务事项以及政府履职所需服务事项，按照一定的方式和程序，交由具备条件的社会力量和事业单位承担，并由政府根据合同约定向其支付费用。

规定应纳入政府购买服务指导性目录包括：住房保障、公共交通运输、环境治理、城市维护等领域适宜由社会力量承担的服务事项。

（6）《关于运用政府和社会资本合作模式推进公共租赁住房投资建设和运营管理的通知》

2015 年 4 月 21 日，财政部、国土资源部、住房城乡建设部等部委发布《关于运用政府和社会资本合作模式推进公共租赁住房投资建设和运营管理的通知》（财综〔2015〕15 号）。

该文件提出了公共租赁住房政府和社会资本合作项目的基本模式。运用政府和社会资本合作模式推进公共租赁住房投资建设和运营管理，主要是政府选择社会资本组建公共租赁住房项目公司，项目公司与政府签订合同，负责承担设计、投资建设、运营、维护管理任务，在合同期内通过

“承租人支付租金”及必要的“政府政策支持”获得合理投资回报，依法承担相应的风险；政府负责提供政策支持，定期调整公共租赁住房租金价格，加强公共租赁住房工程建设及运营维护质量监管。合同期满后，项目公司终结，并按合同约定作善后处理。政府对项目公司承担有限责任，不提供担保或承诺。

（二）国内住房保障领域 PPP 运用的主要形式

从广义来看，政府在实施住房保障过程中吸引企业等社会力量参与，如开发企业配建保障性住房、用工企业自建公共租赁住房等都可视为 PPP；从狭义上来看，住房保障领域 PPP 模式主要有 BT、BOT、BOO 等模式。

1. 企业代建保障性住房并由政府回购

企业代建保障性住房并由政府回购，实际就是 BT 模式。保障性住房 BT 模式最早在辽宁、浙江，重庆、广州等城市进行试点，之后逐渐为各地政府采用。从 2009 年开始，国内陆续以 BT 模式进行建设保障性住房。

辽宁省营口市 2009 年开工建设的熊岳古城区域一期保障性住房项目，由营口市熊岳城市建设发展有限公司在市场上公开进行招标，中标单位要对该项目进行投资建设，于竣工验收完毕后移交营口市熊岳城市建设发展有限公司。

南京市 2010 年开工建设的 1 万套公共租赁住房项目也采取的是此模式。南京市保障性住房公司作为投资方和业主，代表政府拥有公共租赁住房的产权，获得经营的固定收益，代建企业获得建设过程的固定收益，政府通过财政资金对相关企业进行补贴。

昆明市官渡区大羊村保障性住房项目分两期进行开发建设，用地总面积为 280 亩，容积率为 2.5%，绿化率为 40%，共建设 6086 套保障性住房，其中包含廉租住房和经济适用住房两种类型。通过公开招标工作，由中标单位昆明未来城开发有限公司进行投资建设，待建设完毕后再由政府进行回购，在整个建设过程中，企业的利润获取在 3% 以内。

BT 模式的优势是，开发企业的参与弥补了政府专业性不强缺陷，有利于降低成本、提高效率，保证保障性住房建设进度和工程质量。另外，BT 模式并不能规避政府财政资金不足的问题，政府在项目竣工时仍需一次性支付保障性住房建设费用。

2. 开发企业配建保障性住房

政府要求开发企业在商品住房小区配建保障性住房是目前国内很多城市普遍采用的做法。

青岛市推行公共租赁住房配建制度。青岛市明确规定，凡是规划为住宅的房地产项目，都要按照比例配建一定数量的公共租赁住房或经济适用住房。新增建设用地规划为住宅的，按照不低于10%的比例配建；旧城区、城中村改造项目，扣除拆迁安置用房后，按照不低于5%的比例配建；一般搬迁企业用地规划为住宅的按照45%的比例配建。不适宜配建公共租赁住房的土地，要提取相应比例土地收益用于集中建设项目用地的征收补偿。

南京市“十二五”时期规划建设的公共租赁住房同样基本采取配建形式，其中，2010年开工建设的1万套在经济适用住房小区内配建，其他规划的1.7万套在商品住房或经济适用住房小区内进行配建。商品住房小区内配建的保障性住房的建筑面积不超过项目整体的10%。

配建公共租赁住房的好处在于：一是避免了集中建设项目落地难、拆迁成本高、工作推进慢的问题，实现了公共租赁住房房源的有效供应，提高了效率；二是有利于优化区域布局，使被保障家庭可与其他居民共享高品质的小区配套和物业服务；三是缓解了政府直接投资建设公共租赁住房的财政资金压力。

3. 用工企业利用自有土地建设公共租赁住房

即有条件的、规模较大的企业利用自有土地自行组织建设。

北京市《关于加强本市公共租赁住房建设和管理的通知》（京政发〔2011〕61号）规定，社会单位在符合规划条件的基础上，利用自用国有土地建设公共租赁住房并持有、运营公共租赁住房，中央及市属单位必须向市住房保障工作领导小组办公室提出建设申请并由其核准；其他社会单位，向区县人民政府提出申请，区县人民政府核准后报送市住房保障工作领导小组办公室备案。经过核准的项目，纳入全市公共租赁住房建设计划，发展改革、规划、国土和住房城乡建设等部门应当依据建设计划办理相关审批手续，例如，北京市北控集团在石景山区利用自有土地中因产业升级而用不上的土地建设公共租赁住房。经规划调整，原8.2公顷土地中，除保留2公顷市政设施用地和0.8公顷养老用地外，其余土地用于建设公共租赁住房和廉租住房，总建筑面积10.5万平方米，2346户。

企业自建保障性住房能够缓解员工的大量流动问题，员工节约了交通时间、解决了家庭分居等问题，提高了职工工作效率和积极性。同时，政府所需的投入资金少，承担的风险低。

4. 农村集体经济组织建设公共租赁住房

从北京市、上海市和国内部分城市具体做法来看，农村集体经济组织建设公共租赁住房有以下模式：

（1）自建模式。即农村集体经济组织投资建设，建成后拥有公共租赁住房产权，并进行经营和取得租金收益，例如，厦门市“阳光公寓”主要靠近各开发区、工业区和外来、人员密集区，按社区生活组团规划，由各区政府或镇、村集体投资建设，同时与城中村改造和周边环境整治相结合。如北京市昌平区北七家公共租赁住房项目，系该村经村民代表大会和党员大会通过，用自有资金投资建设，约33亩（22公顷），只租不售，优先考虑周边未来科技城等员工需求。

（2）合作建设模式。即由农村集体经济组织与公共租赁住房建设机构（或投资机构）合作，共同投资建设和经营管理公共租赁住房。农村集体经济组织可以凭借集体建设用地使用权入股，并按股份享有租金收益。

（3）集体建设用地使用权租赁模式即农村集体经济组织将集体建设用地使用权租赁给公共租赁住房建设机构（或投资机构），获取相应的土地租赁收益。从理论上来看，农村集体经济组织可以通过集体建设用地流转，将集体建设用地使用权出让或租赁给公共租赁住房建设机构（或投资机构），并获取相应的土地收益。但在现阶段土地制度框架下，根据国土资源部《关于加强保障性安居工程用地管理有关问题的通知》要求，利用农村集体建设用地进行公共租赁住房建设试点需遵循土地所有权和使用权不得流转的原则。因此，农村集体经济组织只能将集体建设用地使用权租赁给公共租赁住房建设机构，而不能流转集体土地所有权或使用权。

（4）征地补偿建设公共租赁住房模式。即政府在对农村集体经济组织征地同时，投资利用集体建设用地建设公共租赁住房并交给农民出租，其租金收益作为失地农民补偿。例如，厦门市“金包银”工程，对成片开发的工业集中区中的村庄，按照统筹城乡建设规划的要求，在村庄外围建设为工业区提供配套的“三产”服务设施，为失地农民提供一套自住房、一套出租公寓、一份店面股份，并同步对村庄内部实施旧村改造，确保农民有稳定收入来源，改善农民的生活环境。其中，“金边”是指在村庄外围建设工业集中区配套服务用房（以出租房为主），“银里”是指按照新农村建设要求进行就地改造的村庄。

从实践探索来看，农村集体经济组织建设公共租赁住房是提供保障性住房房源的较好渠道，基本不需要政府资金投入，目前存在的障碍主要在于受土地政策的限制。

5. 企业投资建设公共租赁住房并运营

企业投资建设公共租赁住房并运营，根据运营期结束后是否移交保障性住房产权，又可以分为移交产权（BOT）和不移交产权（BOO）。

BOT 基本操作过程是：政府部门确定公共租赁房规划与建设项目后，对该项目进行公开招标，中标单位负责对项目进行融资、建设、运营和管理，也可委托其他公司进行管理。约定的经营期满后，项目资产转交给政府相关公共部门。

BOO 基本操作过程是：政府部门确定公共租赁房规划与建设项目后，对该项目进行公开招标，中标单位负责对项目进行融资、建设、运营和管理，也可委托其他公司进行管理。约定的经营期满后，项目资产产权归中标单位持有。

由于项目是公共租赁房，其现金流量可能不足以使社会资本在收回投资时伴有合理回报，此时政府可通过现金流量补贴和给予土地、税收、金融政策等形式，使其能收回投资并得到合理投资回报。补贴有两种方式：一是补贴给公共租赁住房使用者，再经房租形式由经营者收取；二是直接补贴给经营者。根据是否移交公共租赁住房产权不同，现金流不同，政府给予的补贴力度也有不同。

例如，合肥市高新区机电产业园引入合肥融智物业发展有限公司在园区内建设公共租赁住房，按照统一标准装修后，面向园区内企业管理人员、技术人员和外来务工人员出租。北京市亦庄经济开发区的 2 个公共租赁住房项目是由开发区总公司投资 20 多亿元建设，约 40 万平方米，提供 4500 套公共租赁住房。类似的项目还有深圳市龙岗区宝龙工业城公共租赁房项目、广州市万汇楼公共租赁房项目等。

从目前来看，由于公共租赁住房建设成本、融资成本较高，租金水平相对房价较低，尽管有政策优惠支持，部分企业也有参与的兴趣，但在住房保障实践中真正采取 BOT 或 BOO 模式的案例仍并不多见。

6. 棚户区改造引入社会资本参与

棚户区改造资金投入大，同样需要引入社会资本参与。

辽宁省坚持以市场为主渠道，引入社会资金参与棚户区改造。在2005 年至 2011 年，社会融资为棚户区改造提供了稳定的资金。其融资模式为“九个一块”，即“政府补贴一块、政策减免一块、企业筹集一块、个人集资一块、市场运作一块、银行贷款一块、社会捐助一块、单位帮助一块、工程节省一块”，从而将政府、市场和社会三个渠道紧密结合。从融资结构来看，市场、政府和社会渠道资金比重分别大约为56. 33%、38. 67%和5%。其中，市场资金中由政府通过市场化运作获得的资金占比 5. 63% ~11. 27%，由参与企业通过市场化运作获得的资金占比 36. 33% ~46. 33%。

河南焦作市的棚户区改造工程运用 PPP 模式。在棚户区改造中，地方政府推出了包括资金补贴、税费优惠和捆绑开发等在内的优惠政策，并在项目实施过程中实施有效的监督管理。焦作市应用 PPP 模式改造棚户区取得了显著的效果，政府只投入了 2. 2 亿元资金，就撬动了 20 多亿元社会资金。PPP 模式真正发挥了财政资金“四两拨千斤”的乘数作用，不仅缓解了地方财政的压力，保证了棚户区保障性住房建设的可持续性，而且使参与企业获得了相应的投资回报，实现了“双赢”。

（三）住房保障领域发展 PPP 存在的主要问题

从目前住房领域发展 PPP 的实践来看，广义上的引入社会资本参与较为容易实现，难点在于如何引入社会资本投资建设并运营公共租赁住房。要突破这个难点，还有以下两个关键问题需要解决：

1. 如何建立公共租赁住房可持续的运营模式

如前所述，社会资本投资建设并运营公共租赁住房，目前存在的最大障碍在于公共租赁住房项目可持续的运营模式尚未形成，投入资金难以实现自我平衡，企业对投资回报率、投资回收期和优惠政策心存疑虑。

（1）投资回收期较长。企业投资持有运营公共租赁住房，在收入方面主要依靠租金获取收益，而公共租赁住房的租金水平较低（一般是同地段商品住房租金的60%～70%），因此仅靠租金收入，投资回收期将很长。即便企业依靠出售或出租配套商业物业进行交叉补贴，这种模式也很难显著缩短投资回收期，因为公共租赁住房项目内不会配套过多的商业物业。

（2）不确定性因素较多。随着投资回收期加长，公共租赁住房经营期间的不确定因素也将逐渐增多，企业经营公共租赁住房的风险也就随之增加。不确定因素包括：首先是政策的变化包括国家层面住房政策调整、地方政府领导变更和执政思路变化等。其次是需求的变化。公共租赁住房的需求在某些特殊情况下也会发生变化，甚至是本质性的改变，例如，外来人口的大幅减少，城市居民大规模迁出，或者城市因产业转移等因素而带来的就业转移等。

（3）政府支持性政策不到位。由于公共租赁住房租金水平较低，单靠房屋租金在现有情况下显然是“入不敷出”，为提高企业参与建设并长期持有经营公共租赁住房的积极性，目前已出台了相应的支持措施配套，包括税收优惠、信贷贴息和租金补贴等。但在实践中，存在支持政策不到位问题：一是优惠政策落实不到位，如难以享受优惠利率贷款；二是政策不稳定，如税收政策优惠期限不明确等；三是贴租不到位，社会资本难以获取理想回报影响了积极性；四是公共租赁住房运营后期退出政策不明确，等等。

2. 如何实施住房保障领域PPP机制

作为住房保障领域的创新模式，PPP项目的管理难度和复杂度对监管措施、执行力度、人员素质等提出了很大的挑战。

（1）住房保障领域发展PPP的法律法规有待完善。首先是国家层面缺乏上位法。PPP项目的运作需要在法律层面上，对政府部门与企业部门在项目中需要承担的责任、义务和风险进行明确界定，保护双方利益。通过完善的法律法规对参与双方进行有效约束，是最大限度地发挥各自优势和弥补不足的有力保证。目前在这方面，既有有关PPP法律法规实施中的问题，也有与既有法律法规协调的问题。总体来说还处于起步阶段，有待尽快完善。在住房保障领域，目前只有财政部、国土资源部、住房城乡建设部等部委发布的《关于运用政府和社会资本合作模式推进公共租赁住房投资建设和运营管理的通知》，严格意义上连部门规章都算不上。

（2）政府监管经验不足。私营机构参建保障性住房导致组织形式的复杂，增加了管理的难度。保障性住房项目的运作涉及国家的产业政策、保障政策的实施等，同时也涉及政府各职能部门之间的关系协调。随着私营机构的参与，所需法规政策、关系协调等变得更加复杂，这也使得 PPP 项目运作过程中各利益相关者之间的冲突协调更加复杂。特别是过去政府对住房保障的监管主要是行政管理，实行 PPP 模式后，原有行政化管理手段要转变为依据合同进行管理，对政府监管能力提出更高的要求。

（3）需要专业人才队伍。PPP 模式的运作需要比较复杂的法律、金融和财务等方面的知识。实际上，PPP 项目的决策、实施与收尾阶段的管理比传统项目更为复杂。以 PPP 合同为例，PPP 合同一般是长期合同，其涵盖内容广泛，大型项目的正式合同往往多达数百页，不仅要确定定价机制、采用方法、计算公式、相关参数，还要确定租金调节机制和方法，这是 PPP 项目财务实现可持续性的基本保证。因此，PPP 项目决策、合同编制、服务监督等都需要专业人才和机构提供服务。

（4）对住房保障领域 PPP 认识存在误区。当前，城市政府更多地寄希望于通过 PPP 融资解决住房保障资金不足问题，片面地强调 PPP 模式的融资作用，忽视了政府应该担当的责任，如提供支持政策、开展合同监管等。

四、住房保障领域发展 PPP 模式的政策建议

（一）适应“十三五”期间住房保障政策的 PPP 发展思路

“十三五”期间，住房保障领域 PPP 发展和改革方向应与住房保障政策的主要任务和政策思路转变相适应。因此，PPP 模式发展的重点应放在公共租赁住房和棚户区改造上。

1. 公共租赁住房建设和运营：探索 PPP 模式的新思路

PPP 模式本身包含多种运行方式，但实质上是通过契约约束机制，私人部门提供公共服务的生产，公共部门（或政府）向私人部门付费作为对其生产成本的补偿和收益回报。根据“十三五”期间住房保障政策思路的调整，探索公共租赁住房发展 PPP 模式的新思路。初步设想如下：

（1）发展公共租赁住房特许经营

政府实施公共租赁住房特许经营，通过将公共租赁住房项目一定时期的特许经营权让渡给私人投资者，使民间资本能获得必要的投资收益，而政府也解决了保障性住房建设资金不足的问题，从而实现“双赢”或“多赢”的目的。

一是落实政府租金补贴和各项优惠政策。考虑公共租赁住房的低收益性、私人投资者可以接受的投资回收期，在设置的特许期内难以保证投资回收及收益，因此，政府的让利和补助是关键。如前分析，公共租赁房的 BOT 和 BOO 模式实际上已相对成熟。关键在于能否落实政府租金补贴和各项优惠政策，并保持政策连续性和稳定性，确保参与的社会资本能获取合理的收益。此外，政府也可以以土地入股，作为股权投资减轻参与企业的投资压力。

二是积极发展 BOO 模式。由于 BOO 模式下企业在特许经营期结束时拥有公共租赁住房产权，解决了企业无法在公共租赁住房特许经营期间回收全部投资和运行成本的问题，企业只需在特许经营期间以租金收入覆盖运营成本即可，有利于增强对社会资本的吸引力。

三是探索 BOS（建设—运营—出售）模式。该模式的核心是公共租赁住房先租后售，即在建成后的一定时间内出租，之后可以按照较为优惠的低价出售一定比例公共租赁住房给有能力承担的低收入租户，出售的公共租赁住房可以是完全产权，也可以根据租户支付能力只出售产权的一定比例，如在租户居住一定时期后（比如说 5 年），将一定比例（比如 30%）的公共租赁住房以合理的产权比例（比如 60%）出售给租户。这种共有产权性质的保障性住房，既可以回笼部分资金用于其他保障性住房项目的建设，又可以让部分收入提高后的常住居民获得稳定产权，使得保障性住房社区拥有不同收入层次的居民混合居住，有利于社会的稳定和谐。

（2）政府与私人住房持有者合作，利用存量住房提供公共租赁住房

公共租赁住房房源既可以是新建住房，也可以是存量住房。政府通过中介企业或建立信息平台，收储（不一定是收购）一定数量的符合公共租赁住房条件的存量住房，提供给公共租赁住房保障对象。对公共租赁住房租金水平低于市场租金部分，政府可通过对出租者补贴或对入住者补贴的方式来解决问题。为了鼓励私人住房持有者参与，可以对出租家庭免征相关税收。

这种模式有以下优点：一是能很快提供公共租赁住房，不像新建住房那样需较长时间才能投入使用。二是政府可以灵活掌握提供的数量，需求较多时，政府可以多寻找一些房源，而需求较少时，政府便没有必要寻找更多房源。三是由于收储的房源一般比较分散，既能够满足不同群体的住房需求，也可以避免低收入者集中居住带来的社会问题。四是实现社会资源配置的优化，有效利用现有闲置住房。

（3）政府与开发商合作，收购积压商品住房作为保障性住房

在中国人口增长缓慢的三、四线城市，住房供需结构性矛盾突出，市场上积压商品住房数量较多，去库存压力较大。政府可以在积压商品住房中选取符合保障性住房标准的房源，给予开发商一定的利润，以低于市场价格购买作为保障性住房房源；也可以签订特许经营协议，允许其在一定时期内进行经营，经营期内收益归开发商所有。

这种模式优点与前一种类似，同时可以帮助消化积压空置商品住房，有利于去库存。

（4）政府将已建公共租赁住房交由私营企业运营

政府部门通过与私营企业之间签订协议，将已经建成的保障性住房项目交由私营企业在一定期限内进行运营，政府部门与私营部门商议一定的支付比例后，私营企业向政府一次性支付期限内预期收益，并通过运营中获得的稳定收益回收投资及获得利润。待运营期满后，私营企业将项目交还政府部门。

这种模式的优点是：政府部门可以从私营企业处一次性获得未来若干年收益的所得资金，可将其用于新的保障性住房项目，缓解了保障性住房项目的融资压力。同时，私营企业没有承担项目建设过程中的投融资，承担的风险较小且收益稳定。

2. 棚户区改造：主要支持发展股权投资等

（1）对具有开发价值的棚户区改造，社会资本以股权投资形式参与，市场化运作

当土地资源价值较高时，政府不需要进行补贴就可以完成对棚户区改造。主要做法是政府代表公众方选择一个社会资本方，由社会资本方出资，对居民通过进行补偿或安置的方式解决居住问题，社会资本方对原来的土地资源进行开发获得合理回报。这里最关键的问题是社会资本方利益与补偿标准的确定。应当建立一个动态的补偿机制，在居民与社会资本方之间达到合理的平衡点。

具体模式：政府前期进行考察立项等准备工作，指定一个国企发起设立棚改项目公司，进行一次性招投标。私营企业以棚改方案竞标，中标者入股棚改项目公司。政府与项目公司签署特许经营协议，并将土地的一级、二级开发权同时授予此项目公司，进行整合开发。项目公司通过项目融资来筹集资金，享受国开行特殊优惠政策的贷款。

股权分配：国有企业以土地价值作价入股，二者所占股份比例按预期地价和房、地价之差的比例计算，双方可通过协商进一步调整，双方收益也按股份比例分配。按上述比例分配股权主要考虑了以下三个因素：第一，在一般的棚户区改造项目中，一级开发后的土地通过“招拍挂”上市，收入所得纳入地方财政。在此狭义 PPP 模式中，国企代表的公共部门，以土地这一资源入股，其价值应参考“招拍挂”价格。第二，实际房产价值与土地价值之差是由项目公司创造的，按照上文比例分配可较大的保障私营企业实现盈利，且利润在较合理的范围内。第三，政企双方的持股给双方都带来正向激励，促使双方达成共识、降低成本、提高效率，以获得更好的收益。

收益分配：项目公司的总收入为二期开发后的总收入所得，成本包括一、二级开发成本与被征收人的征收补偿。只要被征收人的期望征收补偿、土地一、二级开发总成本、项目公司的期望利润之和小于项目公司总收入，就可以避免各方的利益冲突。其思路就是将一、二级两个不同开发商合并为一个，把原本应给其他二级开发商的利润去补贴居民、一级开发商以及政府，保障各方利益。

（2）对不具备开发价值的棚户区改造，政府对社会资本投资给予可行

性缺口补助

当土地资源价值不高时，如果没有财政资金支持，可能就难以采用PPP模式。在这种情况下，可行性缺口补助（VGF）是完全必要的。所谓可行性缺口补助，实际是在政府付费机制与使用者付费机制之外的一种折中选择。对使用者付费无法使社会资本获取合理收益甚至无法完全覆盖项目的建设和运营成本的项目，可以由政府提供一定的补助，以弥补使用者付费之外的缺口部分，使项目具备商业上的可行性。

一是确定合理的补贴边界。可行性缺口补助的基本原则是“补缺口”，而不能使项目公司因此获得超额利润。棚户区改造问题，主要需要确定政府承担责任的边界，如果过大会增加财政负担，如果过低会增加居民负担。这就需要政府前期做好充分的准备工作，进行周密的调查和测算。

二是转变补贴拨付方式。确定棚户改造的资金需求和资金缺口后，在完成棚户改造的目标下，由原来财政资金一次拨付给社会资本方，转变为政府根据棚户区改造的绩效将资金分若干年份拨付给社会资本方。这种方式既可以减轻当期财政支付压力，也可确保社会资本方按合同约定履行责任。

（二）进一步完善社会资本参与住房保障的激励机制

住房保障领域发展PPP，能否形成有效激励机制是关键。为此，需要充分利用政府对私营机构参与保障性住房建设的政策支持，引导私营机构参与保障性住房的开发及运营，发挥私营机构的技术与管理优势和既有的人力资源优势，满足保障性人群对住房及服务的要求，同时保障私营机构的权益。

1. 明确界定各方权利义务关系

对住房保障项目运作各阶段各方的权利义务关系进行清晰的界定。见表7-2。在此基础上，加快住房保障领域发展PPP立法进程，保障各方的合法权益。

表7－2　PPP模式建设保障性住房各方的权责关系分析

利益相关者	责任	权利
政府	(1) 让步土地收益（无偿转让、折价转让、延期支付） (2) 建设资金的担保 (3) 提名并审核入住者	(1) 提供一定数量的保障性住房公共设施 (2) 拥有保障性住房的分配权 (3) 借助PPP项目提出安置失业人员等附加的社会福利条件
私营机构	(1) 提供主要的开发资金 (2) 按照进度建设高质量的住房 (3) 让步短期收益权	(1) 获得长期但低额的资金收益 (2) 贷款担保 (3) 获得知名度和良好的社会声誉
入住者	(1) 缴纳低于市价的租金 (2) 缴纳低于市价的购房款	保障性住房的使用权

2. 完善合理的投资回报机制

在充分衡量中低收入人群的支付能力基础上，落实政府的补贴和优惠，保证社会资本参与住房保障的合理利润。综合前面分析，主要有：

一是鼓励公共租赁住房实行“明收明补”的运营机制。公共租赁住房租金标准按照略低于市场租金的原则合理确定；租金支付负担过重的住户，可以向政府或单位申请租金补贴。有条件的地区，公共租赁住房运营机构可以实行“市场租金、分档补贴、租补分离”，实现资金良性循环，从而建立公共租赁住房可持续的运营模式.

二是研究探索公共租赁住房“先租后售”等退出机制。

三是社会资金参与投资和运营棚户区改造项目，在市场准入和扶持政策方面与各类主体同等对待。特别是解决目前社会资本参与保障性住房建设和棚户区改造能否享受财政补贴的问题。

四是公共租赁住房信贷优惠政策要落到实处，减轻企业利息负担。虽然国家提出信贷政策要向公共租赁住房项目贷款倾斜，但在操作层面，由于目前银行信贷收紧，贷款门槛提高，企业很难享受政策优惠。另外，现有贷款期限和优惠幅度也难以满足公共租赁住房建设需求，应考虑公共租赁住房一次性投入大、回收期长的特点，对企业发放长期低息贷款。

五是部分公共租赁住房和棚户区改造项目可通过适当增加商业配套、提高容积率等方式平衡项目投资。

3. 通过共有产权提高社会资本参与住房保障的积极性

第一，PPP模式下的公私合作本身就是一种混合产权。社会资本可以通过股权投资方式参与政府主导的棚户区改造项目，缓解政府资金压力，形成共有产权。政府也可以以土地入股，作为股权投资，减轻公共租赁住房BOT、BOO模式中参与企业的投资压力。

第二，限于保障对象的住房支付能力，其在运营期内住房产权的分期购买，形成了私营机构和住户共有产权以及政府和住户共有产权。

第三，对保障性住房配建的商业设施、配套设施也可采用共有产权，政府和企业分摊投资压力，也实现共同“盈利”。

4. 构建有效的风险分担机制

按照风险收益对等原则，在政府和社会资本间合理分配项目风险。

在风险分配时，政府部门主要承担政策、法律等方面的风险，而社会资本则主要承担建设以及运营方面的风险。对项目中一些双方都不能预见和控制的风险，如自然灾害等，进行风险分配时要综合考虑风险发生的可能性、风险可能造成的损失及社会资本共同承担风险的意愿。双方应当各自采取措施来应对风险，保证项目的顺利实施。

（三）建立适应PPP发展要求的住房保障实施和管理机制

开展政府和社会资本合作，对转变政府职能、提高管理水平提出了更高的要求。政府要牢固树立平等意识及合作观念，集中力量做好政策制定、发展规划、市场监管和指导服务，从公共产品的直接“提供者”转变为社会资本的“合作者”以及PPP项目的“监管者”。因此，住房保障部门和有关部门首先应转变职能，合理界定政府的职责定位。

1. 建立公共租赁住房政府和社会资本合作项目库并推动试点

建议在认真梳理、科学甄别适合政府和社会资本合作模式的公共租赁住房项目，建立项目储备库。政府和社会资本合作的公共租赁住房项目由市、县财政部门会同同级住房保障部门从存量和新增项目中筛选。

在此基础上，以项目库为依据，积极、规范地开展政府和社会资本合作模式公共租赁住房项目试点。

2. 强化住房保障PPP项目合同管理

在平等协商、依法合规的基础上，按照权责明确、规范高效的原则订立住房保障PPP项目合同。项目合同一经签署必须严格执行，无故违约必须承担相应责任。

合同的主要内容应当包括：住房保障项目名称、建设规模、投资规模、资金筹集、合作期限、户型结构、运营期限、维修维护责任；住房保障服务的数量、质量和标准；公共租赁住房租金价格及调整机制；合同期满后项目移交的内容、方式、程序及验收标准，涉及资产处置的，应当事先约定政府与社会资本收益分享比例；建设和运营管理的风险分担机制；项目终止的条件、流程和终止补偿；违约责任；争议解决方式等内容。

3. 建立监管和绩效评价机制

政府对公共租赁住房政府和社会资本合作项目运作、服务质量和资金使用效率等进行全过程监管和综合考核评价，认真把握和确定服务价格和项目收益指标，加强成本监审、考核评估、价格调整审核，引入第三方进行社会评价，评价结果向社会公示，并作为项目价格、政府补贴、合作期限等调整的依据。

4. 建立各部门实施住房保障 PPP 的联动机制

例如，各级财政、住房保障、国土、人民银行、银监会等部门，可以建立住房保障领域发展 PPP 的联席会议，专门研究解决运用政府和社会资本合作模式推进住房保障过程中出现的问题，密切配合，确保各项政策措施落到实处。

参考文献

［1］国家人口和计划生育委员会流动人口服务管理司，中国流动人口发展报告2011［M］．北京：中国人口出版社，2011.

［2］国家卫生和计划生育委员会流动人口司．中国流动人口发展报告2013［M］．北京：中国人口出版社，2013.

［3］国家卫生和计划生育委员会流动人口司．中国流动人口发展报告2014［M］．北京：中国人口出版社，2014.

［4］国家卫生和计划生育委员会流动人口司．中国流动人口发展报告2016［M］．北京：中国人口出版社，2016.

［5］成都市房管局课题组．解决农民工住房问题策略探析［J］．科学决策月刊，2006（10）：33－34.

［6］饶晶．论农民工的城市住房保障［J］．湖北经济学院学报，2008（9）：82－84.

［7］马万里，陈玮．建立健全面向农民工的城市住房保障体系研究——杭州农民工基本住房状况调查与政策建议［J］．城市规划，2008（5）：38－44.

［8］袁中友．论农民工城镇住房解决模式与路径选择［J］．改革与战略，2008，24（6）：51－53.

［9］吴海瑾．城市化进程中流动人口的住房保障问题研究——兼谈推行公共租赁住房制度［J］．城市发展研究，2009，16（12）：82－85.

［10］刘志林，李劼．公共租赁住房政策：基本模式、政策转型及其借鉴意义［J］．现代城市研究，2010（10）：21－26.

［11］陈杰，张鹏飞．韩国的公共租赁住房体系［J］．城市问题，2010（6）：96.

［12］曾国安，张倩．论发展公共租赁住房的必要性、当前定位及未来方向［J］．山东社会科学，2011（2）：79－85.

[13] 田秋生，李嘉莉．解决公租房建设融资问题的一揽子方法［J］. 南方金融，2011（5）：71-74.

[14] 付念．我国公共租赁住房融资问题研究［J］. 经济参考研究，2011（39）：67-72.

[15] 沈洁，谢嗣胜．公共租赁住房融资模式研究［J］. 经济问题探索，2011（39）：67-72.

[16] 黄奇帆．政府如何平衡公租房的建设资金［J］. 求是，2011（24）：35-36.

[17] 周江．公共租赁住房建设模式与企业参与的思考［J］. 中国房地产，2011（13）：62-64.

[18] 周江．保障房融资存 6 大问题［J］. 中国经济报告，2012（09）：60-63.

[19] 周江．公共租赁住房的城市实践和比较［J］. 中国房地产，2012（9）：16-19.

[20] 周江．增加投入提高效率加快保障性住房建设［J］. 城乡建设，2013（3）：14-15.

[21] 周江．保障房融资可发债券［J］. 中国经济报告，2013（5）：63-66.

[22] Flow of Funds Accounts of the United States：Flows and Outstandings Second Quarter 2006 [R]. Washington DC 20551：Board of Governors of the Federal Reserve System，2006.

[23] Leon T. Kendall，ChesterRapkin，M. earterMeFarland. New Directions for Real Estate Finace：Discussion [J]. The Joumal of Finanee，1962，17（2）：387-393.

[24] G. Edward Deseve. Financing Urban Development：The Joint Effort of Governments and the Private Sector. Annals of the American Academy of political and Social Science [J]. Revitalizing the Industrial City，1986，488（11）：58-76.

[25] Peter Werwath. Financing Mechanisms for Affordable Housing [OL]. Enterprise Coummunity Partners，Inc，2007，http//www. Enterprisecommunity. com.

[26] Neo，P. H.，N. J. Lee，S. E. Ong. Government Policies and House

hold MobilityBehaviour in Singapore [J]. Urban Studies, 2003, (13): 2643 -2660. M. Ramesh. Social Policy in East and Southeast Asia [J]. Routledge Curzon, 2004: 137.

[27] B. Headey. Housing Policy in the Developed Economy [J]. Croom Helm. 1988, 5 (1): 25-33.

[28] M. Bruce, J. Charles. Real Estate: An introduction to the Profession [J]. Prentice Hall Inc, 1998, 6 (2): 12-15.

[29] R. Keivania, E. Werna. Modes of Housing Provision in Developing Countries [J]. Progress in Planning. 2003, 4 (2): 65-118.

[30] W. Calomiris, C. M. Kahn, S. D. Longhofer. Housing Finance Intervention and Private Incentives: Helping Minorities and the Poor [J]. Journal of Money, Credit and Banking, 1994: 26 (3): 634-674.

[31] H. Van, D. Herjden. Social Rented Housingin Western Europe: Developments and Expectations [J]. Urban Studies, 2003 (2): 32-37.